Bösenkopf

Mut zur Lebensfreude

Brigitte Bösenkopf

Mut zur Lebensfreude

Lustvoll leben, lieben und arbeiten

GOLDEGG VERLAG

Der Verlag und seine Autoren sind für Reaktionen, Hinweise oder Meinungen dankbar. Bitte wenden Sie sich diesbezüglich an: verlag@goldegg-verlag.com

ISBN Print: 978-3-902729-05-7

Mommsengasse 4/2 • A-1040 Wien
Telefon: +43 (0) 1 5054376-0
E-Mail: office@goldegg-verlag.com
http://www.goldegg-verlag.com
Herstellung: Goldegg Verlag GmbH
Druck: CPI Moravia Books

Für Kathrin und Florian

Vorwort

Wer trägt sie nicht in sich, die Sehnsucht nach einem lustvollen Leben? Unsere Lebensfreude ist wie eine innere Urkraft, die uns mit Motivation und Dankbarkeit durch unseren Alltag begleitet. Ich habe dieses Buch, das Sie gerade in den Händen halten, geschrieben, weil vielen Menschen die Freude am Leben verloren gegangen ist. Mein Dank gilt all jenen Klienten und Patienten, die mir als Psychologin und Wirtschaftstrainerin ihr Vertrauen geschenkt und ihre Lebensgeschichten anvertraut haben. So konnte ich in den letzten 20 Jahren viele wertvolle Erkenntnisse über die Gesetzmäßigkeiten der Lebensfreude von Menschen sammeln, die ich Ihnen gerne weitergeben möchte.

Im ersten Kapitel erfahren Sie, welche Startvorteile lustbetonte Menschen haben und warum sie gesünder und motivierter durchs Leben gehen. Lebensfrohe Menschen haben gelernt, viele kleine lustvolle Momente wahrzunehmen und zu genießen, die sie glücklich machen. „Glück ist mögen, was man muss und das dürfen, was man mag" hat Henry Ford gesagt. Diese Aussage wird durch zahlreiche psychologische Studien bestätigt: Lustbetonte Menschen unterscheiden sich gravierend von negativ und depressiv gestimmten Menschen. Man könnte sie auch als lebensfrohe Optimisten bezeichnen, aber nicht weil sie die Realität ihres Alltags verleugnen, sondern weil sie an sich glauben und das Leben mit allen Facetten, Höhen und Tiefen annehmen und dabei selbstbewusst und stark bleiben.

Im zweiten Kapitel beschäftige ich mich mit den Lustkillern, die menschliche Lebensqualität belasten. Als Mitgründerin eines Wiener Stresscenters im Gesundheitszentrum Döbling habe ich gemeinsam mit meinen Kollegen viele Menschen betreut, die ihre Lebensfreude verloren hatten. Bei starkem Stress, in der

Depression aber auch im Angstzustand wird Lust und Freude zum Fremdwort für die betroffenen Menschen. Gerade im Zustand des Burnouts suchen viele verzweifelt nach kurzen Momenten der Entspannung und entwickeln in dieser Situation oft Suchtverhalten. Doch es gibt Hilfe und ich habe viele Tipps zusammengestellt, damit Sie wieder Wege zu mehr Lebensfreude und Genuss finden können. Lustvolle Genießer haben bestimmte Regeln entwickelt, damit ihre Lust nicht zur Sucht wird.

Das dritte Kapitel soll Sie dazu anregen, sich intensiv mit Ihrer Persönlichkeit zu beschäftigen, die der Schlüssel zu einem lustvollen Leben ist. Erkennen Sie Ihre Stärken und Schwachstellen anhand der Beschreibung von vier unterschiedlichen Persönlichkeitstypen und ihrem Umgang mit Lebenslust und Lebensfrust. Verschiedene Fallbeispiele sollen Ihnen zeigen, welche Chancen Sie in jedem Alter haben, um Kurskorrekturen an Ihrer Persönlichkeit vorzunehmen, damit Sie wieder Lebensfreude genießen können. Ob Workaholic, Beziehungsmensch, Perfektionist oder Lebenskünstler – ein einseitiger Lustgewinn führt selten zu einer harmonischen Lebensführung!

Im vierten Kapitel „Lustvoll leben" zeige ich Ihnen anhand kurzer Geschichten, wie es Menschen gelingt, im Alltäglichen das Wunderbare zu sehen. In jede Geschichte ist eine kleine Lebensweisheit zum Thema Freude verpackt.

Die wichtigste Voraussetzung für ein lustvolles Leben ist aber die Fähigkeit, sich selbst lustvoll zu behandeln. „Tu dir selber Gutes, damit die Seele Lust hat in deinem Körper zu wohnen", kann zu einer neuen Lebensphilosophie werden, die Kraft und Energie gibt. Gesunder Egoismus macht glücklich und ist ein Überlebensprinzip, damit wir mit unseren Wünschen und Bedürfnissen nicht auf der Strecke bleiben.

Das fünfte Kapitel „Lustvoll lieben" zeigt, warum Stress der Partnerschaftskiller unseres Jahrhunderts ist, wie Machtspiele und Konflikte das Paarklima belasten und welche Rolle sexuelle Affären in den unterschiedlichsten Beziehungskonstellationen spielen. Erfahren Sie mittels Fallbeispielen wie auch Langzeitpaare ihre Romantik wieder kultivieren und lustvollen Sex und sinnliches Begehren zueinander entwickeln können. Ein erfülltes Beziehungsleben ist für das seelische und körperliche Wohlbefinden von enormer Bedeutung. Begleiten Sie mich auf eine Entdeckungsreise in die Welt der lustbetonten Paare, die trotz Alltagsstress und Krisen bestimmte Beziehungsqualitäten nie vernachlässigt haben.

Für das sechste Kapitel „Lustvoll arbeiten“ schickte ich einen Fragebogen an 80 Personen in unterschiedlichen Unternehmen und Positionen, um die Rahmenbedingungen zu analysieren, die lustvolles Arbeiten möglich machen. Ich danke allen, die mir ihre Fragebögen zurückgeschickt haben, denn durch Ihre Gedanken und Rückmeldungen konnte ich wertvolle Erkenntnisse sammeln und an meine Leser weitergeben.

Gerade Menschen, deren Lebensinhalt die Arbeit ist, brauchen Kriterien, um diese lustvoll gestalten zu können. Erfahren Sie, warum die hohe Kunst der Selbstmotivation und Arbeitsfreude untrennbar miteinander verbunden sind und welche Techniken Ihnen dabei helfen, Begeisterung und Energie im Berufsalltag zu entwickeln. Wie Kreativität und schöpferische Prozesse Ihre Lebensfreude stärken können und warum Handlungen, die wir als sinnvoll erkennen, zu befriedigenden Arbeitsprozessen führen, wird ebenfalls erklärt.

Glücklich ist, wer die Lust am Leben nicht verlernt hat!

Glücklich kann jeder sein, denn es gibt viele Wege zurück zur Lebensfreude …

Brigitte Bösenkopf

Inhaltsübersicht

Kapitel 4
LUSTVOLL LEBEN

Fallbeispiele zum Thema Lebensfreude und Glücksmomente | Der lustvolle Umgang mit sich selbst | Warum gesunder Egoismus glücklich macht | Auswirkungen einer lustlosen Gesellschaft – Erkenntnisse für mehr Lebenslust unserer Kinder

Kapitel 5
LUSTVOLL LIEBEN

Warum Stress der Partnerschaftskiller unseres Jahrhunderts ist | Konflikte und Machtspiele im Ehealltag | Wie sexuelle Konflikte entstehen | Albtraum Treue – vom Leben mit der sexuellen Versuchung | Entdeckungsreise in die Welt der lustbetonten Paare | Wie Sie Ihr erotisches Potenzial steigern können

Kapitel 6
LUSTVOLL ARBEITEN

Die hohe Kunst der Selbstmotivation | Wie Sie Ihre Persönlichkeit im Umgang mit Menschen stärken können | Warum Kreativität die Lebensfreude weckt | Sinnfindung und Arbeitsglück gehören zusammen | Ergebnisse zum Thema „Lustvoll arbeiten“ – der Fragebogen

INHALTSVERZEICHNIS

STARTVORTEILE FÜR LUSTMENSCHEN

LUSTKILLER, DIE UNSERE LEBENSQUALITÄT BELASTEN

PERSÖNLICHKEITSTYPEN UND IHR UMGANG MIT LEBENSLUST/LEBENSFRUST

LUSTVOLL LEBEN

LUSTVOLL LIEBEN

LUSTVOLL ARBEITEN

STARTVORTEILE FÜR LUSTMENSCHEN

„Das Leben besteht aus vielen kleinen lustvollen Momenten.
Wer sie zu genießen versteht, hat die Chance, ein erfülltes Leben zu führen.“
(Brigitte Bösenkopf)

Elefanten im Bauch

Eines Nachmittags im Sommer saß ich mit einem lieben Freund in einem Wiener Kaffeehaus. Plötzlich hatte ich eine Idee und lud ihn zu einem kleinen Experiment ein: Wir sollten uns die vorübergehenden Menschen anschauen und überlegen, wer von ihnen eine lebensfrohe Einstellung hätte.

Die Erkenntnis für uns beide war einfach und klar: Lebensfrohe Menschen gehen anders. Es ist eine Leichtigkeit in ihren Bewegungen, fast so, als würden sie durch die Straßen „schweben“.

Ihr Zustand erinnert mich an Menschen, die verliebt sind. „Es ist kein Zufall, dass wir beim Verliebtsein von Schmetterlingen im Bauch sprechen. Schau dir doch Menschen an, die ohne Lebensfreude durch die Straßen gehen“, meinte mein Gesprächspartner. „Du glaubst, sie würden Elefanten im Bauch tragen. So schwerfällig und schwermütig bewegen sie sich.“

Dieses Bild der Schmetterlinge und Elefanten hat mich

lange Zeit gedanklich verfolgt. Lebensfrohe Menschen verlieben sich täglich, aber nicht in einen anderen Menschen, sondern in ihr eigenes Leben, indem sie fast wie einem Erfolgsrezept folgend Momente suchen, die ihnen Freude, Genuss und Leichtigkeit schenken.

Unser Gespräch hat mich dazu inspiriert, ein Buch über Lebensfreude zu schreiben. Damit ihre Elefanten im Bauch wieder zu Schmetterlingen werden ...

Wer hat sie nicht in sich, die Sehnsucht nach einem lustbetonten Leben, das Freude und Sinn macht und uns beglückt?! Menschen, die viele kleine Momente lustvoll genießen können und die Fähigkeit besitzen, Lebensfreude, Begeisterung, Vergnügen und eine sinnliche Erotik zu spüren, haben viele Startvorteile in ihrem Leben. Lustvoll leben und arbeiten kann zu einer eigenen Lebensphilosophie werden, einer inneren Urkraft, die tägliche Energie und Motivation liefert. Lustbetonte Menschen folgen ihren eigenen Gesetzen, die sie aktivieren und seelisch gesund erhalten. Die Lebenslust drückt sich im Denken, Fühlen, Wahrnehmen, Spüren und Handeln einer Person aus. Sie ist das Aphrodisiakum unserer Seele, Motor unseres Geistes, Freudenspender unseres Körpers. Warum aber gibt es immer weniger Menschen in unserer Gesellschaft, die sich als lebensfroh und glücklich bezeichnen?

Wenn Sie mit offenen Augen durch die Straßen gehen und ihre Umwelt beobachten, sehen Sie mehr schlecht als gut gelaunte Menschen durch die Welt gehen. Stellen Sie sich einen Musiker vor, der eine Gitarre in Händen hält, deren Saiten verstimmt sind. Er wird beim Zupfen der Saiten durch die falschen Töne körperliche Schmerzen empfinden.

Menschen, deren Laune „verstimmt“ ist, gehen durchs Leben, als ob sie Schmerzen oder seelische Beschwerden hätten: verkrampft, angespannt, lustlos und depressiv.

Lustbetonte Menschen sind Symphoniker ihrer Seele

Lustbetonte Menschen gehen durchs Leben, wie wenn in ihrem Inneren eine wunderbare Symphonie spielen würde. Der harmonische Klang all ihrer Holz-, Blech- und Streichinstrumente schwingt im richtigen Takt. Es sind nicht die einzelnen Töne, die ihr Herz berühren, sondern die Komposition, die sie in Einklang bringt. Diese musikalische Schwingung trägt sie mit Freude durch den Tag.

Positiv gestimmte Menschen sind wie ein Magnet. Sie betreten einen Raum nicht einfach so, sie erscheinen und haben eine raumfüllende Ausstrahlung, die andere in ihren Bann zieht.

Fröhliche Menschen sind nie einsam. Nicht sie suchen die Gesellschaft, die Gesellschaft sucht sie, wobei diese Form der Anziehung unabhängig von der Attraktivität der Person selber ist. Äußere Schönheitsmerkmale sind nur kurzfristige Signale der Anlockung, die verblassen, wenn der Mensch keine positive Stimmung über seine Körpersprache, seine Kommunikation und Ausstrahlung verbreitet.

Was aber genau ist nun Lebensfreude – eine Emotion, eine Stimmung, ein Gefühl? Und: Welche Rolle spielt die Lust, die Menschen in den unterschiedlichsten Situationen erleben können?

Lebensfreude ist eine innere Stimmung, die sich von der Emotion dadurch unterscheidet, dass sie länger anhalten kann. Eine Emotion ist ein komplexer psychophysiologischer Prozess, der auf verschiedenen Funktionsebenen abläuft. Er wird durch eine bewusste oder unbewusste Wahrnehmung und eine damit verbundene Interpretation einer Situation ausgelöst. Das subjektive Erleben der Emotion wird als Gefühl definiert, wie zum Beispiel Freude, Lust, Trauer oder Ärger. Die meisten unserer Gefühle haben Lust- oder Unlustcharakter, sie werden daher entweder als angenehm oder unangenehm bezeichnet. Unsere Lust als Emotion, die wir in einer bestimmten Situation empfinden, ist ein relativ kurzer und intensiver Prozess. Die Lust, die durch eine sexuelle Begegnung ausgelöst wird, hält selten über Stunden an – außer bei Personen im Zustand des intensiven Verliebtseins. Normalerweise ist Lust jedoch zeitlich begrenzt.

Die Lebensfreude, die ein Mensch empfindet, ist hingegen eine Grundstimmung, die in ihm schwingt und sich von der Lust dadurch unterscheidet, dass sie länger bis sogar „lebenslang" anhalten kann. Lebensfrohe Menschen erleben die Wirklichkeit wie durch eine Gefühlsbrille. Sie haben die Fähigkeit entwickelt, Stimmungen bewusst wahrzunehmen und sie bei Bedarf „positiv einzufärben".

Die Depression ist im Gegensatz dazu auch nicht ein kurzer Gefühlszustand, der von Unlust oder Trauer geprägt ist, sondern eine zeitlich ausgedehnte Stimmung, die unbemerkt in den unterschiedlichsten Handlungen und Lebenssituationen den normalen Alltag des Menschen im Hintergrund beherrscht.

Oft gibt es bei Stimmungen, die auftreten, keinen wahrgenommenen Auslöser. Lebensfreude braucht keine außergewöhnlichen Erlebnisse, um aktiviert zu werden. Die gute positive Stimmung, die diese Menschen in sich tragen, ist in ihren unterschiedlichen Begegnungen und Handlungen allgegenwärtig.

Wie entstehen unsere Lust- und Unlustgefühle? Und: Welche Rolle spielt die Evolutionsbiologie dabei?

Unser Gehirn im Zentrum der Lust

Der Neurochirurg Dr. Reinald Brezovsky hat mir ein paar interessante Absätze zum Gehirn als Lustzentrum für dieses Buch zur Verfügung gestellt:

„Was hat die Evolutionsbiologie mit dem Thema dieses Kapitels – „Startvorteile für Lustmenschen“ zu tun?

Sehr viel! Wir Menschen verfügen über ein hochentwickeltes und spezialisiertes Denkorgan – unser Gehirn. Aufgrund unendlich vieler Nervenzellen und der Netzwerke und Verschaltungen in unserem Gehirn können wir Probleme erkennen, analysieren und in vielen Fällen auch lösen. Doch bei allen Vorzügen der Logik – in manchen Situationen verfügen wir über eine noch viel wirkungsvollere Einrichtung, um die richtige Entscheidung zu treffen: unser Gefühl.

Sie haben bestimmt auch schon erlebt, dass Sie in einer bestimmten Situation in eine Richtung tendiert haben – und auch alle Einzelheiten in diese Richtung zu weisen schienen. Alleine: Das Bauchgefühl sagte etwas anderes – und es sollte auch Recht behalten.

Wir Menschen verfügen über ein wunderbares Arsenal an Sinnesorganen: Wir sehen dreidimensionale farbige Bilder mit unseren Augen, wir spüren die Zärtlichkeiten unseres Partners mit der Haut, wir schmecken, riechen und verfügen über ein Gehör, das uns sogar erlaubt, die Richtung, aus der das Geräusch kam, zu bestimmen (das sogenannte stereophone Hören). Alle diese Empfindungen sind mit Lust- oder Unlustgefühlen verbunden – ein schöner Körper, gutes Essen, wunderbare Musik, angenehmer Duft ... All das bereitet uns Freude und lässt in uns den Wunsch der Wiederholung entstehen. Wir wollen diese angenehmen Empfindungen immer und immer wieder heraufbeschwören.

Die Natur hat uns im Laufe der Evolution gelehrt: Was uns gut tut und uns Freude und Lust bereitet, hilft in den meisten Fällen auch bei der Erhaltung der Art.

Unser Gehirn ist ein hoch kompliziertes und vielschichtiges Organ. Trotzdem wird es quasi ohne Gebrauchsanweisung ausgeliefert. Viele Menschen kommen daher nie wirklich dahinter, wie sie das Beste aus ihrem Gehirn machen können. Sie nützen nur einen kleinen Teil der Möglichkeiten, werden enttäuscht und verzichten schließlich fast völlig auf dessen bewussten Einsatz. Die große Zahl der Menschen, die Abend für Abend vor dem Fernseher verbringen, sind der beste Beweis dafür.

Die Freude am lustvollen Erleben ist so etwas wie das Grundprinzip unserer Existenz.

Unser Gehirn, ein Wunderwerk der Natur, besteht aus Milliarden von Nervenzellen.

Im Laufe unseres Lebens kommt es zu immer neuen Verschaltungen und dadurch zur Ausbildung sogenannter neuronaler Netzwerke. Besonders aktiv ist dieser Prozess im Baby- und Kleinkindalter. Daraus erklärt sich die ungeheuer große Lernfähigkeit in dieser Zeit.

Die Aktivität des Gehirns kann und soll aber unser ganzes Leben lang trainiert werden. So können die geistige Leistungsfähigkeit und damit die Lernfähigkeit bis ins Greisenalter erhalten bleiben. Einen großen Anteil daran haben die chemischen Substanzen, die den Spalt zwischen den einzelnen

Nervenzellen überbrücken. Dieser Spalt wird Synapse genannt und die Substanzen Neurotransmitter. Dopamin, Serotonin, Endorphine und Enkephaline, sie alle haben Teil an dem großen Konzert der Hirnströme, das tagtäglich in unserem Gehirn stattfindet und über unser Wohlbefinden sowie unsere Lebensqualität entscheidet.

Im Wesentlichen gibt es zwei Möglichkeiten, wie man einen hohen Spiegel an Glückshormonen im Gehirn erreichen und halten kann: Entweder man führt sein Leben vorwiegend in Harmonie und Freude oder man versucht, diese Stoffe oder deren Vorprodukte von außen zuzuführen. Schokolade hilft beispielsweise, den Serotoninspiegel anzuheben und verschafft auf diese Weise Glücksgefühle.

Daraus kann sich ein echtes Suchtverhalten entwickeln – mit Fettleibigkeit und Krankheit als unmittelbare Folge.

Offensichtlich ist dieser Weg eine Sackgasse auf dem Weg zum Glück!

Das bedeutet aber nicht, dass ein Stück Schokolade von Zeit zu Zeit schlecht ist, denn wie schon Paracelsus sagte: „Gift ist eine Frage der Dosis!". Die Ausgewogenheit und richtige Balance sind also das Erfolgsgeheimnis!"

Daher haben lebensfrohe Menschen gelernt, die Ausschüttung von Endorphinen durch ihr Verhalten regelmäßig herbeizuführen, indem sie sich schöne Erlebnisse und kleine Aufmerksamkeiten gönnen und ihren Freundeskreis pflegen. Ihre Lebensfreude ist nicht an bestimmte Situationen gebunden, sondern kann auch an ungewöhnlichen Orten und mit unterschiedlichen Menschen ausgelöst werden.

In diesem Zusammenhang erinnere ich mich an ein unvergessliches Erlebnis, das ich vor Jahrzehnten in Afrika in einem Massai-Spital in Tansania erlebte. Gemeinsam mit einer kleinen Reisegruppe besuchte ich damals einen Linzer Priester und Arzt, der dieses Spital leitete. Auf meinen Wunsch hin führte er mich durch die einzelnen Krankenzimmer. Ich werde den Moment nie vergessen, als wir einen großen Raum betraten, in dem ca. 15 Frauen bei brütender Hitze in müdem Zustand auf ihren Betten lagen. Als wir eintraten und mich die Frauen sahen, entstand innerhalb von wenigen Momenten eine Dynamik und Lebensfreude, die ich nie vergessen werde. Nach ca. fünf Sekunden stand bereits die erste Frau aus ihrem Bett auf, kam zu mir und berührte mit einem fröhlichen Lächeln meine damals längeren, blonden Locken. Auch die anderen standen neugierig auf, bildeten einen Kreis um mich, berührten mein Gesicht und meine Haare und entwickelten eine Fröhlichkeit, die für einen Spitalsbetrieb untypisch war. Im ersten Moment hatte ich noch gezögert, diese intensive Berührung und Nähe der mir unbekannten Massai-Patientinnen zuzulassen, aber auch mich steckte ihre Lebensfreude zunehmend an. Etwas abseits stand der Linzer Arzt selber, um diese intime Begegnung nicht zu stören, aber er erzählte mir später, dass die Frauen deshalb so fröhlich lachten, weil sie mich „Mama Simba" (Löwenmutter) nannten. In meiner Erinnerung weiß ich nicht mehr, wie lange diese Szene andauerte. Ich hatte Mühe, den Raum zu verlassen, weil ich in diesem Moment in das Spitalszimmer der Frauen Leben und Fröhlichkeit gebracht hatte und sie mich nicht weglassen wollten. Als wir weitergingen, hörte ich die Frauen noch aus der Ferne kichern und lachen und auch ich lächelte noch Stunden später, als ich mich an die ungewöhnliche Szene in diesem Spital erinnerte. Diese unbekannten Massai-Frauen hatten meine Haare, aber vor allem auch mein Herz berührt. Der Moment war für mich die lustvollste Erinnerung der ganzen Reise. Bis heute weiß ich nichts über die Schicksale und Krankheiten der einzelnen Frauen. Ihre Lebensfreude aber hat mich stark beeindruckt und mir gezeigt, dass lustvolle Begegnungen immer und überall stattfinden können, wenn wir sie zulassen.

Lebensfreude macht glücklich

Die Frage nach dem Glück beschäftigt Philosophen und Wissenschaftler seit über 2000 Jahren. Jede Kultur entwickelte ihren Zugang zum Glück und beschreibt Wege, wie dieser Zustand zu erreichen wäre.

Der Chinese Lao Tse erfasste bereits im 6. Jahrhundert vor Christus ein wichtiges Glücksphänomen: Glück ist nicht zu erzwingen oder vorauszuplanen, der Zustand entsteht spontan. Der Grieche Epikur setzte als Hedonist im 4. Jahrhundert vor Christus Glück mit dem Erleben von Lust und der Abwesenheit von Schmerz gleich. Glück wurde daher als lustvoller Zustand beschrieben.

Die Positive Psychologie als junge Forschungsrichtung beschäftigt sich in diesem Zusammenhang mit der Frage, wie positive Emotionen die Persönlichkeit prägen und welche Rahmenbedingungen in unserer Gesellschaft Glücksmomente fördern.

Glückliche Menschen beschreiben ihre Freude, die sie empfinden, oft sehr ähnlich und unabhängig von Status, Alter oder Geschlecht. Zahlreiche Interviews mit lebensfrohen Menschen haben mir gezeigt, dass diese eine Wahrnehmung entwickelt haben, viele kleine Mikrofreuden während des Tages aufzunehmen und diese wie bei einem

Puzzle zu einem lebensfrohen Gesamtbild zusammenzufügen.

Das Markt- und Meinungsforschungsinstitut Market hat für eine Studie 1000 Österreicher und Österreicherinnen befragt, was sie glücklich mache. 64% davon nannten „die Freude an kleinen Dingen".

Auch die Münchner Ethnologin Annegret Braun wertete 713 Interviews zum Thema Glück in Deutschland mit dem Ergebnis aus, dass viele kleine Freuden mehr zu einem glücklichen Leben beitragen als wenige große Glückserlebnisse. Kleine Freuden sind für jeden Menschen etwas anderes und doch gibt es universelle Momente, die von fast allen Menschen mit Freude erlebt werden. Ein Lächeln, die Umarmung eines geliebten Menschen, ein Konzert, die Natur, ein gutes Essen, Blumen oder eine Tätigkeit, die sinnvoll ist.

Wodurch unterscheidet sich allerdings ein Glückszustand von dem der Lebensfreude?

Glücksmomente sind seltene Momente und das ist auch gut so. Wären wir fähig, uns jederzeit in Glückszustände versetzen zu können, würden viele Menschen ein „Suchtverhalten" entwickeln und Beziehungen sowie Arbeitsprozesse vernachlässigen.

Der Psychologe Olds entdeckte bei einem Experiment mit Ratten in den 1950er-Jahren eher zufällig ein „Lustzentrum" im Gehirn. Er implantierte Ratten Reizelektroden am Hypothalamus. Durch Betätigung eines Hebels konnten die Tiere die Stromzufuhr ins Gehirn regeln. Wenn die Elektroden an einer bestimmten Stelle im Hypothalamus saßen, drückten die Ratten ohne Unterbrechung den Hebel – bis sie zusammenbrachen. Die Ratten hatten sich bis zur Erschöpfung stimuliert und dabei auf die Nahrungs- und Wasseraufnahme vergessen, sie wurden „süchtig nach Lust".

Lebensfreude ist hingegen eine innere Grundhaltung, die uns in jeder Phase unseres Lebens begleiten kann und nicht nur in einem intensiven Moment des Glücks ihre Erfüllung findet. Sie kann als lebenslanger Begleiter unsere Gefühle, Handlungen, Gedanken und Beziehungen lenken. Sie ist der Schlüssel zu einem glücklichen Leben.

Momente intensiver Freude und des Glücks werden vom berühmten amerikanischen Psychologen Mihaly Csikszentmihalyi als Flow-Effekt im Sinne eines Fließens und Strömens von Energie bezeichnet. Menschen, die starke Lebensfreude empfinden, können diese in den unterschiedlichsten Tätigkeiten immer wieder aktivieren. Wie ein Perpetuum mobile laden sie sich bei dieser strömenden Energie ständig neu auf. Sie empfinden Glück durch ihre Neugierde, ihre Lernprozesse und ihre Sehnsucht nach individuellem Wachstum. Ihre Lebensfreude ist nicht ein Geschenk des Himmels, das ihnen in den Schoß gefallen ist, sondern ein Produkt ihres Interesses am Leben.

Glücklichsein ist etwas anderes, als Glück haben. „Glück haben" passiert zufällig und hat mit externen Rahmenbedingungen zu tun. Glücklichsein ist mit bestimmten Fähigkeiten und Einstellungen, die eine Person zum Leben hat, eng verbunden.

Tragischerweise halten sich weniger als 30% aller Menschen für glücklich. Im Gegenteil: Jeder dritte Europäer bezeichnet sich bereits als depressiv.

Warum aber bleibt bei so vielen Menschen die Lebensfreude auf der Strecke?

Marci Shimoff behauptet in ihrem Buch „Glücklich ohne Grund!", dass jeder Mensch einen bestimmten Glückssollwert besitzt. Egal, welche Schicksalsschläge einem Menschen widerfahren, er neigt dazu, immer wieder zu einem bestimmten Glücksniveau zurückzukehren.

Amerikanische Forscher versuchten in vielen Untersuchungen herauszufinden, ob unser Glücksgefühl durch die Gene vorherbestimmt wird oder ob unsere Erziehungsmodelle Glückserfahrungen von Kindern fördern.

Die Ergebnisse sind äußerst spannend: 50% unserer Glücksgefühle sind genetisch bedingt. 10% werden durch äußere Umstände wie Status, Beruf, Familienstand etc. beeinflusst. 40% haben allerdings mit unserer inneren Einstellung zum Leben, unseren Gefühlen und Handlungen zu tun. Wir können unseren Glückssollwert beeinflussen und verändern, indem wir Handlungen setzen, die unsere Lebensfreude stärken und uns glücklich machen.

Natürlich ist es für die meisten Menschen leichter, ihrem Schicksal oder der Herkunftsfamilie die Schuld an einem lustlosen Leben zu geben. Zumindest zu 40% sind wir jedoch selbst für unsere Lebensqualität verantwortlich! Wir bestimmen tagtäglich, welche Glücksmomente wir zulassen wollen.

Lebensfreude kann auch als innerer neurophysiologischer Prozess definiert werden. Sie braucht nicht durch den Genuss eines guten Schnitzels oder durch eine tolle Reise stimuliert werden. Ihre Lebensfreude ist ein Teil von Ihnen, den Sie in jedem Moment erleben können. Sie ist ein Geschenk, das Sie sich selber machen.

Die Tatsache, dass 50% unseres Glücksollwerts eine genetische Komponente besitzen, die man nicht beeinflussen kann, hat viele Neuropsychologen in den letzten Jahren beschäftigt. Das würde doch heißen, dass manche Menschen die Chance bekommen haben, bereits glücklich geboren zu werden, und andere nicht.

Der Molekularbiologe Bruce Lipton hat in seinem Buch „Intelligente Zellen – Wie Erfahrungen unsere Gene steuern“ in Aufsehen erregenden Studien bewiesen, dass wir über unsere Gedanken unsere DNS verändern und neu programmieren können. Neue Gedanken führen zu neuen neuronalen Pfaden und Verknüpfungen. Neurochirurgen haben festgestellt, dass sich bestimmte Gehirnareale von positiv denkenden, glücklichen Menschen auffällig von Personen unterscheiden, die eher zu Angst und Depression neigen.

Glückliche Menschen weisen eine höhere Hirnaktivität im vorderen linken Hirnlappen auf, während ängstliche Personen im rechten vorderen Hirnlappen eine erhöhte Aktivität zeigen. Zusätzlich unterscheidet sich bei beiden Personengruppen die Gehirnaktivität.

Positiv denkende Menschen entwickeln eine größere Alphawellenaktivität, die als wichtiges Indiz für ein „glückliches Gehirn" gilt. D.h. positiv stimulierte glückliche Menschen lassen sich nicht ständig durch ihre eigenen negativen Gedankenmuster stressen, auf die ihr Stammhirn mit Kampf- oder Fluchtsignalen reagiert, sondern sie aktivieren ihr höheres Gehirnzentrum, den Neocortex, indem sie bei Stress sofort nach positiven Erfahrungen suchen.

Wir selbst sind unseren Genen nicht hilflos ausgeliefert, sondern können bestimmte Bahnen im Gehirn aktiv und positiv durch Neuprogrammierung beeinflussen. Viele Menschen glauben, dass sie ab einem bestimmten Alter keine Chance mehr haben, innere Einstellungen zu verändern. Das stimmt aber laut der modernen Hirnforschung nicht. Wir können auch im fortgeschrittenen Alter immer wieder Neues lernen. Diese Gedanken und Gefühle verändern wiederum unser Gehirn, indem neue Schaltkreise entstehen.

Wenn wir schon nicht glücklich geboren wurden, sind wir nicht dazu verdammt, unglücklich zu sterben. Im weitesten Sinn können wir unserem Gehirn beibringen, glücklich zu werden.

Wie aber ist es möglich, viele lustvolle Momente wahrzunehmen, wenn der Alltag aus Arbeit, Verpflichtung, Anstrengung und Termindruck besteht? Die meisten Menschen leiden unter der Tatsache, dass sich bestimmte Aufgaben im Haushalt – wie das Einkaufen, Kochen oder Aufräumen – tagtäglich wiederholen. Ähnliches berichten auch Personen von ihrem Arbeitsplatz. Kaum haben sie eine Tätigkeit geschafft, liegt schon die nächste unerledigte da, die bewältigt werden muss. Ist es in diesem Fall möglich, Freude und innere Befriedigung durch täglich gleich verlaufende Alltagsprozesse zu entwickeln? Meine klare Antwort lautet: Ja! Wobei wir uns hier ein Beispiel an Sisyphos nehmen können.

Normalerweise wird dieser antike Held, den die Götter verdammt hatten, lebenslang einen Stein den Berg hinaufzuwälzen, als abschreckendes Beispiel präsentiert. Sobald Sisyphos mit dem Stein oben angekommen ist, setzt sich dieser wieder in Bewegung und rollt den Berg hinunter. So beginnt sein Arbeitsprozess von Neuem und viele Menschen sprechen oft erschöpft von einer Sisyphosarbeit, wenn sie das Gefühl haben, nie an ein Ziel zu kommen, weil sie ein und dieselbe Tätigkeit immer wieder ausführen müssen.

In meinen Stressbewältigungsseminaren, die ich in vielen Unternehmen abhalte, erzähle ich oft die Geschichte von Sisyphos, die wir auch anders interpretieren können.

Sisyphos hat die Chance, ein lustvolles Leben zu führen, wenn er sie wahrnimmt, denn menschliches Leben besteht aus den beiden Polen Anstrengung und Entspannung. Er hat die Chance der Regeneration, wenn er nach getaner Arbeit den Berg hinuntersteigt.

Versetzen wir uns gemeinsam in seine Situation: Sisyphos hat ein inneres Ziel und eine Aufgabe, die er wahrnimmt und die er schaffen kann. Sein Ziel ist klar formuliert: Er muss den Stein den Berg hinaufbringen. Das ist seine Aufgabe, die er kennt, und Sisyphos kann selbstbewusst agieren. Er weiß, dass er den Stein schon unzählige Male den Berg hinaufgewälzt hat. Er wird es auch diesmal wieder schaffen und kann langsam, Schritt für Schritt in dieser Tätigkeit aufgehen. Der Stein ist nicht sein Feind. Er wird durch die unzähligen vertrauten Erfolgsprozesse zu seinem Freund. Sisyphos kennt den Stein so gut wie sich selbst. Mit seinen Händen hat er ihn tausende Male berührt und ist mit all seinen Reaktionen vertraut. Mit dem Ziel vor den Augen genießt er den Weg dorthin. Anstrengung heißt nicht, keine Lebensfreude spüren zu dürfen. Er kann sich auf halbem Weg umdrehen, durchatmen und stolz auf die Strecke sein, die er wieder zurückgelegt hat. Bald muss er nur mehr die Hälfte schaffen. Das Ziel wird rasch erreicht sein.

Wie aber sieht nun der Abstieg von Sisyphos aus? Er muss nicht frustriert sein, weil der Stein wieder heruntergerollt ist und er dieselbe mühevolle Prozedur wiederholen muss. Er ist stolz auf seinen Erfolg und geht entspannt ohne Last den Berg hinab. Das ist seine Phase der Regeneration, die er mit allen Sinnen auskostet. Ist nicht das Leben in der Pause zwischen zwei Arbeitsvorgängen ein wirklich kostbares? Er selbst bestimmt, wie lange er den Abstieg genießt. Unten angekommen hat er die Kraft gewonnen, die er braucht, um sich mit neuer Energie ans Werk zu machen.

Unsere Einstellung im Kopf beeinflusst die Interpretation dieser Geschichte. Für frustrierte Menschen ist das Leben von Sisyphos ein Albtraum. Lustbetonte finden im Auf- und Abstieg ihre Glücksmomente.

Emotionen und unser Nervenkostüm – Ein Beitrag von Nikolaos Akranidis

Menschen mit ausgeprägter Lebensfreude besitzen eine emotionale Grundstimmung, die sie tagtäglich beflügelt. Spannend ist aber die Erkenntnis, dass auch unsere Organe empfindlich auf unsere Emotionen reagieren. Unsere positiven oder negativen Gedanken können Gefühle hervorrufen, die unseren Körper, unser Immunsystem und letztendlich auch unsere Gesundheit massiv beeinflussen.

Der Craniosacral-Therapeut Nikolaos Akranidis hat mir ebenfalls einen Teil seines Wissens für dieses Buch zur Verfügung gestellt. Craniosacral-Therapie ist übrigens eine von der Osteopathie stammende Behandlungsform, bei der durch sanfte Berührungen von Kopf und Rücken Blockaden entdeckt und beseitigt werden können.

Unsere Gedanken nehmen im wörtlichen Sinne oft körperliche Gestalt an. Wer kennt sie nicht, die Redewendungen, in denen emotionelle Zustände mit körperlichen Organen verbunden werden? Zum Beispiel: Mir kommt die Galle hoch. Da dreht sich mir der Magen um. Das bricht mir das Herz. Dir ist eine Laus über die Leber gelaufen etc. Diese sogenannten Schlüsselsätze oder toxischen Metaphern können sich natürlich auch auf andere Körperteile beziehen wie: Ich habe viel um die Ohren. Das lässt mir das Blut in den Adern gefrieren. Er hat nicht das nötige Rückgrat.

Unsere emotionelle Befindlichkeit und unsere Gedanken führen zu körperlichen Reaktionen, die auch unsere Organe beeinflussen. Es gibt natürlich emotionelle Belastungen, die starken Stress bei Menschen auslösen können, unabhängig davon, ob diese prinzipiell mit einer positiven oder negativen Grundstimmung durchs Leben gehen. Dazu gehören beispielsweise der Tod eines nahen

Angehörigen, Jobverlust, Scheidung, Existenzängste, Lärm, Reizüberflutung, Schuldgefühle und dergleichen.

Craniosacral-Therapeuten erkennen an belasteten Organen oft Zusammenhänge mit dem dahinter liegenden emotionalen Problem. Hier einige Beispiele aus der Praxis:

- Die Milz und die Bauchspeicheldrüse „leiden" besonders auffällig bei „Mobbing und gezielten Angriffen".
- Unser Herzbeutel (Perikard) reagiert auffällig auf das „Zulassen oder Blockieren bedingungsloser Liebe".
- Wenn die Kreativität und das Selbstwertgefühl eines Menschen unterdrückt werden, ist die Leber belastet.
- Die Nieren bzw. das Urogenitalsystem zeigen oft starke Reaktionen, wenn ein Mensch unter Angst und Furcht leidet.

Wir Menschen sind oft täglich mit einer Geräuschkulisse konfrontiert, die als äußerer Lärm auf uns einströmt. Doch es gibt auch einen inneren Lärm, der als ein fortwährender gedanklicher Monolog eines Menschen beschrieben werden kann, der von Sorgen, Zweifeln und Ängsten geplagt wird.

Wie aber können wir zur Entspannung und Freiheit von unseren destruktiven Gedanken kommen? Um zu geistiger Gelöstheit zu gelangen, die gleichzeitig auch mit körperlicher einhergeht, ist es wichtig, in einem Bewusstwerdungsprozess zu verstehen, wie stark unser Lebensglück von der Beschaffenheit unserer Gedanken (konstruktiv oder destruktiv) abhängt.

Lassen Sie sich zwischendurch auf eine kleine Übung ein, bei der Sie kurz die Augen schließen und sich Folgendes vorstellen:

- den Raum zwischen zwei Gedanken
- den Raum zwischen zwei Atemzügen
- den Raum zwischen Wachen und Träumen

- den Raum zwischen Tiefschlaf und Wachzustand
- den Raum zwischen Leben und Tod.

Gelingt es Menschen, durch diese Übung in einen Zustand der geistigen Entspannung zu kommen, wird ein Prozess des Loslassens und seelischen Innehaltens gefördert, bei dem auch unterdrückte Gefühle hochkommen können.

Wie aber können Menschen mit ihren positiven und negativen Emotionen umgehen und dabei körperlich und seelisch gesund bleiben?

Die Reaktionen von positiv denkenden Menschen mit hoher Lebensfreude auf Emotionen unterscheiden sich hier gravierend von Personen, die negativ gepolt sind.

Sobald eine negative Emotion auftaucht, gibt es zwei Möglichkeiten, mit diesem Gefühl umzugehen. Entweder sie objektivieren die emotionale Reaktion, das heißt, sie machen etwas oder jemand für diesen Zustand verantwortlich. Diese Möglichkeit verstärkt und intensiviert allerdings die negativen Empfindungen und wird leider häufig von Personen praktiziert, die unter depressiven Verstimmungen leiden und sich dadurch noch stärker in den negativen Zustand hineindenken. Die andere Möglichkeit besteht darin, sich die Emotion direkt anzusehen, sie zu entdecken, sie ganz intensiv zu empfinden und vollkommen ruhig zu betrachten. Personen mit hoher Lebensfreude wählen häufig die zweite Methode, indem sie in der direkten Auseinandersetzung mit ihrer Emotion eine für sie positive Lösungsmöglichkeit suchen. Ihre Bewältigungsmechanismen sind daher gesundheitsfördernd, denn jede Emotion vereinnahmt unseren Körper und Geist. Wir können uns ihr nicht entziehen, weil sie präsent ist und sich zum Beispiel auch durch negative Körperempfindungen und -zustände wie Schweißausbrüche, Herzrasen und Stolpern oder Zuckungen äußern kann.

Positiv denkende Menschen behalten ihre Balance dadurch, dass sie ihren Körper respektieren, seinen Funktionen Aufmerksamkeit schenken und seine Bedürfnisse erfüllen. Die Folge dieses sensiblen und respektvollen Umgangs mit sich selbst ist eine geistige Fitness und körperliche Dynamik, die bis ins hohe Alter erhalten bleiben kann. Lebensfrohe Menschen bleiben oft geistig und körperlich in ständiger Bewegung und bauen dadurch Stress ab und Endorphine auf. Sie bevorzugen eine ausgewogene Ernährung, um den Körper als Kraftquelle zu unterstützen. Sie genießen ausreichend Schlaf und begrüßen den neuen Tag mit Freude und Dankbarkeit. Sie betreiben nicht nur Körperpflege, sondern auch Organpflege, indem sie auf Alarmzeichen ihres Körpers achten und Symptome ernst nehmen, die wiederholt auftreten. Jeder Mensch hat ein bestimmtes Organ, das seine persönliche Schwachstelle ist und auf belastende Emotionen mit Beschwerden reagiert. Menschen, die Zusammenhänge zwischen den eigenen Emotionen und dem jeweiligen Organ erkennen, lernen, wie sie ihre Emotionen beeinflussen können, um ganzheitliche Organpflege zu betreiben. Sie werden dadurch zum Heiler ihrer Seele und ihres Körpers.

Wie aber hängen Lebensfreude und Optimismus zusammen? „Der Optimist denkt oft ebenso einseitig wie der Pessimist. Nur er lebt froher", meinte der Clown Charlie Rivel. Optimismus ist – ähnlich wie Lebensfreude – eine Stimmung, eine Grundhaltung, die Menschen in vielen Lebenssituationen begleitet. Die Art und Weise, wie wir unsere Lebenserfahrungen beurteilen, kann uns zu Optimisten oder Pessimisten machen.

Zahlreiche Untersuchungen belegen, dass sich optimistische Erwartungen auf Erkrankungen auswirken können, denn der Optimist trägt mit seiner positiven Einstellung und der dabei mitwirkenden sich selbst erfüllenden Prophezeiung zur „Heilung“ bei. Lebensfrohe Optimisten entwickeln andere Bewältigungsstrategien als Pessimisten. Sie besitzen ein hohes Selbstvertrauen und sind überzeugt, Situationen verändern zu können. Es wäre ungerecht, Optimisten als Realitätsverleugner zu bezeichnen, denn die meisten gehen problemorientiert an Aufgaben heran, verzweifeln weniger bei schwierigen Lebenssituationen und erfahren eine stärkere soziale Unterstützung als Pessimisten. Ihr Selbstwertgefühl ist in hohem Maße an ihre Lebenszufriedenheit gebunden. In Problemsituationen denken Optimisten an Erlebnisse, die sie gemeistert haben, um sich emotionell zu stärken und Wege aus der Krise zu suchen.

Positiv denkende Menschen haben meist viele Strategien entwickelt, um mit Stress gut umgehen zu können. Sie sind resilient, das heißt sie haben in Krisenzeiten eine hohe Widerstandsfähigkeit entwickelt, weil sie daran glauben, dass jede schwierige Situation geregelt werden kann. Sie akzeptieren im Gegensatz zum Pessimisten, dass es im Leben eines Menschen Höhen und Tiefen geben muss, die es zu überwinden gilt. Optimisten überlassen ihr Schicksal aber nicht anderen Menschen, sondern suchen selber nach Auswegen und Lösungsmöglichkeiten.

Auch ihr Umgang mit Krankheiten ist ein selbstbewusster. In einer Untersuchung schätzten sich 1300 Männer entweder als Optimisten oder Pessimisten ein. Zehn Jahre später zeigte eine Nachkontrolle, dass bei den Pessimisten Herzkrankheiten doppelt so häufig auftraten wie bei den Optimisten. Letztere sind auch bereit, Sport zu betreiben oder ihr Gewicht zu reduzieren, um Risikofaktoren zu minimieren. Optimisten leben gerne und wollen um jeden Preis überleben!

Menschen, die einen starken Kohärenzsinn besitzen, haben ein enormes Vertrauen in die Welt, sind widerstandsfähiger gegenüber Stress und lassen sich auch durch viele Schicksalsschläge nicht erschüttern. Ihre Grundhaltung gegenüber der Welt und dem eigenen Leben, ihr Glaube und ihre Lebensfreude schützen sie gegen Krankheiten und Burnout. Der Ausdruck Kohärenz stammt vom Begründer der Salutogenen Medizin, Aaron Antonovsky. In Untersuchungen mit Überlebenden der Nazi-Konzentrationslager war diesem aufgefallen, dass Menschen, die ihren furchtbaren Erlebnissen auch etwas Positives abgewinnen konnten, weit weniger an psychischen Folgeerscheinungen litten.

Ich habe im Laufe meines Lebens viele mutige Menschen kennen gelernt und ich bin stolz auf diese Begegnungen. Sie alle haben sehr schwierige Situationen mit Selbstvertrauen, Optimismus und seelischer Krisenfestigkeit überstanden und bewältigt. Ihr unerschütterlicher Glaube, dass alles im Leben einen Sinn hat, den es zu verstehen gilt, hat sie vor verzweifelten, pessimistischen Reaktionen geschützt. Es war ihr Optimismus, der sie spüren ließ, dass auch sie wieder Lebensfreude fühlen werden. Natürlich gibt es auch Momente im Leben, in denen die Verzweiflung für einen effektiven Heilungsprozess absolut wichtig ist, weil sie auch Kraft geben kann und Menschen dadurch die Hoffnung entwickeln, es muss wieder aufwärts gehen. Wir können auch viele Erkenntnisse aus der Dynamik unserer negativen Gedanken ziehen. Gut und Böse, Licht und Dunkel sind untrennbar mit unserer menschlichen Psyche verbunden. Wer die Finsternis nicht kennt, wird den Weg ins Licht zurück nicht suchen. Wer glaubt nur gut zu sein, verleugnet seine negativen Anteile. Es liegt, so meint Otto Benkert, an uns, zu entscheiden, welche positiven oder negativen Gedanken uns beherrschen sollen. Nicht der blinde Optimismus, an dem realitätsfern festgehalten wird, sondern der Glaube an unsere Fähigkeiten macht selbstbewusst und stark. Er kann Berge versetzen und zur Heilung von Krankheiten beitragen …

Flirten als Lebenselixier

Menschen, die gerne flirten, sind nie einsam. Sie haben die wunderbare Fähigkeit entwickelt, mit offenen Sinnen durchs Leben zu gehen und überall rasch Kontakte zu knüpfen. Sie sind die klassischen Lebenskünstler, die in den unterschiedlichsten Situationen durch ihre Körpersignale und ihre Kontaktfreude Menschen kennen lernen und Kraft aus diesen Begegnungen schöpfen. Es ist das spielerische Zugehen auf neue Menschen, das viele als lustvollen Prozess der Kontaktanbahnung bezeichnen. Zu Unrecht werden Menschen, die gerne flirten, als „Aufrissprofis" abgestempelt. In vielen Fällen geht es den „Genussflirtern" nicht darum, einen Sex- oder Lebenspartner zu finden, sondern die Chance wahrzunehmen, einen lustvollen Moment mit einer fremden Person zu genießen. Manchmal genügt der Austausch eines Lächelns auf der Straße oder ein rascher Blickkontakt von Auto zu Auto, um diese Menschen mit positiver Lebensfreude aufzuladen.

Lustbetonte Flirter haben viele Fähigkeiten entwickelt, die Menschen mit geringer Lebensfreude brauchen würden. Ihre größte Stärke liegt in ihrer Fähigkeit, keine Angst vor Sozialkontakten zu haben. Flirtende Menschen sind oft sehr unabhängig, weil sie kein Problem haben, alleine in einem Lokal zu essen oder gesellschaftliche Veranstaltungen ohne Begleitung zu besuchen. Viele Flirter schaffen es in Sekundenschnelle, in Gesellschaft Signale zu senden und einen positiven Sozialkontakt aufzubauen. Sie überlegen sich nicht, ob sie das Falsche sagen könnten, abgelehnt werden oder besser schweigen sollten. Sie knüpfen Kontakte ohne Angst vor Zurückweisung. Dieses Verhalten macht sie selbstbewusst, lebendig, aber auch einfühlsam, weil sie ständig durch die unterschiedlichsten Reaktionen von Menschen lernen und sich weiterentwickeln.

Lebensfrohe Menschen haben aber auch die wunderbare Fähigkeit, andere gleichsam anzustecken und in positive Schwingungen zu versetzen. Wobei schon kleine Signale große Wirkung haben können.

Ich erinnere mich an eine U-Bahnfahrt um 7.30 Uhr in Wien, als ich folgende Szene beobachtete: Um diese Uhrzeit stehen die meisten Menschen in der U-Bahn oft dicht gedrängt und starren müde oder gedankenverloren, zum Teil aber auch lustlos vor sich hin. Eine junge Frau stieg ein und stellte sich in die Nähe von zwei jungen Männern. Als der eine zufälligerweise seinen Blick zu ihr wandte, lächelte sie ihn mit großer Freude an und sagte einfach den simplen Satz: „Heute wird sicher ein schöner Tag werden“. Einige der unmittelbar Dabeistehenden schauten sie erstaunt an und begannen wegen ihres Optimismus vor sich hin zu schmunzeln. „Schauen wir mal“, sagte ein offensichtlich pessimistisch eingestellter Mann, doch auch er lächelte dabei. Die Szene in der U-Bahn hatte sich innerhalb von Sekunden entspannt. Es schien, als ob die junge Frau mit ihrem Lächeln die Atmosphäre in der U-Bahn verändert hatte.

Kontaktfreudige Personen lernen durch die vielen Gespräche, die sie führen, immer wieder neue und interessante Menschen kennen. Die gemeinsame Wellenlänge, die in der Kommunikation entstehen kann, schafft Nähe, Selbstvertrauen, aber auch Freude. Fröhliche Menschen haben gelernt, auch kurze Momente in Begegnungen als wertvolles Geschenk anzunehmen. Die Lebendigkeit in ihren Sozialbeziehungen lässt sie dadurch menschlich und geistig wachsen.

Wenn ich zu einer Veranstaltung gehe oder eine neue Gesellschaft besuche, habe ich mir angewöhnt, aus Interesse die Gruppen an Menschen, die zusammenstehen, zu beobachten. Vielleicht kennen Sie ähnliche Erfahrungen?! Spontan entsteht oft der Wunsch, zu dieser einen Gruppe möchte ich mich gerne gesellen. Warum? Fröhliche Menschen sind ansteckend und finden leicht Gleichgesinnte. Kein Wunder, dass sich um lebensfrohe Persönlichkeiten oft gesellige Menschentrauben bilden. Sie locken andere an! Personen, die hingegen lustlos herumstehen, durch ihre Körpersprache und Mimik Distanz ausstrahlen, Blickkontakte und Signale der Sympathiegewinnung vermeiden, erwecken nicht den Wunsch nach geselliger Anbahnung. Wir können uns schwer vorstellen, mit ihnen einen vergnüglichen oder interessanten Abend zu verbringen. Sie ziehen uns nicht an, weil wir uns nicht mit ihren „negativen Emotionen" anstecken wollen.

Neuropsychologen haben festgestellt, dass unsere intuitiven Handlungen Schutzmechanismen unseres Gehirns sind. Gute Sozialbeziehungen bewirken biochemisch, dass unser Gehirn durch die positive Interaktion Glücksbotenstoffe an die Zellen abgibt. Fühlen wir uns hingegen in einer Gesellschaft oder Gruppe extrem unwohl, wird ein Cocktail von schädigenden Stoffen freigesetzt, den wir intuitiv vermeiden, indem wir uns nicht zu negativ gepolten Menschen stellen wollen.

Lustvolle Menschen sind selten kontaktarme Einzelgänger. Ihre Lebensfreude macht sie offen für Begegnungen, die sich nicht nur auf das andere Geschlecht beziehen. Sie spüren aber auch, dass ihnen nicht alle Menschen gut tun, und haben Methoden gelernt, sich nicht von Nörglern, Pessimisten und zynischen Personen aus dem Gleichgewicht ihrer Lebensfreude bringen zu lassen. Lässt sich der Kontakt nicht vermeiden, weil diese Personen zur Familie oder zu ihrem Arbeitsteam gehören, versuchen sie oft geistige Schutzschilder aufzubauen, um sich nicht mit negativer Energie anstecken zu lassen.

Sie können sich zum Beispiel vorstellen, dass Sie wie bei einem Geschäft den inneren Rollbalken herunterlassen oder sich mit einem Lichtmantel umgeben, der sie schützt und ihre „Lebensfreude warm hält".

Die „Herz zu Herz" Gesellschaft

Georg Schmertzing hat ein faszinierendes Buch zum Thema „Kraftfeld Herz – Die neue Herz-Kultur" geschrieben. Könnten wir einander von Herz zu Herz begegnen, würde unsere Kommunikation ihre Oberflächlichkeit verlieren und in neue, herzliche Dimensionen vordringen. Stellen Sie sich in der Erinnerung einen glücklichen Moment vor, der Sie sehr berührt hat, und spüren Sie ihn in Ihrem Herz. Sie werden Schwingungen wahrnehmen, die auch als Energien Ihres Herzens bezeichnet werden. „Man sieht nur mit den Augen des Herzens gut! Das Wesentliche ist für die Augen unsichtbar!", schrieb Antoine de Saint-Exupery im Buch „Der kleine Prinz".

Forscher haben herausgefunden, dass die Herzfrequenz von Menschen, die sich in einem frustrierten Zustand befinden, ein ganz anderes Muster aufweist, als wenn diese Personen gut aufgelegt sind und sich wohl fühlen.

Mit der Biofeedbackmethode beobachte ich dieses Phänomen seit Jahren bei meinen Patienten. Stellen sich meine

Klienten Stress-Situationen vor, die sie belasten, schlägt das Herz schneller, der Blutdruck steigt und die aufgezeichnete Pulsfrequenz zeigt ein unregelmäßiges Muster. Das wird auch als Herzrhythmusinkohärenz bezeichnet. Stellen sich aber diese Klienten entspannende Situationen gedanklich vor, wird ihre Pulsfrequenz „friedlich" und gleichmäßig. Dasselbe geschieht auch, wenn sie an schöne Erlebnisse denken, die ihnen Freude bereiten.

Das menschliche Herz ist neben unserem Gehirn das faszinierendste Organ unseres Körpers. Verlässlicher als jedes Uhrwerk schlägt es pro Tag bis zu 100.000 Mal und seine Jahresleistung liegt bei 40 Millionen Schlägen. Es ist im Gegensatz zum tierischen Herz in seiner Leistungsfähigkeit unschlagbar – hier hat uns die Evolution begünstigt. Was zur berechtigten Frage nach dem Warum führt.

Herzautor Schmertzing meint dazu: „Herzenergetiker stellen fest, dass sich das Herz ein unmittelbares Informationssystem und eine eigene Intelligenz im Menschen aufbaut, die außerhalb biochemischer Prozesse arbeiten. Es ist eine info-energetische Verbindung, die allen Systemen im Universum eigen ist. Das Herz arbeitet als nichtlokales intelligentes Energiefeld. Seine elektromagnetische Kraft ist fünftausend Mal größer als die des Gehirns. Das Herz ist sichtbarer Ort konzentrierter Lebensenergie."

Wie aber können wir diese Erkenntnisse für unsere Lebensfreude umsetzen? Positiv denkende und mit dem Herzen fühlende Menschen kommunizieren mit allen Sinnen.

Sie spüren Schwingungen und Stimmungen mit ihrem Herzen und reagieren darauf. Sie sprechen auch ohne Worte von „Herz zu Herz". Ihr Herzschlag kommuniziert mit dem des Gesprächspartners. Sie spüren in empathischer Verbundenheit seinen entspannten Herzrhythmus und fühlen Dankbarkeit und Sympathie. Mit Lebensfreude kommunizieren heißt daher, die Begegnungen von Herz zu Herz zuzulassen.

Lustbetonte Menschen besitzen aber nicht nur die Fähigkeit, sich selbst und ihren Körper täglich zu motivieren und aufzuladen. Sie schaffen es auch, ihre Lebensfreude in vielen sexuellen Handlungen auszuleben. Seit Jahrzehnten untersuchen Ärzte und Psychologen die Auswirkungen von Liebe und Sex auf die menschliche Psyche. „Fehlendes Liebesglück ist der größte Risikofaktor des 21. Jahrhunderts", schrieb ein renommierter amerikanischer Herzspezialist. Lustbetonte Paare, die regelmäßig Spaß und Freude an ihrem Sexualleben haben, besitzen viele Startvorteile, um auch Alltagsstress mit Freude und Lust abzubauen.

Die im Liebesspiel freigesetzten Hormone agieren als Gegenspieler zum Stresshormon Adrenalin. Im Orgasmus wird das entspannende Hormon Prolactin ausgeschüttet, das körperliche Spannungszustände löst. Berührungen eines geliebten Menschen aktivieren im Gehirn das Belohungs- und Wohlfühlzentrum, das körperliche Prozesse in Gang setzt, die uns positiv stimulieren. Ein derart freigesetzter Hormoncocktail zirkuliert bis zu 24 Stunden im Blut und sorgt für ein persönliches Wohlbefinden und Glücksgefühl. Zusätzlich steigert erfüllender Sex auch das Selbstwertgefühl der Liebenden durch das Bewusstsein, begehrt zu werden.

Chinesische Mediziner haben festgestellt, dass durch lustvollen Sex viele Organe im Körper aktiviert und gestärkt werden. Menschen, die das Glück haben, eine lustvolle Beziehung zu führen, betreiben die beste medizinische Vorsorge. Die Durchblutung im Körper wird angeregt und dadurch die Abwehrkräfte des Herz- Kreislaufsystems gestärkt. Auch seelische Energieblockaden lösen sich durch Berührungen mit Herz und Gefühl.

Mediziner haben festgestellt, dass Schmerzpatienten

ihre Leiden im Zustand der Lust kaum wahrnehmen, da der Körper Endorphine ausschüttet, die bei Schmerzen wie Morphium wirken. Im Extremfall kann die verstärkte Durchblutung beim Sex auch starke Kopfschmerzen reduzieren. Die Ausrede mancher Frauen „Schatz, ich habe heute Kopfweh“, könnte daher von Männern folgerichtig eigentlich als Aufforderung verstanden werden, etwas zu tun, dass die Kopfschmerzen besser werden.

Ergebnisse einer deutschen Studie zeigen zudem, dass bei Frauen häufige Ausschüttungen von Sexualhormonen zu dem „Ergebnis“ führen, dass diese um fünf bis zehn Jahre jünger aussehen. Die beim Sex produzierten Hormone schützen vor den freien Radikalen, die den Alterungsprozess der Haut fördern.

Beim Mann wird das Hormon Testosteron ausgeschüttet, das die Knochen stärkt, den Kreislauf ankurbelt und das Herz schützt. Wissenschaftler haben herausgefunden, dass Männer, die drei bis vier Mal pro Woche befriedigenden Sex haben, seltener an Gehirnschlag oder Herzattacken erkranken. Frauen, die ein lustvolles Liebesleben führen, leiden hingegen seltener unter Osteoporose.

Lebensfrohe Menschen genießen den Körperkontakt und zeigen häufig über Berührungen, Umarmungen und Küsse, wie wichtig der Partner ist. Beim Küssen wird durch die Ausschüttung von Hormonen der Energiebedarf erhöht. Bei einem intimen Kuss werden bereits ca. 12 Kalorien verbraucht! Paare, deren Liebesspiel bis zu 30 Minuten dauert, verbrennen im Durchschnitt 350 Kalorien und haben durch ihre Lust eine Diät entwickelt, die sie mit Genuss abnehmen lässt.

Lustmenschen haben viele Startvorteile entwickelt, um das Leben mit allen Sinnen zu genießen. Ihr lustvoller Umgang mit dem Alltag gibt ihnen Kraft und trägt sie mit Freude durch die Welt.

LUSTKILLER, DIE UNSERE LEBENSQUALITÄT BELASTEN

Im Burnout gibt es kein Lustempfinden

Als ich gemeinsam mit meinem Kollegen Dr. Reinald Brezovsky vor fünf Jahren das erste Stresscenter in Wien für Burnout-Patienten gründete, ahnten wir nicht, welche Lawine wir damit lostreten würden. Ich kann mich noch gut an unsere erste Radiosendung erinnern, bei der Zuhörer anrufen konnten, nachdem wir über die vielfältigen Burnout-Symptome gesprochen hatten. Stellvertretend für viele Menschen erinnere ich mich an den Ausspruch einer Zuhörerin: „Jahrelang bin ich verzweifelt von Arzt zu Arzt gelaufen und habe ständig meine aufgetretenen Symptome behandeln lassen. Jetzt endlich ist mir klar geworden, dass alle meine Krankheiten einen gemeinsamen Namen haben, nämlich Burnout."

Der Grund, warum ich mich entschlossen habe, dieses Buch zu schreiben, liegt auch darin, dass wir in der Zwischenzeit viele Menschen in den unterschiedlichsten Situationen betreut haben und eines für die Betroffenen klar ist: „Im Burnout gibt es kein Lustempfinden", denn Menschen unter Stress verlieren zuerst ihre Lebensfreude.

Leider, und das ist die tragische Seite dieses Themas, gibt es immer mehr Personen, die sich in ihrer persönlichen Stresssituation überfordert fühlen und jahrelang auf Hilfe und Unterstützung warten. Viele leiden unter chronischem Stress, der nicht nur schädigend für die körperliche Gesundheit ist, sondern auch das psychische Wohlbefinden enorm beeinflusst. Mit dem Begriff Burnout wird ein psychovegetatives Erschöpfungssyndrom bezeichnet. Ärzte und Therapeuten haben oft Schwierigkeiten, ein Burnout zu diagnostizieren, weil es vielfältige Überlappungen zu psychosomatischen Störungen und zur Depression gibt.

Die Studien zum Thema Burnout in Österreich sprechen eine klare Sprache und zeigen, dass Gesellschaft, Wirtschaft und das Gesundheitssystem verstärkt ihren Beitrag leisten müssen, damit die Zahl der Patienten nicht stetig ansteigt. Mittlerweile erleben bereits 20% der erwerbstätigen Österreicher burnout-ähnliche Phasen. Jeder dritte Arbeitnehmer steht unter ungesundem Stress (Distress), der Menschen nach einiger Zeit krank macht. 46% aller Krankenstände haben bereits psychische Gründe.

Die Betroffenen kommen aus den unterschiedlichsten Berufen, wobei eine Häufung der Patienten bei helfenden Berufen (wie Ärzten, Krankenschwestern, Lehrern, Sozialarbeitern), aber auch bei Managern, Polizisten, Medienleuten und EDV-Spezialisten vorzufinden ist. Viele verbinden die Krankheit Burnout mit starkem Stress und Erschöpfung. Doch in der Anfangsphase trifft das absolut nicht zu, weil diese gekennzeichnet ist durch Aktivität und hohe Motivation. Erst im fortgeschrittenen Stadium erkennen die Menschen ihren bedenklichen Zustand und suchen oft zu spät nach Auswegen. Der Zustand des Ausgebranntseins ist gekennzeichnet durch einen Verlust der körperlichen und psychischen Regenerationsfähigkeit. Burnout-Patienten geben häufig drei Faktoren als Auslöser für ihren Zustand an. Zum einen nennen sie Zeitdruck, der besonders dramatisch bewertet wird, wenn er im Zusammenhang mit sozialen Berufen steht. Die Patienten finden es als belastend, wenn sie in ihrem Beruf keine Zeit für ihre Klienten, Kunden oder Schüler haben. Ein weiterer Faktor ist Fremdbestimmtheit, also das Gefühl, nichts mehr selber bestimmen zu können und keinen Handlungsspielraum – weder beruflich noch privat – zu haben. Die Patienten fühlen sich machtlos einer Situation ausgeliefert, die sie nicht beeinflussen können. Der dritte Einflussfaktor ist Stress durch Unzufriedenheit. Nicht immer ist es sinnvoll, den Stress von Patienten zu vermindern. Es ist nicht allein die Menge an Arbeit, die ins Burnout führt. Es sind die zwischenmenschlichen Spannungen im privaten oder beruflichen Bereich, die Menschen krank und unzufrieden machen. Aber auch belastende Rahmenbedingungen, die nicht zu verändern sind, gefährden die tägliche Lebensfreude. Die persönliche Zufriedenheit ist jedoch der wichtigste Präventionsfaktor, um nicht in diesen Zustand zu kommen.

Unzufriedene Menschen, die beruflich und privat unter Druck und Stress geraten, verbindet meistens ein gemeinsamer Wunsch: Wieder Lebenslust zu spüren und sich lebendig zu fühlen. Die Sehnsucht nach einer Begeisterung, die sie einst hatten, um sich körperlich und seelisch lustvoll spüren zu können.

Die zwölf Burnoutstadien

Lange Zeit galt Burnout als *die* Managerkrankheit. Mittlerweile wissen wir aber, dass keine Zielgruppe davon verschont bleibt. Erwerbstätige, Hausfrauen, Studenten, aber auch Schüler können genauso in den Zustand des Ausgebranntseins kommen wie ein Spitzenmanager. Viele Menschen verdrängen oft jahrelang ihre körperlichen und psychischen Symptome, weil sie einfach funktionieren wollen. Es gibt aber klassische Stadien, die Ihnen dabei helfen können, präventiv einzuschätzen, ob Sie einen gesunden Eustress (positiver Stress) erleben, der nicht krank macht, oder ob sich Ihr Zustand bereits weiter hinten in der Skala finden lässt.

Stadium 1: Der Zwang, sich zu beweisen

In unserer täglichen Arbeit im Stresscenter haben wir festgestellt, dass besonders die hochleistungsmotivierten Menschen stark gefährdet sind, in die verhängnisvolle Burnout-Spirale abzugleiten. Workaholics mit einer hohen Begeisterungsfähigkeit für ihre Arbeit übersehen gerne Grenzen, weil sie in diesem Stadium eine enorme Lust und Freude verspüren, ihre Arbeit optimal zu gestalten. Natürlich würde sich jede Führungskraft Mitarbeiter wünschen, die hohe Erwartungen an sich selbst haben und mit großer Motivation ihre tägliche Arbeit gestalten. Gelingt es diesen Personen, im Sinne einer Work-Life-Balance zu leben und sich nicht permanent zu überfordern, kann dieser Zustand über Jahrzehnte gehalten werden, wenn er geprägt ist von einer lustvollen Freude an der Arbeit, aber auch dem Mut, körperliche Grenzen wahrzunehmen und sich Entspannung zu gönnen.

Viele hochleistungsmotivierte Menschen steigern aber im Zustand ihrer Arbeitseuphorie ihren persönlichen Einsatz und überfordern sich und andere laufend.

Ich erinnere mich an eine Hausfrau, die starke Erschöpfungssymptome zeigte, aber nicht glauben wollte, dass sie Burnout-gefährdet war. „Ich bin doch nicht berufstätig“, meinte sie fast entschuldigend. Ihr Lebensablauf erinnerte mich aber an den eines Spitzenmanagers. Sie wollte alles perfekt und 100%ig in Ordnung erledigen. Ihren Haushalt, die Betreuung ihrer drei Kinder, die Versorgung ihrer pflegebedürftigen Verwandten und vieles mehr. Ihr Arbeitsalltag begann um 6 Uhr Früh und endete selten vor

22 Uhr. Dieses Leben erschien ihr aber völlig normal, denn sie brauchte die Zeit, um alles managen zu können.

Stadium 2: Verstärkter Einsatz

Viele Menschen tragen die Tendenz in sich, gerne und freiwillig auch neue Aufgaben und Herausforderungen anzunehmen, weil das Gefühl der Unentbehrlichkeit am Arbeitsplatz oder zu Hause für sie immer wichtiger wird. Ich erinnere mich an einen jungen Manager, der sich selbst innerhalb von fünf Jahren an die Grenzen seiner körperlichen und psychischen Möglichkeiten brachte. Sein neues Aufgabengebiet, das ihm zugeteilt wurde, faszinierte ihn von Anfang an. Stolz erzählte er mir damals, dass er bereits nach einigen Monaten täglich einer der ersten am Arbeitsplatz war, weil er zumindest in den frühen Morgenstunden ungestört und mit vollster Konzentration seine Aufgaben erledigen konnte. Er war aber auch einer der Letzten, der das Büro verließ, weil ihn die Tatsache, Unerledigtes zurücklassen zu müssen, zunehmend strapazierte. Natürlich war er bei seinem Chef extrem beliebt, da er äußerst erfolgsorientiert arbeitete und eine hohe Vorbildwirkung, auch für die anderen Kollegen, zeigte. Dank seiner ausgezeichneten Kondition konnte er seinen persönlichen Grenzgang einige Jahre durchhalten, bis sein Zusammenbruch erfolgte, da er alle Warnsignale seines Körpers ignoriert hatte.

Menschen, die sich häufig erschöpft und müde fühlen, spüren ihre körperlichen Grenzen, wollen diesen Zustand aber zumeist nicht wahrhaben. Für viele ist der Begriff Lebensfreude nur mit der Erfüllung verschiedener Aufgaben und Verpflichtungen verbunden. „Ich hab es doch geschafft" wird zu einem inneren Leitsatz, der süchtig machen kann, genauso wie das Lob und die Anerkennung der Umwelt.

Solange Menschen aber ihre eigenen Bedürfnissen nicht vernachlässigen, kann dieser „Mehreinsatz" lange aufrechterhalten werden. Gesundheitlich gefährlich wird die Situation, wenn das Stadium 3 mit körperlichen Symptomen einsetzt.

Stadium 3: Vernachlässigung eigener Bedürfnisse

Wenn ein gesunder Schlafrhythmus immer mehr durch regelmäßig auftretende Wachphasen gestört wird, ist das ein ernst zu nehmendes Signal. In diesem Zustand wirken die eigenen Probleme und Stressoren dann noch dramatischer auf viele, als sie tatsächlich sind. Die wenigsten stellen sich in der Nacht positive und fröhliche Situationen vor, die sie entspannen und leichter einschlafen lassen – sie denken hauptsächlich an den Stress und die unerledigten Arbeiten. Durch die aufgetretenen Schlafstörungen fühlen sich viele aber auch am Tag erschöpft und spüren instinktiv, dass sie ihre Arbeit nicht mehr so leicht bewältigen können. Um beruflich und privat fit und leistungsstark zu bleiben, steigt bei vielen Menschen die Gefahr, durch „Suchtverhalten" den ursprünglichen Zustand wiederherzustellen.

Der Wunsch nach Lebensfreude, Pause und Entspannung steht nun im Vordergrund, selbst wenn er nicht realisierbar erscheint. Um sich für kurze Momente lebendig oder entspannt zu fühlen, steigern viele Menschen die Dosis im Bereich ihres Suchtverhaltens. Trank eine Person während des Arbeitsalltags bislang beispielsweise drei Tassen Kaffee, werden die Kaffeepausen plötzlich auf fünf oder sechs pro Tag erhöht. Rauchte jemand fünf Zigaretten am Tag, werden es durch die permanent gespürte Erschöpfung plötzlich zehn Zigarettenpausen. Aus dem mit Genuss getrunkenen Glas Rotwein am Ende eines Tages werden unmittelbar drei, vier oder mehr Gläser.

Die kurze Suchtpause wird zum lustvollsten Moment des Tages, der Lebensfreude bringen soll. Es ist jedoch der falsche Weg, sich über Suchtverhalten lebendig zu fühlen, weil die Dosis immer mehr gesteigert werden muss und die Pause nicht mehr zur Entspannung führt. Der Weg zurück zur Lebensfreude gelingt nur über eine veränderte Einstellung zu sich selbst.

Stadium 4: Verdrängung von Konflikten und Bedürfnissen

Gehören Sie zu den Menschen, die gelegentlich einen Termin vergessen oder vor einem Bankomat stehen und Ihren persönlichen Code nicht mehr wissen? Fehlleistungen dieser Art können gelegentlich beim menschlichen Gehirn auftreten und bedeuten nicht immer, dass Sie bereits ein fortgeschrittener Burnout-Kandidat sind. Gehören die oben beschriebenen Fehlleistungen und ähnliche jedoch bereits zu ihrem normalen Lebensalltag, sollten Sie sich Gedanken darüber machen, denn im Stadium 4 treten Konzentrationsstörungen und Gedächtnisschwächen vermehrt auf.

Die Betroffenen verheimlichen und verdrängen ihren Zustand und wenn sie von anderen Personen direkt auf ihre Fehler angesprochen werden, reagieren sie gereizt und aggressiv. Weil sie in ihrem Erschöpfungszustand keine weiteren Spannungen und Konflikte ertragen können, wird verdrängt, was verdrängt werden kann, wodurch allerdings das Spannungspotenzial rund um die Betroffenen immer größer wird. Gerade in diesem Stadium wäre es aber besonders wichtig, Phasen der Regeneration in den Alltag einzubauen. Menschen, die sich erschöpft fühlen, streichen allerdings leider ihre geliebten Hobbys aus Zeitgründen als Erstes. Ob Sport, Saunaabend, regelmäßiges Essen mit Freunden, Konzert oder Theaterbesuch, all die Programmpunkte, die mit Lebensfreude verbunden sind, werden vernachlässigt oder als lästig empfunden.

Stadium 5: Umdeutung von persönlichen Werten

Menschen unter Stress werden leider nie sympathischer. Im Gegenteil, sie reagieren gereizt, nervös, kommunizieren weniger und vermeiden zunehmend Kontakte. Wenn ein/e einstmals fröhliche/r Kollege/in bei keiner Firmenfeier mehr dabei sein will, immer weniger persönliche Gespräche führt und sich zunehmend zurückzieht, sollte dieses Verhalten seiner/ihrer Umwelt zu denken geben.

Selbst Familienmenschen verändern in dieser Phase ihre Persönlichkeit in auffallender Weise. Beziehungsprobleme treten vermehrt auf, Konflikte werden verdrängt oder lautstark ausgetragen und der Wunsch nach Ruhe und Alleinsein steigt.

Langzeitstudien haben bewiesen, dass Stress der Partnerschaftskiller in den meisten Beziehungen ist. Durch den gereizten, zum Teil lieblosen Umgang miteinander sinkt das Vertrauen in den Partner und es wird noch weniger kommuniziert. In den meisten Fällen sind unter diesen Umständen auch sexuelle Konflikte des Paares vorprogrammiert.

Familienwerte, aber auch Firmenwerte, die einst Bedeutung hatten, verlieren diese. Die Lebensfreude von einst gehört der Vergangenheit an. Spätestens ab diesem Stadium finden die Betroffenen nicht mehr ohne Unterstützung zurück in eine lustvolle Normalität. Viele wagen es nicht, mit einem Arzt, Psychologen oder Paartherapeuten über ihre persönliche Situation zu sprechen. Sie warten damit leider ab, bis ihr Leidensdruck weiter steigt.

Stadium 6: Verstärkte Verleugnung aufgetretener Probleme

Betroffene, mit denen ich zahlreiche Interviews geführt habe, bezeichneten diesen Zustand bereits als innere Kündigung an das Leben. Als lustvoll wird nahezu nichts mehr erlebt. Der Widerstand, täglich zur Arbeit zu gehen und seinen Haushalt zu erledigen, wird immer größer. Oft kommt es zu vermehrten Fehlzeiten, gehäuften Krankenständen und Fehlern, die nicht mehr zu vertuschen sind. Eine meiner Patientinnen beschrieb mir ihren Zustand folgendermaßen: „Bevor ich ins Burnout kam, war ich 30 Jahre in verantwortungsvoller Position für mein Unternehmen tätig. Ich war motiviert, wurde von allen geschätzt und hatte eine enorme Lebensfreude. Alle Warnsignale, die mir mein Körper gesendet hat, habe ich jahrelang ignoriert.

Es gab Phasen in meiner Erkrankung, da brauchte ich vom Moment des Aufstehens bis zum Erreichen meines Arbeitsplatzes zwei bis dreimal so lange wie vorher. Aber nicht, weil ich irgendwo im Stau steckte, ich hatte einfach nicht die Kraft, mich aus dem Bett zu erheben, weil mir diese Vorstellung wie Schwerarbeit vorkam."

Stadium 7: Endgültiger Rückzug

Das siebente Stadium ist geprägt von einer Grundstimmung der Orientierungs- und Hoffnungslosigkeit. Alles wird als sinnlos erlebt. Das mühsam aufgebaute Selbstbewusstsein fällt wie ein Kartenhaus in sich zusammen und nichts scheint mehr zu gelingen.

Viele Patienten, die in diesem Zustand zu uns kommen, fühlen sich oft nicht krank, sondern als totale Versager. Ihr Alltag ist geprägt von wechselnden Depressionen und Panikattacken, die auch in einem früheren Stadium bereits auftreten können.

In der Panikattacke zeigt der Körper dem Menschen, dass er nichts mehr unter Kontrolle hat. Die Betroffenen spüren Herzrasen und zum Teil Todesängste, denen sie sich hilflos ausgeliefert fühlen. Letzter Halt und Anker, um noch einmal lustvolle Momente spüren zu können, wird die Ersatzbefriedigung, die sich in vielen Ausprägungen zeigen kann.

Männer und Frauen entwickeln zum Teil unterschiedliche Süchte. Für viele unserer Patientinnen steht allerdings die Esssucht im Zentrum ihrer Bedürfnisbefriedigung. Auffällig ist für mich in diesem Zustand auch das sogenannte „Nutellaphänomen". Immer wieder berichten mir Frauen, dass sie abends oder auch mitten in der Nacht einen enormen Heißhunger nach Nutella verspüren und im Extremfall auf einen Sitz den gesamten Inhalt des Nutellaglases auslöffeln oder auch eine große Tafel Schokolade auf einmal aufessen.

Warum aber tritt dieses unkontrollierte Essverhalten plötzlich auf? Gehirnforscher haben festgestellt, dass bestimmte Substanzen in der Schokolade zu einer erhöhten Endorphinausschüttung in bestimmten Gehirnarealen führen. Für ein paar Momente fühlen sich Burnout-Patienten durch das Essen von Schokolade entspannter und befriedigter. Auch wenn diese Augenblicke nur von kurzer Dauer sind und die danach auftretenden Schuldgefühle zu einer weiteren Belastung ihres angeschlagenen Gesundheitszustands führen.

Männliches Suchtverhalten zeigt sich weniger in einer Essstörung, sondern häufiger durch gesteigerten Alkoholkonsum, Sexsucht oder Spielrausch. Manuel G.: „Je mehr Fehler ich in meinem Job machte, desto frustrierter fühlte ich mich. Ich hatte zunehmend das Gefühl, nichts mehr im Griff zu haben. Meine Suchtproblematik begann schleichend. Wenn ich Alkohol konsumierte, entspannte sich meine Situation und ich redete mir ein, dass der nächste Arbeitstag sicher besser würde. Leider steigerte ich mit der Zeit immer mehr die Dosis, weil ich nur mehr einschlafen konnte, wenn ich vorher drei Flaschen Bier trank."

Stadium 8: Deutliche Verhaltensänderung

Ohne medikamentöse Unterstützung ist in diesem Stadium keine Verbesserung mehr möglich. Viele Menschen definieren sich nur mehr über Schmerzen, die ins Zentrum ihrer Wahrnehmung rücken. Diese Schmerzen haben nicht unbedingt eine physische Ursache, sondern sind oft psychosomatisch bedingt. Zu erschöpft, um nach Alternativmethoden zu suchen, die ihren Zustand verbessern könnten, nehmen sie lieber Schlafmittel, Schmerztabletten und Antidepressiva in der Hoffnung, ihre unerträgliche Situation zu verbessern. Sie fühlen sich emotionell leer und können kaum mehr ein normales Arbeits- oder Sozialleben führen.

Haben diese Menschen keine unterstützende Familie um sich oder sind zumindest durch ein soziales Netzwerk gefestigt, wird selbst der Alltag zu einem persönlichen Albtraum. Die meisten Patienten sind in diesem Zustand unfähig, sich selbst zu managen.

Ein 35-jähriger Mann berichtete mir verzweifelt, dass er früher 15 Minuten gebraucht hatte, um seine 70 m^2 große Wohnung zu saugen, und mittlerweile für dieselbe Tätigkeit oft mehrere Tage benötigte. Er hatte keine Energie und Freude mehr, sein Leben war eine einzige Belastung für ihn geworden.

Stadium 9: Verlust des Gefühls für die eigene Persönlichkeit

In diesem Zustand haben die betroffenen Menschen den Zugang zu sich selbst verloren. Sie spüren den Zerfall ihrer einstigen Persönlichkeit und nehmen sich in ihren Handlungen und Empfindungen als Fremde wahr.

„Wenn ich durch die Straßen gehe, spüre ich nicht mehr, ob es regnet oder nicht. Ich funktioniere automatenhaft, ohne meine Umgebung wahrzunehmen. Wie ferngesteuert gehe ich von A nach B“, schilderte eine 40-jährige Lehrerin verzweifelt ihren Alltag.

Angehörige sind oft völlig geschockt, wenn sie die Persönlichkeitsveränderungen eines geliebten Menschen miterleben. Sie können nicht fassen, dass aus einem einst lebensfrohen, optimistischen und zufriedenen Menschen ein scheinbar desinteressierter, emotionsloser, klagender und apathischer Fremder geworden ist.

Stadium 10: Innere Leere

Im zehnten Stadium bringen Patienten einen enormen inneren Kraftakt auf, um dem Leben noch einmal Lustgefühle zu entlocken. Mit exzessivem Suchtverhalten versuchen sie durch sinnlose Kaufräusche, Fressattacken, Sex ohne wirkliche Befriedigung noch einmal, etwas Lustvolles zu erleben. Menschen in diesem Stadium sollten bedingt durch ihre negative Lebenseinstellung von Vertrauenspersonen intensiv betreut bzw. im Extremfall stationär in einem Spital aufgenommen werden. „Könnte ich nur 24 Stunden lang durchschlafen. Das wäre mein größter Wunsch“, beschrieb eine Patientin diesen Zustand.

Führungskräfte, die von mir wissen wollen, wie lange sie warten müssen, bis ihr Mitarbeiter wieder an den Arbeitsplatz zurückkehren kann, muss ich die Antwort geben, dass es mit großer Wahrscheinlichkeit nicht vor einem Jahr sein wird. Burnout-Patienten ab diesem Stadium brauchen, um sich wieder voll regenerieren und in den Arbeitsprozess integrieren zu können, viele Monate und eine schrittweise Vorgangsweise, um ihre Kraft und Lebensfreude zurückzugewinnen.

Stadium 11: Totale Depression und Erschöpfung

Destruktive Gedankenmuster, schwere Depressionen und das wiederholte Äußern von Selbstmordabsichten prägen häufig den Tagesablauf in dieser Phase. Freunde, Partner und Kinder im Umfeld eines Betroffenen sind mit diesem Zustand heillos überfordert und leiden mit. Diese Patienten müssen in einem Spital stationär aufgenommen werden, bevor sie komplett zusammenbrechen oder ihre Selbstmordgedanken umsetzen. Sie brauchen ein engmaschiges Netz an Vertrauenspersonen und Ärzten, die sie langsam dem Leben zurückgeben.

Stadium 12: Völliger Burnout-Zusammenbruch

Die wenigsten Menschen wissen, dass Burnout im Endstadium zu einer lebensgefährlichen geistigen, körperlichen und emotionalen Erschöpfung führen kann. In diesem Zustand ist auch die Selbstmordgefahr groß, v.a. dann, wenn die Patienten nicht bereit sind, sich stationär aufnehmen zu lassen. Doch es gibt Hoffnung, auch wenn der Weg zurück zu einem lustvollen Leben nur schrittweise wieder möglich ist.

Ich habe in unserem Stresscenter jüngere und ältere Menschen, Männer und Frauen mit unterschiedlichen Berufen erlebt, die diesen Endzustand einmal erlebten. Sie alle hatten nur einen Wunsch: „Wenn mir der Weg zurück in ein fröhliches Leben wirklich gelingt, werde ich alles tun, um nie mehr wieder in diese Situation zu kommen." 94% unserer Patienten haben sich diesen Wunsch erfüllt. Die Rückfallsquote ist glücklicherweise wirklich gering.

Die Rolle von Sympathikus und Parasympathikus bei Stress

Menschen, die längere Zeit unter Leistungsdruck stehen, übersehen es, zeitgerecht auf ihren Körper zu achten und rasch Gegenmaßnahmen zu ergreifen. Unser autonomes

Nervensystem führt im Stresszustand zu unterschiedlichen Verhaltensauffälligkeiten. Viele Organe werden durch die beiden Gegenspieler Sympathikus und Parasympathikus gesteuert. Unter Stress wird der Sympathikus aktiv, indem es zu einer erhöhten Herzfrequenz, einer beschleunigten Atmung und einer angespannten Muskulatur kommt. Ist ein Mensch aber im Zustand der Entspannung, reagiert der Parasympathikus mit einer Verminderung der Herzfrequenz, einer verlangsamten Atmung und einer entspannten Muskulatur.

Craniosacral-Therapeut Nikolaos Akranidis hat bei seiner Bodyworkarbeit mit Patienten im Gesundheitszentrum Döbling viele Erkenntnisse dazu gesammelt:

Kommt es dazu, dass der Parasympathikus die durch Stress gestiegene Energie im Sympathikus nicht mehr im Gleichgewicht halten kann, führt dies häufig zu funktionellen Erkrankungen. Jede Therapie muss daher zu einer Wiederherstellung der vegetativen (autonomen) Flexibilität führen. Der Begriff der vegetativen Flexibilität bezeichnet die optimale Fähigkeit des vegetativen Nervensystems, verbessert auf Stressfaktoren in allen ihren Erscheinungsformen zu reagieren. Es handelt sich hierbei um ein Nervensystem, welches als einziges willentlich beeinflusst werden kann, lebenswichtige Funktionen aufrechtzuerhalten, ohne dass sich das Individuum bewusst darum zu kümmern braucht. Sanfte Entspannungstechniken wie Yoga, Taiji oder die Atmung bzw. Meditation können das vegetative Nervensystem positiv beeinflussen.

Der Sympathikus oder Parasympathikus kann auch mit dem Symbol von Ying und Yang verglichen werden. Reagiert der Sympathikus auf Stress kreis-

laufanregend mit Kampf, Wut oder Angst, verhält es sich beim Parasympathikus genau umgekehrt. Er übernimmt während der Ruhephase Verdauung, Ausscheidung und Entspannung.

Menschen, die über einen längeren Zeitraum einem ständigen Druck auf Psyche und Körper ausgesetzt sind, werden einseitig überlastet, weil es zu einer Übersteigerung des Sympathikus kommt. Fehlt die Zeit oder Möglichkeit, sich zu entspannen, kann die angesammelte Energie im Sympathikus nicht mehr freigesetzt werden und es kommt zu erhöhten Spannungszuständen, die Menschen stark belasten. Ein erstes auffälliges Zeichen eines zu hohen Sympathikotonus ist ein erhöhter Ruhepuls. Oft folgen eine ganze Reihe von Verdauungsbeschwerden (Reflux, Magenübersäuerung, Verstopfung, Durchfall, Darmträgheit und Zwölffingerdarmgeschwür). Die autonome Flexibilität spielt eine wesentliche Rolle bei der Selbstregulierung des Körpers. Damit ist das innere biologische Gleichgewicht der Systeme für Stoffwechsel (Metabolismus) und ähnliche Vorgänge (Elektrolyte, pH-Wert) gemeint, die regulierend und ausgleichend wirken.

Menschen, denen es gelingt, einen ständigen Wechsel zwischen Anspannung und Entspannung in ihrem Alltagsleben zu praktizieren, schaffen die ideale Basis, um ihr vegetatives Nervensystem nicht aus dem Gleichgewicht zu bringen. Sie haben gelernt, in innerer und äußerer Balance zu leben.

Die beste „Impfung“ gegen die Krankheit Burnout ist Lebensfreude. Bei den Recherchen zu meinem Buch habe ich durch die vielen Interviews mit Menschen die Erkenntnis gewonnen, dass Personen, die lustvoll leben, keine fortgeschrittenen Stress-Kandidaten sind. Ihre tägliche Lebensfreude hat dieselbe Funktion wie der Parasympatikus für das vegetative Nervensystem. Lebensfreude regeneriert ihre Psyche und hält Menschen in der richtigen Balance zwischen Anspannung und Entspannung. Sie stärkt ihr seelisches und körperliches Immunsystem und aktiviert ihre täglichen Selbstheilungskräfte. Positiv gestimmte Menschen gehen mit Stress-Situationen lösungsorientiert um. „Was kann ich von der Belastung lernen? Wie vermeide ich in Zukunft ähnliche Situationen?" etc. Fehlt den Menschen aber ihre Lebensfreude, ist jeder Stress wie ein weiterer kleiner „Weltuntergang". Sie verzweifeln, bedauern ihren Zustand, verändern aber nichts.

Bei einem Urlaub in Kenia fiel mir die Gelassenheit und Fröhlichkeit vieler Afrikaner auf, die selbst in Stresssituationen immer zwei Worte parat hatten: „Hakuna Matata" – no problem. Selbst für schwierige Situationen oder Probleme gibt es offensichtlich immer eine Lösung, auch wenn diese nicht sofort sichtbar ist. Hakuna Matata ist eine Botschaft, die auch wir in Europa lernen können. Sie enthält die Hoffnung, dass jedes Problem nur dazu da ist, um von uns gelöst zu werden.

Claude Mukadi, der Prinz von Benin erzählte mir auf einer Veranstaltung über die Lebensfreude afrikanischer Kulturen: „Traditionell teilen die Afrikaner alle wichtigen Lebensereignisse in gemeinsamer Freude. Bei der Geburt eines Kindes wird das Ereignis gefeiert und gemeinsam getanzt, aber wir tanzen auch in Trauer bei Beerdigungen. Schwarzafrikaner haben den Rhythmus im Blut, weil bereits jedes Kind mit Tanz, Gesang und Lebensfreude aufwächst. Wenn Afrikaner singen, genießen sie ihre Stimme im Einklang mit sich selbst und als Ausdruck der Lebensfreude. In Europa zügeln und unterdrücken viele Menschen ihre Gefühle, aus Angst verletzt zu werden. Auf der anderen Seite sucht man gerne die Gesellschaft offener lebensfroher Menschen, weil sie eine angenehme Ausstrahlung haben.

Aus meiner Kindheit erinnere ich mich daran, dass meine Großmutter bei der Begegnung mit weißen Menschen befürchtete, dass diese nicht lachen könnten. Als ich sie fragte, wie sie eigentlich darauf komme, antwortete sie: ‚*Sie haben so dünne Lippen und keine Falten im Gesicht*'.

Afrikanisches Lachen bedeutet Lebensfreude im Sinne eines Freilassens von Gefühlen. Aus meiner Heimat sind mir Busfahrten in Erinnerung, bei denen die Fahrgäste ein gemeinsames Lachkonzert veranstalteten, weil ein Mitfahrer die Gruppe dazu anregte. Leben ist für mich untrennbar mit Lebensfreude verbunden."

Richtiges Energiemanagement schafft Lebensfreude

Bereits beim 10. Internationalen Kongress zum Thema „Stress" im Jahr 1999 in der Schweiz waren Mediziner und Psychologen einig über die Tatsache, dass durch Stress verursachte Krankheiten in Europa wie eine Epidemie zunehmen werden. In Amerika verbinden bereits 78% der Amerikaner mit ihrem Beruf Stressgefühle. Glücklicherweise sind die Zahlen in Österreich noch nicht so dramatisch, doch ein Drittel aller österreichischen Arbeitnehmer gibt bereits an, am Arbeitsplatz chronisch überlastet zu sein und unter Zeitdruck zu leiden.

Was ist Stress eigentlich genau? „Stress ist eine unspezifische Reaktion des Körpers auf jegliche Anforderung", schrieb der Begründer der Stressforschung Hans Selye 1936. Stress ist eine individuelle Reaktion auf äußere oder innere Belastungen und somit ein Teil unseres Lebens, den wir bewältigen müssen. Menschen reagieren aber unterschiedlich, vor allem wenn Stresssituationen über einen längeren Zeitraum auf den Organismus einwirken.

In einem meiner Time-Management-Seminare erwarteten einige Teilnehmer von mir Empfehlungen, mit welchen elektronischen Hilfsmitteln, wie beispielsweise Laptop-Computerkalendern, sie ihre Zeit besser in den Griff bekommen würden. Ich musste sie enttäuschen, denn aus meiner Sicht ist das Erkennen charakterlich bedingter Zeitkiller die Grundvoraussetzung, um Zeit auf längere Sicht einsparen zu lernen. „Wer mehr Zeit haben will, muss Zeit in die Planung und Analyse investieren", schreibt Time-Management-Guru Lothar J. Seiwert und spricht vom notwendigen Entschleunigen statt Beschleunigen der Menschen im Umgang mit Zeit. Viele wollen lernen, wie sie noch rascher und noch intensiver ihre Leistung bringen können. Gerade im Umgang mit Zeit ist aber die innere Gelassenheit unser kostbarstes Gut. Innehalten, eine kurze Nachdenkpause, ein Abschalten für Momente der Besinnung sind die wahren „Beschleuniger". Erst danach sind Menschen wieder fähig, mit innerer Kraft und Elan an ihre Aufgaben heranzugehen.

Ganzheitliches Zeitmanagement hat das Ziel, die vier wichtigen Lebensbereiche Beruf, Familie, Gesundheit und die Frage nach dem Sinn in ausgewogene Balance zu bringen.

Prof. Lothar J. Seiwert fand bei Untersuchungen heraus, dass ein Zuviel im Bereich Leistung/Beruf meist zu psychosomatischen Störungen führt, Konflikte in familiären Beziehungen nach sich zieht und Sinnkrisen vorprogrammiert sind. Das Geheimnis einer gesunden Lebensführung liegt in der richtigen Balance, Zeit und Energie in alle vier Bereiche zu investieren.

Immer wieder erlebe ich im Beruf überlastete Personen, die sich mit dem Gedanken trösten, im Alter alles nachholen zu wollen. „In der Pension lasse ich es mir gut gehen, dann nehme ich mir Zeit für meinen Partner, wir werden viel reisen und uns in Wellness-Hotels entspannen." Tragische Bilanz dieser Zukunftsvisionen ist aber die Tatsache, dass manche den Eintritt in ihren Ruhestand nicht mehr erleben, weil sie einen stressbedingten Herzinfarkt hatten, der Partner oft schon vorher die Trennung vollzogen hat und das erträumte Wellness-Hotel gegen ein Spitalsbett getauscht wird, weil der über Jahre ausgebeutete Organismus nicht mehr mitmacht.

Zukunftsvisionen dieser Art bringen keine Lebensfreude, weil sie oft Wünsche bleiben, die nie umgesetzt werden. Nur die geglückte Balance zwischen Anspannung und Entspannung, zwischen Wunsch und Umsetzung schafft Ausgeglichenheit, Freude und körperliches Wohlbefinden.

Menschen unter Stress wirken oft erschöpft, abgehetzt, nervös und ausgelaugt. Die meisten entwickeln in diesem Zustand körperliche und psychische Stresssymptome, die als Warnsignale auftreten, aber gerne ignoriert werden. Typische Körpersymptome sind: Beschwerden wie Magen-Darm-Probleme, Muskelverspannungen, Kopfschmerz, Herzrasen und ein Engegefühl in der Brust. Psychisch spüren viele Menschen unter Druck Gereiztheit, Hektik, Ungeduld, aber auch Lustlosigkeit, Apathie oder Angstgefühle.

Vor einiger Zeit wurde ich von einem Unternehmen eingeladen, die Stressbelastung von männlichen und weiblichen Führungskräften zu analysieren. Interessant war in diesem Zusammenhang der gravierende geschlechtsspezifische Unterschied. Bei den Managern in Führungspositionen zeigten sich zwei auffällige Symptome: Herzrasen bzw. Kreislaufprobleme und Panikattacken. Für mich sind diese beiden Auffälligkeiten nicht zufällig. Der steigende Leistungsdruck, als moderne Führungskraft den Anforderungen des Markts einerseits gerecht zu werden, aber auch die eigenen Mitarbeiter zu motivieren und zielorientiert zu arbeiten, ist oft nur unter totalem Leistungseinsatz, persönlicher Disziplin und Kontrolle möglich. Weil Führungspersönlichkeiten alles unter Kontrolle haben sollen, zeigt oft ihr Herz als Zentrum der Gefühle Stress-Symptome. Es spielt verrückt, weil der disziplinierte Manager zu wenig auf seine Gefühle und oft auch auf die seiner Mitarbeiter achtet.

Noch schwieriger ist es für eine Führungskraft, Ängste einzugestehen. Gerade bei einer Panikattacke hat die betroffene Person nichts mehr unter Kontrolle, ein Zustand, der für einen kontrollierten Menschen im wahrsten Sinn als existenzbedrohend erlebt wird.

Bei den weiblichen Managern erlebte ich verstärkt Magen-Darm-Beschwerden, aber auch Verspannungen im Rücken bis hin zum Spannungskopfschmerz. Auch hier sprechen die psychosomatischen Symptome eine klare Sprache. Frauen in Führungspositionen müssen offensichtlich immer noch viel schlucken, um sich bei ihren männlichen Kollegen durchsetzen zu können. Wenn sie oft Ja sagen und Kompromisse eingehen, die nicht ihrem Führungsstil entsprechen, sind Verstimmungen im Magen-Darm-Trakt als Warnsignale die Folge.

Leistungsstress wird häufig durch Verspannungen im Rücken, Nacken und Kopf erlebt. Viele weibliche Führungskräfte in diesem Unternehmen spürten ihren Beruf als Gratwanderung, den eigenen Führungsansprüchen als Frau gerecht zu werden und zusätzlich männliche Konkurrenz und Machtspiele am Arbeitsplatz auszuhalten. Dieser innere Spannungszustand hat sich in Form körperlicher Verspannungen manifestiert.

Techniken zur Stressbewältigung

Jeder Mensch entwickelt unterschiedliche Strategien, um sich mit den eigenen Belastungssituationen auseinanderzusetzen. Ein Ansatzpunkt ist jener, Stressoren zu reduzieren oder auch ganz auszuschalten.

Das Erkennen der Ursachen für den eigenen Stress und die Analyse der persönlichen Stressoren sind der erste Schritt, um effiziente Gegenstrategien zu entwickeln. Stressforscher Steve Burns rät seinen Klienten, Ereignisse der letzten zwölf Monate, die Stress ausgelöst haben, zu notieren und eine Stress-Skala von 0–100 anzulegen, um zu erfassen, welchen Ereignissen besonders große Belastungsfaktoren zugeschrieben werden. Je exakter die persönlichen Analysedaten, desto rascher können Veränderungen durchgeführt werden.

Instrumentelles Stressmanagement hat das Ziel, Arbeitsabläufe zu verändern, Aufgaben zu delegieren, Prioritäten zu definieren, Netzwerke aufzubauen bzw. die persönliche Zeitplanung zu verändern.

Kognitives Stressmanagement beschäftigt sich mit Einstellungsänderungen in der Persönlichkeit. Konkrete Belastungssituationen werden bewusst kritisch reflektiert, mit dem Ziel, seine Leistungsansprüche zu regulieren.

In diesem Zusammenhang ist auch ein Stresstagebuch hilfreich, wenn Sie wirklich die Bereitschaft haben, es zumindest einen Monat lang zu führen. Schreiben Sie alle Ereignisse auf, die bei Ihnen körperliche oder mentale Stress-Symptome auslösen. Trennen Sie diese in ihren Aufzeichnungen zusätzlich nach externen und internen Stressoren. Externe Stressoren können Sie persönlich wesentlich schwieriger beeinflussen, dazu zählen beispielsweise eine unvorhergesehene Krankheit, ein neuer Chef, wenn dem die Chemie zwischen Ihnen und ihm nicht passt, eine zusätzliche Arbeitsbelastung, mit der sie nicht gerechnet haben etc.

Interne Stressoren haben mit der eigenen Charakterstruktur und Ihren typischen Verhaltensweisen zu tun, sie beziehen sich darauf, wie Sie auf tägliche Belastungen reagieren. Schwierigkeiten mit dem Nein-Sagen, ein übertriebener Perfektionismus oder eine chaotische Organisation sind nur einige der vielen Stressoren, die durch eine Einstellungs- und Verhaltensänderung verbessert werden können.

Kognitive Stressbewältigung heißt, seine Leistungsgrenzen und perfektionistischsten Ansprüche zu überprüfen, innere Distanz zum Alltag zu gewinnen, sich positiv durch gelungene Erfolge aufzuladen und Probleme nicht als Bedrohung, sondern als Herausforderung anzunehmen.

Unter *palliativ-regenerativem Stressmanagement* wird die Regulierung und Kontrolle von psychischen und physischen Reaktionen verstanden. Unlustbetonte Emotionen und körperliche Spannungen sollen vermieden bzw. reduziert werden. Im Gegenzug werden positiv besetzte Gefühle wie Freude, Begeisterung und lustvolle Momente angestrebt. Diese Maßnahmen dienen einerseits der kurzfristigen Entspannung, aber auch der regelmäßigen Erholung. Entlastende Gespräche mit Freunden, Ablenkung, Entspannungstechniken oder Genussmomente sind kurzfristig entlastend. Regenerative Stressbewältigung bezieht sich darauf, ein Hobby zu beginnen, Sport zu betreiben oder soziale Netzwerke aufzubauen. All diese Maßnahmen haben nur ein Ziel: Die Lebensqualität des betroffenen Individuums zu stärken und zu verbessern.

Warnsignale des Körpers erkennen und handeln

Der Körper ist unsere wichtigste Kraftquelle und dennoch betreiben viele Menschen bewusst und unbewusst täglichen Raubbau an ihm. Sie verbringen die meiste Zeit des Tages sitzend im Auto, vor dem Computer oder dem Fernseher, benützen jeden Fahrstuhl oder jede Rolltreppe und vermeiden sinnvolle Bewegung.

Der Körper ist der Spiegel unserer Seele, philosophiert Samy Molcho mit Recht. Was tue ich, um mich körperlich fit zu halten? Wie gesund ernähre ich mich? Füttere ich meinen Körper mit Vitaminen oder Alkohol, Tabak und Koffein? Wie viele Pausen erlaube ich mir während eines Arbeitstags, um kurz abzuschalten?

Menschen, die einen guten Zugang zu ihrem Körper haben, merken es sofort, wenn er seine Leistungsfähigkeit verliert und anfällig für Krankheiten wird. Sie nehmen die Warnsignale, die er sendet, sofort wahr. Bewegungsmangel führt zu erhöhtem Blutdruck, Übergewicht, Haltungsschäden, Abnutzungserscheinungen an den Gelenken und Knochenabbau. Körperliche Aktivitäten jeder Form sind jedoch die beste Möglichkeit, uns vor chronischem Stress zu schützen.

Viele Menschen können auch in ihrer Freizeit nicht mehr abschalten, weil sie der Gedanke an unerledigte Arbeiten am Wochenende oder in den Nachtstunden beschäftigt. Die wichtigste Form der körperlichen Entspannung ist allerdings ausreichend viel Schlaf. Schlafstörungen sind eine der häufigsten Ursachen für Stress, die präventiv durch Autogenes Training oder regelmäßigen Sport und Bewegung vermieden werden können.

Die wichtigste Grundvoraussetzung für jeden Sport ist die Einstellung zum eigenen Körper. Leider wird dieser von vielen Menschen oft jahrelang vernachlässigt, weil sie davon ausgehen, dass er zu funktionieren hat. Erst wenn gravierende Probleme auftreten, sind viele bereit, die Notbremse zu ziehen und etwas für ihre Gesundheit zu tun. Menschen, die unter Stress stundenlang vor dem Computer auf unbequemen Bürosesseln sitzen müssen, hungern oft als Ausgleich nach jeder Form von körperlicher Betätigung.

Wichtig ist, dass Sie in Bewegung bleiben. Gartenarbeit, Spaziergänge, eine kleine Wanderung oder Treppensteigen – all diese Tätigkeiten verbessern mit Sicherheit Ihr Wohlbefinden. Mediziner haben aber festgestellt, dass diese körperlichen Aktivitäten nur dann gesundheitsfördernd sind, wenn sie zumindest fünf Mal pro Woche 30 Minuten durchgeführt werden. Das Training lohnt sich aber, denn die Ergebnisse zeigen, wie Bewegung und Sport Körper und Psyche positiv beeinflussen: Die Lebensfreude wird gesteigert, denn Sport verhindert in vielen Fällen einen Herzinfarkt. Pulsfrequenz und Blutdruck werden durch Ausdauertraining gesenkt. Depressionen und Ängste werden reduziert. Regelmäßiges Training senkt den Cholesterin- und Blutzuckerspiegel.

Es ist allerdings nicht jeder Mensch für jeden Sport geeignet, weil die mögliche Belastung von der aktuellen Kondition, aber auch dem momentanen Stresszustand abhängt. Dr. Boldt, Leiter des Landesinstituts für Sportmedizin in Berlin, meint dazu: „Sport ist wie ein Medikament. Die richtige Dosis heilt, zu viel ist Gift für Ihren Körper."

Zu Beginn einer Trainingsphase sind Sportarten wie Wandern, Schwimmen oder Walking empfehlenswert, denn Patienten im Burnout haben selten die Kraft, zu joggen, Tennis zu spielen oder Rad zu fahren. Leider höre ich immer wieder die Ausrede vieler Patienten, dass sie während des Tages keine Zeit für Bewegung haben. Viele körperliche Aktivitäten können aber ohne Schwierigkeiten in den Alltag eingebaut werden. Vermeiden Sie Fahrstühle und benutzen Sie die Treppen. Für den Weg zum Supermarkt um die Ecke brauchen Sie kein Auto, gehen Sie zu Fuß. Steigen Sie eine Haltestelle früher aus, wenn Sie von A nach B fahren, um dadurch etwas Bewegung zu machen. Planen Sie fünf bis zehn Minuten Gymnastik zu Hause vor dem Frühstück ein, um den Kreislauf anzukurbeln. Genießen Sie das Gefühl, Ihrem Körper Gutes zu tun – damit Ihre Seele Lust hat, darin zu wohnen!

Mentales Training zur Erholung

Im Leben jedes Menschen gibt es Momente, in denen er nervös und voll innerer Unruhe ist, weil er verschiedene Situationen nicht mehr im Griff hat. Psychologische Untersuchungen beweisen aber immer wieder, dass Menschen, die Entspannungstechniken anwenden, viele Vorteile haben, weil sie sich innerhalb weniger Minuten wieder beruhigen können.

Ob Autogenes Training, progressive Muskelentspannung, Yoga und Meditation oder positives Denken – der Schlüssel zum Erfolg liegt immer in der Selbstheilungskraft des Menschen. Dr. Daniel Goleman stellte bereits Anfang der siebziger Jahre fest, dass Personen, die regelmäßig meditieren, mit Stress besser umgehen können. Yoga-Übungen bewirken, dass in einer akuten Spannungssituation keine Überreaktionen auftreten. Menschen, die ihr Gehirn täglich mit positiven Gedanken aufladen, können mit Schmerz besser umgehen. Sie sehen selbst in negativen Erlebnissen die Chance für einen positiven Neubeginn.

Biofeedback, das Autogene Training des 21. Jahrhunderts, ist die ideale Methode für gestresste Personen, die den guten Zugang zu ihrem Körper verloren haben. Bei dieser Methode wird der Klient mit mehreren Sensoren an einen Computer angeschlossen und es werden Stresstests durchgeführt. Der Computer meldet Messdaten wie den Hautleitwert, die Temperatur, die Pulsfrequenz und die Atmung des Klienten rück. Effiziente Entspannungstechniken, die für den jeweiligen Menschen passen, können so rasch erlernt werden. Auch die Kraft des positiven Denkens wird durch diese Methode sichtbar. Unser Körper ist ein sehr sensibles Instrument, das auf Knopfdruck positive oder negative Gedanken mit sofortigen körperlichen Symptomen begleitet. Vor allem Männer bevorzugen in unserem Computerzeitalter diese Methode, weil sie rasche Rückmeldungen über ihre Befindlichkeit erhalten.

Systematische Entspannung besteht aus drei Basisstrategien, die gemeinsam vertieft werden sollten: regelmäßige Entspannungsübungen, vermehrte Bewegung bzw. Sport und die Verbesserung sozialer Beziehungen.

Nach einem besonders stressigen Tag sollten Sie daher alles tun, um Ihr inneres Gleichgewicht wieder zu finden. Meditieren Sie, machen Sie Atemübungen, gönnen Sie sich ein entspannendes Bad, ein schönes Gespräch mit dem Partner und Freunden oder sorgen Sie einfach für genügend Schlaf, um ihren Regenerationsprozess zu unterstützen.

Jeder Moment unseres Lebens ist zu kostbar, um ihn im Dauerstress zu verbringen.

Lebensqualität bedeutet Mut zum Nein, wenn Körper, Seele und/oder Geist uns Warnsignale senden. Die innere Gelassenheit im Umgang mit Stress ist die gesunde Basis, um in Balance zu bleiben. Mit täglichem Energiemanagement sind auch Lebensfreude und Motivation vorprogrammiert!

Geschichte mit dem Hammer

Ein Mann will ein Bild aufhängen. Den Nagel hat er, nicht aber den Hammer. Der Nachbar hat einen.

Also beschließt unser Mann, hinüberzugehen und ihn auszuborgen. Doch da kommt ihm ein Zweifel: „Was, wenn der Nachbar mir den Hammer nicht leihen will? Gestern schon grüßte er mich nur so flüchtig. Vielleicht war er in Eile. Aber vielleicht war die Eile nur vorgeschützt, und er hat etwas gegen mich. Und was? Ich habe ihm nichts getan; der bildet sich da etwas ein. Wenn jemand von mir ein Werkzeug borgen wollte, ich gäbe es ihm sofort. Und warum er nicht? Wie kann man einem Mitmenschen einen so einfachen Gefallen abschlagen? Leute wie dieser Kerl vergiften einem das Leben. Und dann bildet er sich noch ein, ich sei auf ihn angewiesen. Bloß weil er einen Hammer hat. Jetzt reicht's mir wirklich." – Und so stürmt er hinüber, läutet, der Nachbar öffnet, doch noch bevor er „Guten Tag" sagen kann, schreit ihn unser Mann an: „Behalten Sie Ihren Hammer, Sie Rüpel!"
(Watzlawick, 1988: Anleitung zum Unglücklichsein)

Die Geschichte von Paul Watzlawick zeigt in amüsanter Form, welche Auswirkungen unsere eingebildeten Gedanken auf unsere Handlungen haben können. Diese Zeilen haben mich inspiriert, eine kleine Anleitung für mögliche Burnout-Kandidaten zu schreiben, mit der Hoffnung, dass Sie sich selbst nicht in vielen Punkten wiedererkennen!

Anleitung für einen „erfolgreichen" Burnout-Kandidaten

Der sicherste Weg, um ins Burnout zu kommen, ist Ihre Fähigkeit, möglichst viele Konflikte zu provozieren und Ihr soziales Umfeld – ob in der Familie oder in der Firma – unter Spannung zu setzen. Je größer Ihr zwischenmenschlicher Stress, desto höher ist Ihre Erfolgsquote zum Burnout. Lassen Sie keine Tätigkeiten aus, die Sie zusätzlich machen könnten, um sich täglich zu beweisen, wie gut Sie sind!

Seien Sie Ihr strengster Kritiker! Was immer Sie denken und tun – es ist niemals gut genug. Setzen Sie Ihre eigenen Erwartungen an sich so hoch an, dass sie immer etwas zu nörgeln haben. Das baut Ihr Selbstbewusstsein und Ihre Selbstmotivation erfolgreich ab. Was immer Sie geschafft haben, es hätte noch viel besser sein können. Sie sind der geborene Loser!

Sinn ist Unsinn! Motivieren Sie sich nur über das Geld, das Sie verdienen und denken Sie nicht über den Sinn Ihrer Tätigkeit nach. Sinnfragen halten Sie nur von der Arbeit ab und sind geistige Zeitverschwendung. Machen Sie Ihre Arbeit möglichst monoton und lustlos – das ist zielorientierter.

Genuss ist streng verboten! Konsumieren Sie lieber wahllos in großen Mengen und freuen Sie sich nicht über Kleinigkeiten. Genuss in Maßen führt Sie nicht an Ihr Ziel. Je mehr Süchte Sie entwickeln, desto besser. Warum wollen Sie sich mit einem kleinem Stück Schokolade zufrieden geben, wenn Sie in derselben Zeit die ganze Tafel verschlingen können?!

Bitte keine Pausen! Was zählt, ist das schnelle Ergebnis. Halten Sie sich nicht unnötig mit Pausen auf, denn Sie wollen Ihr Burnout doch sicher rasch erleben. Nicht der lustvolle Weg zum Ergebnis zählt, sondern nur das Ergebnis selbst und das muss möglichst perfekt sein. Schonen Sie daher Ihren Körper nicht, denn er hat Ihnen gefälligst zu gehorchen. Wenn er müde ist, schlucken Sie Aufputschmittel zur Leistungssteigerung, das hilft zumindest eine Zeit lang!

Hobbys sind Zeitverschwendung! Es bringt nichts, wenn Sie in der Sauna sitzen, mit Freunden einen netten Abend verbringen oder in der Natur wandern. Stellen Sie sich lieber vor, was Sie zur selben Zeit an Arbeit schaffen könnten und ignorieren Sie gut gemeinte Ratschläge von Freunden, die meinen, sie hätten eine Pause verdient. Damit verzögern Sie Ihren Burnout-Zustand unnötigerweise.

Lernen Sie keine Mentaltechniken! Momente der Entspannung, die Sie sich gönnen, sind doch nur unnötige Zeitverschwendung. Wozu eine Technik lernen, die Sie nie anwenden werden? Vermeiden Sie alles, was Sie innerlich ruhig und gelassen machen könnte. Geben Sie lieber Vollgas!

No Sports! Sport ist generell verboten, weil er den Eintritt Ihres Burnouts verzögert und Sie viele Stresshormone durch Bewegung abbauen könnten. Bleiben Sie lieber faul sitzen und genießen Sie Sport nur in Kombination mit einem Bier vor dem Fernseher.

Sex im Alleingang hilft Zeit sparen! Prinzipiell sollten Sie alles, was lustvoll ist und Lebensfreude fördert, vermeiden. Wozu lustvollen Sex mit dem Partner praktizieren und sich mit Emotionen aufhalten – auch lustloser Sex führt zum Orgasmus, wobei rasche Selbstbefriedigung der beste Weg ist, sich unnötige Diskussionen mit dem Partner zu ersparen!

Wenn Sie beim Lesen dieses Textes erkennen, dass Sie keine Anleitung brauchen, weil Sie bereits alles richtig machen, dann sollte Ihnen das Endergebnis doch zu denken geben …

Die Depression – Notruf der Seele

In Österreich leiden derzeit mindestens 400.000 Menschen (5% der Bevölkerung) an einer behandlungsbedürftigen Depression, in Deutschland sind es mindestens vier Millionen. Wenn auch die leicht depressiven Patienten dazugezählt werden, sind geschätzte 20% der Bevölkerung betroffen. Laut der WHO wird im Jahr 2020 die Depression neben den Herzkrankheiten die häufigste Erkrankung sein. Diese Zahlen sind bedenklich und sollten uns alle auffordern, den Kampf gegen die Depression aufzunehmen, um das Leiden der Betroffenen zu minimieren.

Menschen mit hoher Lebensfreude bezeichnen sich als fröhlich, vergnügt, lebenslustig, gut gelaunt, aufgekratzt und strahlend. 5% aller Österreicher können mit diesen Begriffen nichts mehr anfangen. Im Gegenteil, die Fröhlichkeit ihrer Umgebung stimmt depressive Menschen doppelt so traurig. Vergangenheit und Zukunft, insbesondere aber auch die Gegenwart werden in der Selbstreflexion mit negativen Gefühlsempfindungen beschrieben.

Die Gründe, warum Menschen an einer Depression erkranken, sind vielfältig. Sie kann durch ein Zusammenspiel von genetischen, psychologischen und Umweltfaktoren ausgelöst werden. Aber auch negative Erfahrungen wie Schicksalsschläge, schwere Erkrankungen, Unfälle, Scheidungen, Arbeitslosigkeit, finanzielle Schwierigkeiten und täglicher Stress können Auslöser depressiver Verstimmungen sein. Frauen erkranken fast doppelt so oft wie Männer, wobei das typische Alter zwischen 25 und 44

Jahren liegt. Aber auch ältere Menschen, die unter Krankheiten, Einsamkeit und dem Verlust von Angehörigen und Freunden leiden, entwickeln – je nach Veranlagung – leichte bis schwere Depressionen.

Die folgenden Symptome sind typisch für die Depression: Niedergeschlagenheit, fehlender Antrieb, Mangel an Konzentrationsfähigkeit, kein Selbstvertrauen, Lustlosigkeit, Teilnahmslosigkeit, keine Freude an Situationen, die Spaß machen und Angstgefühle. Wenn einige dieser Symptome innerhalb eines halben Jahres immer wieder auftreten und nicht zum Normalverhalten der Persönlichkeit passen, sollten Sie rasch Hilfe suchen. Die Ursachen Ihres Zustands können die Folge einer chronischen Überlastung sein, die zu einer Depression führt, natürlich sind aber auch andere Ursachen möglich. Nicht jede Traurigkeit darf mit einer Depression gleichgesetzt werden. Es gibt keinen Menschen, der nicht Ereignisse in seinem Leben kennt, die ihn belasten und trübsinnig stimmen: Liebeskummer, der Verlust eines geliebten Menschen, eine berufliche Enttäuschung, ein gesundheitliches Problem und Ähnliches hat fast jeder schon erlebt.

Neben der Stressdepression gibt es auch Menschen, die scheinbar ohne äußeren Anlass melancholische Stimmungen entwickeln, die als endogene Depression bezeichnet werden. Diese Stimmungen treten in ganz unregelmäßigen Phasen auf und können Tage, aber auch Monate oder Jahre anhalten. Zwillingsstudien haben gezeigt, dass die Neigung zur Depression teilweise vererbt sein kann, obwohl auch Umweltfaktoren und Erziehungsstile eine maßgebliche Rolle spielen und das Risiko, an einer Depression zu erkranken, beeinflussen. Depressive Episoden, die nur einmal im Leben auftreten, kennt fast jeder – depressive Stimmungen, die vom Morgen bis zum Abend anhalten und Menschen in einen Zustand der Unfähigkeit bringen, sich zu freuen, sind damit jedoch nicht vergleichbar.

Was passiert in unserem Gehirn bei Stress und Depressionen? Lange Zeit konnten Veränderungen im Gehirn nur durch Tierversuche und Laboruntersuchungen nachgewiesen werden. Auch Ratten zeigen depressives Verhalten oder Angstverhalten und können über Medikamente beruhigt werden. Durch verbesserte neuropsychologische Untersuchungen konnte bewiesen werden, dass sich Areale, die für die Gefühlsregulierung verantwortlich sind, in der Depression verändern. Der zum limbischen System gehörende Hippocampus steht hier besonders im Zentrum der wissenschaftlichen Forschung, weil es bei Depressionen zu einer Volumenreduktion des Hippocampus kommen kann. Die Depression hinterlässt allerdings auch Spuren im präfrontalen Kortex, einer Region, die für unser Gedächtnis und ein ausgeglichenes Gefühlsleben verantwortlich ist. Noch ist nicht restlos geklärt, warum Depressionen zu Veränderungen in einzelnen Hirnarealen führen. Der Hippocampus gehört aber zu den einzigen Regionen unseres Nervensystems, die von sich aus wieder neue Nervenzellen bilden können. Befunde weisen darauf hin, und das ist die gute Nachricht für depressive Patienten, dass durch Antidepressiva sowohl die Neubildung von Nervenzellen angeregt wird, aber auch die Verminderung des Hippocampusvolumens wieder rückgängig gemacht werden kann.

In unser Stresscenter kommen immer wieder Menschen, deren Lebensqualität stark beeinträchtigt ist, wobei im Extremfall Betroffene erwerbsunfähig oder vorzeitig pensioniert werden. Doch auch hormonelle Störungen können – speziell bei Frauen – Lebensfreude und sexuelle Lust reduzieren und zu massiven Stimmungsschwankungen führen. Professor Dr. Bruno Allolio, Leiter des Schwerpunkts Endokrinologie und Diabetologie im Würzberger Universitätsklinikum, hat sich intensiv mit dem Zusammenhang von weiblichen Hormonen und Depression beschäftigt: „Hormone sind Integratoren von Köperfunktionen. Sie sind biographische Moleküle, da ein Großteil der Hormone die Lebensgeschichte des Menschen prägt und diese nicht nur zu Zeiten von Schwangerschaft, Geburt und Wechseljahren großen Einfluss auf unsere Stimmungen und unser Wohlbefinden haben." Hormonstörungen können daher in jedem Lebensalter Auslöser für depressive Verstimmungen sein.

Typisch für eine durch Stress entwickelte Depression ist die Geschichte von Gerda B., die nach einer Scheidung ihre Lebensfreude verloren hatte.

Seit der Trennung von meinem Partner vor zwei Jahren ist es mit meiner Lebensfreude bergab gegangen. Bis zu diesem Zeitpunkt galt ich in meinem Büro als lustig, gut gelaunt, hilfsbereit und kommunikativ. Schleichend begann sich plötzlich meine Persönlichkeit zu verändern, nichts machte mir mehr Spaß. Gerade am Anfang bemühten sich meine Kolleginnen enorm, mich zu unterstützen, weil sie von meiner Trennung wussten und Verständnis für meine Gemütslage hatten. Tragischerweise wurden mir die verständnisvollen Kommentare meiner Umwelt aber immer lästiger und ich begann mich zunehmend aus Sozialkontakten zurückzuziehen. Früher war es für mich völlig normal, mit den Kolleginnen in der Mittagspause essen zu gehen, doch mit der Zeit erfand ich immer mehr Ausreden, warum ich sie nicht begleiten konnte. Auch zu meinen Eltern, die mich sehr unterstützten, entwickelte ich Spannungen und ihre verständnisvoll gemeinten Sätze, wie „Reiß dich doch endlich zusammen. Der Mann war es doch gar nicht wert“, machten mich eher aggressiv und abwehrend.

Auch mein Freundeskreis hatte nach einem Jahr kaum mehr Verständnis dafür, dass ich einer Situation nachtrauerte, die aus heutiger Sicht gar nicht so glücklich gewesen war. Ich konnte aber aus meinem Stimmungstief nicht mehr aussteigen, wurde zunehmend erschöpfter und meine einstige Arbeitsmotivation brach von Tag zu Tag mehr zusammen. Ich fühlte mich antriebslos, leer und wertlos. Mit der Zeit entwickelte ich Magenschmerzen, wobei ich speziell am Morgen das Gefühl hatte, dass mein gesamter Kummer in der Magengegend säße. Zusätzlich spürte ich auch eine geistige Veränderung, die mir Angst machte. Es begann mit immer öfter gemachten Fehlern, weil meine Konzentration nachließ und steigerte sich fast bis zu einer Denkhemmung, bei der ich das Gefühl hatte, dass sich meine gesamte Vorstellung krankhaft verlangsamte. Obwohl ich vorher als Rechengenie in meiner Abteilung galt, weil ich im Kopf mühelos selbst hohe Beträge in schnellster Zeit und ohne Taschenrechner addierte, hatte ich manchmal das Gefühl, nicht einmal mehr einfachste Rechnungen zu schaffen.

Vor einem halben Jahr verschlechterte sich mein Zustand und ich hatte kaum mehr die Kraft, in der Früh aufzustehen und mich anzuziehen. Ich saß manchmal 40 Minuten nur am Bettrand, weil die Vorstellung, in die Arbeit zu gehen, für mich vergleichsweise so anstrengend schien, wie den Großglockner ohne Pause zu besteigen. Da ich alleine lebte, hatte ich auch niemanden, der mich mit Gewalt antrieb, und so passierte genau das, vor dem ich mich am meisten fürchtete: Ich kam nur noch zu spät ins Büro.

Meine verständnisvollen KollegInnen waren es zu diesem Zeitpunkt leider nicht mehr, da sie viele meiner Arbeiten bereits übernahmen und sich unser Teamklima rapide verschlechtert hatte. Irgendwann rief mich mein Chef zu einem Einzelgespräch zu sich und bat mich, offiziell in den Krankenstand zu gehen, da meine Arbeitsmoral das gesamte Team bereits belastete.

Seit dieser Zeit wechsle ich ständig zwischen Krankenstand und kurzfristigen Arbeitseinsätzen. Obwohl ich regelmäßig Antidepressiva nehme, wird mein Zustand nicht besser. Nur manchmal, wenn ich mir die Person in Fotoalben anschaue, die ich einst gewesen bin, spüre ich, was ich am meisten vermisse: Nicht meinen Expartner, aber meine Lebensfreude von einst.

Für Menschen, die bereits eine lange Odyssee von Arzt zu Arzt hinter sich haben, ist das Erstgespräch absolut wichtig, denn sie brauchen für ihre weitere Betreuung ein Gefühl der Hoffnung, des Akzeptiertwerdens und einer Geborgenheit in der Behandlung. Bei depressiven Menschen ist die ganzheitliche Betreuung absolut notwendig und daher führe ich als Psychologin dieses Erstgespräch immer gemeinsam mit einem Arzt. Auf Grund der schlechten Verfassung dieser Klientin basierte ihre Therapie auf drei Säulen. Sie bekam ärztliche Hilfe und Begleitung, psychologische Unterstützung durch Gespräche und Biofeedback sowie drittens alternative Methoden wie Akupunktur, Osteopathie und Lichttherapie.

Im Zentrum meiner psychologischen Gespräche stand in diesem Fall bei Gerda B. die Stärkung ihres Selbstbewusstseins, da sie durch ihren depressiven Zustand den Glauben an sich verloren hatte. Gemeinsam strukturierten wir ihren Tagesablauf, damit sie kleine Erfolgserlebnisse bekam, die ihr Selbstbewusstsein stärkten. Mit der Hilfe von Biofeedback lernte sie Entspannungsmethoden und erkannte, dass sie durch die Kraft ihrer positiven Gedanken viele Körperparameter erfolgreich verändern konnte.

Vielen unserer Patienten, die an Depressionen leiden, empfehlen wir eine Lichttherapie, für die sie im Fachhandel eine spezielle Lampe für zu Hause kaufen und sich bereits am Morgen eine halbe Stunde dem konzentrierten Licht aussetzen. Viele entwickeln so besser die nötige Energie, um morgendliche Routinetätigkeiten wie Waschen, Frühstücken und Aufräumen leichter zu bewältigen.

Gute Erfolge haben wir in unserem Stresscenter auch mit Manualtherapien erzielt, dazu zählen beispielsweise Massagen, Osteopathie und Shiatsu. Meine Klientin sprach besonders gut auf diese Alternativmethoden an, da sie sich durch ihren Leidensweg seelisch verkümmert fühlte und Streicheleinheiten brauchte. Körperliche Berührungen durch Massagen empfand sie als Energiespender: „Es wird mir Gutes getan und ich spüre mich körperlich und seelisch wieder."

Nach einigen Wochen gelang es uns bereits, die Selbstheilungskräfte von Gerda B. so weit zu aktivieren, dass sie daran dachte, an ihren Arbeitsplatz zurückzukehren.

Aus meiner Erfahrung ist die Rückfallsquote bei Burnout-Patienten im fortgeschrittenen Stadium, aber auch bei Depressionen hoch, wenn diese Menschen wieder in das alte Arbeitsumfeld kommen. Sie alle haben eine bestimmte Vorgeschichte am Arbeitsplatz, denn bevor die Betroffenen in einen längeren Krankenstand gehen, gibt es meistens Spannungen im Team, persönliche Schuldgefühle, Sorgen, die Arbeit nicht schaffen zu können und Versagensängste. Kehren diese Menschen wieder in ihr früheres Umfeld zurück, ist die Erwartungshaltung bei den Kollegen eine hohe: „Jetzt muss er/sie nach dem langen Krankenstand aber schon fit sein." Genau diese Erwartungshaltung schafft aber bei den Zurückgekehrten erneut Ängste: Werde ich meine Arbeit wirklich schaffen? Bin ich dem Stress gewachsen? Kann ich mich positiv motivieren?

Haben diese Menschen aber die Möglichkeit, nach ihrer Erkrankung einen Start in einem neuen Team oder einer anderen Filiale oder Abteilung zu machen, erleben sie die Situation ohne den „frustrierenden Ballast" ihrer Vergangenheit und fühlen sich entspannter.

Bevor unsere Patientin an ihren Arbeitsplatz zurückkehrte, führte sie auf Grund meiner Empfehlung ein ausführliches Gespräch mit ihrem Vorgesetzten und besprach ihre Befürchtungen offen mit ihm. Da dieser seine langjährige Mitarbeiterin auf keinen Fall verlieren wollte, versetzte er sie auf ihren Wunsch in eine andere Filiale. Als Gerda B. nach einigen Monaten noch einmal zu einem Kontrolltermin in unser Gesundheitszentrum kam, hätte ich sie fast nicht mehr wiedererkannt. Sie hatte sich optisch verändert und wirkte lebendig und fröhlich. Strahlend erzählte sie mir, dass sie einen Freund gefunden hatte und wieder Lust und Lebensfreude spürte. Auch die Arbeit in ihrem neuen Team machte ihr enormen Spaß. „Ich habe die Lebensfreude von einst, nach der ich mich so lange gesehnt habe, endlich zurückbekommen", sprach sie zum Abschied. Seit damals sah ich sie nie wieder.

Techniken bei depressiven Verstimmungen, um wieder Lebenslust zu spüren

Schreiben Sie ein Glückstagebuch: Menschen, die unter Depressionen leiden, sind in den meisten Fällen verwundert, wenn ich sie dazu ermuntere, ein Glückstagebuch zu schreiben und mir zumindest bis zum nächsten Treffen zwei bis drei Eintragungen mitzubringen.

In der Depression nehmen Menschen nur mehr verstärkt die negativen, schwermütigen und belasteten Momente ihrer Lebenssituation wahr. Glück ist für sie ein Fremdwort jenseits ihrer Vorstellungskraft und viele wissen daher nicht, welche Einträge sie machen sollen. Schreiben Sie alles auf, auch wenn Sie nur für kurze Momente das Gefühl einer positiven oder entspannenden Wahrnehmung haben. Zum Beispiel, wenn Sie ein Kind in der U-Bahn angelächelt hat, das Essen bei einer Freundin Ihnen gut getan hat, der Blumenstrauß auf Ihrem Tisch eine wunderschöne Farbe hat und dergleichen.

Ich habe die Erfahrung gemacht, dass depressive Menschen am Anfang nur wenig eintragen, aber mit der Zeit lernen, auch kurze positive Momente in ihrem Bewusstsein zuzulassen. Eine Klientin schilderte mir nach einigen Wochen, welches Erlebnis sie durch das Suchen von „Glücksmomenten" erfahren hatte: „Ich habe mich endlich wieder überwunden, einen langen Spaziergang in der Natur zu machen. Irgendwann setzte ich mich auf eine Wiese und versuchte, mich mit allen Sinnen auf meine Umwelt einzustimmen. In diesem Moment ging für mich wieder die Sonne auf, nach langen Tagen und Nächten einer inneren Dunkelheit. Ich schloss die Augen und hörte die Stimmen der Natur, ich tastete mit meinen Händen auf fast liebevolle Weise über das Gras, ich roch den Duft der Blumen und erlebte, als ich die Augen aufschlug, das fantastische Blau des Himmels über mir. Wie lange hatte ich all das nicht mehr wahrgenommen und gesehen?"

Gute Laune durch richtige Ernährung: Gerade in der Depression ist die richtige Ernährung ein zusätzlicher Faktor, um nicht nur im Genuss des Essens wieder Lebensfreude zu entdecken, sondern auch dem Gehirn durch ausgewählte Nahrungsmittel Botenstoffe zuzuführen, die die emotionale Stimmung verbessern. Einer der wichtigsten Botenstoffe für unser Gehirn ist das Serotonin, das für unsere Stimmung verantwortlich ist. Der Arzt Prim. Dr. Manfred Stelzig bezeichnet die Depression als Serotoninmangelsyndrom und meint, dass viele Betroffene nicht mit dem Wort Depression stigmatisiert werden sollten. Serotonin wird hauptsächlich im Gehirn aus der Aminosäure Tryptophan gebildet, welche wiederum ein Bestandteil von Eiweißstoffen ist. Der Körper kann Tryptophan nicht selbst bilden, sondern muss es mit der Nahrung aufnehmen. Das bedeutet: Je mehr Tryptophan wir zu uns nehmen, desto besser können wir auch Serotonin herstellen. Damit diese Aminosäure aber überhaupt im Gehirn ankommen kann, muss man Kohlenhydrate zu sich nehmen. Welche Lebensmittel helfen nun dabei, unsere Stimmung durch die Aufnahme von Serotonin zu verbessern? Fisch, Milch, Käse, mageres Fleisch und etwas Süßes als Nachspeise steigern die Wirkung des „Glücklichmachers" Serotonin und verbessern den Gemütszustand. Vergessen Sie jedoch nicht, auch Kohlenhydrate (z.B. in Form von Kartoffeln, Nudeln oder Reis) zu sich zu nehmen!

In der Depression steigt auch häufig der Schokoladenkonsum. Wie moderne Forschungsergebnisse zeigen, stimulieren bestimmte Schokoladenbestandteile das zentrale Nervensystem, vermindern die Müdigkeit und bewirken, dass sich Menschen seelisch entspannter fühlen. Zusätzlich setzen die Schokoladenfette im Gehirn Endorphine frei, welche die Wahrnehmung von Schmerzen reduzieren und die Stimmung bei den Betroffenen verbessern. Schokolade in Maßen genossen steigert bei depressiven Verstimmungen kurzfristig das Wohlbefinden und schenkt durch den Genuss Momente der Lebensfreude.

Schaffen Sie einen geregelten Tagesablauf: Für depressive Menschen sind Routinetätigkeiten, die sie früher mühelos geschafft haben, enorm anstrengend. Wenn sie aber ihren Tag nicht streng strukturieren, fühlen sie sich oft zu antriebslos, um spontane Aktivitäten durchzuführen. Personen, die im Krankenstand sind, sollten bestimmte Arbeiten für jeden Tag festlegen. Wichtig ist, dass sie sich dabei nicht überfordern und besonders bei körperlichen Tätigkeiten viele kleine Pausen einlegen, um ihre innere Müdigkeit zu überwinden. Um einer Überforderung vorzubeugen, ist es besser, sich wenige Arbeiten vorzunehmen, die auch schaffbar sind, als viele Tätigkeiten, die nicht gelingen.

Abschalten durch Entspannungstechniken: Im fortgeschrittenen Stadium haben depressive Menschen keine Kraft mehr, um eigenmotiviert Bewegung an der frischen Luft zu machen oder körperliche Aktivitäten durchzuführen. Die Vorstellung, laufen zu müssen, ist für sie ein Albtraum. Leichter ist daher der Versuch, Entspannungstechniken anzuwenden, die im Liegen oder Sitzen möglich und nicht mit körperlicher Anstrengung verbunden sind. Ich habe hier gute Erfolge mit Autogenem Training, Muskelentspannung nach Jacobson, Yoga oder Meditation erzielt. Gelingt es depressiven Menschen, sich auf Entspannungsübungen einzulassen, erleben sie den Unterschied zwischen ihrer sonstigen apathischen Erschöpfung und dem entspannten Gefühl einer inneren Ruhe und Gelassenheit.

Antidepressiva als notwendige Helfer: Wenn eine Depression über einen längeren Zeitraum die Lebensqualität der Betroffenen enorm einschränkt, ist eine Behandlung mit Antidepressiva manchmal unumgänglich. Erst durch ihre Einnahme schaffen es Betroffene, die nötige Energie zu entwickeln, um Therapien, Alternativmethoden, Entspannungstechniken oder auch einen geregelten Tagesablauf bewältigen zu können. Die ärztliche Begleitung ab einem gewissen Stadium ist notwendig, weil der Schritt zurück zu mehr Lebensfreude alleine kaum zu schaffen ist.

Prim. Dr. Stelzig erklärt in seinem Buch „Keine Angst vor dem Glück“ die Wirksamkeit von Antidepressiva aus medizinischer Sicht: „Durch die Einnahme von Antidepressiva wird ein Rückpumpen des Serotonins in die Nervenzelle verhindert und somit kommt es zu einer erhöhten Serotoninkonzentration an den Nervenkontaktstellen. Damit bleibt der Nervenstoff länger an der Kontaktstelle aktiv. Die Zellen können sich wieder erholen und nach einer gewissen Zeit selbst ausreichend Botenstoffe wie Serotonin produzieren.“

Stärken Sie ihr Selbstbewusstsein: Viele Betroffene haben in ihrem Zustand der Hoffnungslosigkeit an Selbstbewusstsein verloren, weil sie sich als Versager fühlen und alle beneiden, die in ihrem Umfeld Lebensfreude oder Lustgefühle ausstrahlen. In meiner Arbeit mit depressiven Klienten versuche ich, ihre Selbstheilungskräfte zu aktivieren, damit sie erkennen, dass sie selber der Schlüssel zu ihrer persönlichen Heilung sind.

In diesem Zusammenhang ist der Einsatz der Biofeedback-Methode enorm hilfreich. Die Betroffenen erkennen dabei schnell, wie negative und destruktive Gedankenmuster verschiedene Körperparameter negativ verändern und sie lernen die Macht positiver Gedanken in ihrem Körper kennen. Durch die unmittelbaren Rückmeldungen über den Bildschirm erkennen sie, wie ihre destruktiven Gedankenmuster Körper und Psyche gleichermaßen lähmen.

Oft helfen bereits fünf bis zehn Stunden dieser Behandlung, um das Selbstvertrauen depressiver Menschen zu stärken und eine positive Einstellungsänderung in ihrer Lebenssituation zu bewirken. Der Weg zurück zu mehr Lebensqualität und Freude ist in jeder Situation möglich, wenn Menschen, die unter Depressionen leiden, Hilfe in Anspruch nehmen. In besonderer Erinnerung geblieben ist mir der Ausspruch einer Patientin, der es wieder besser ging: „Ich hatte lange das Gefühl, in einem finsteren Raum zu sitzen, der mein Leben war. Jetzt kann ich den Lichtschalter mühelos aufdrehen und sehe, wie farbenfroh und lebendig mein Lebensraum sein kann. Für diese Erfahrung bin ich unendlich dankbar."

In der Angst ist Lust ein Fremdwort

Es gibt kein Leben ohne Angst, denn sie schützt uns als natürliche Reaktion vor äußeren und inneren Gefahren. Wenn Menschen aber über einen längeren Zeitraum unter einer Angststörung oder dem Extremfall, einer Panikattacke, leiden, sind sie in diesem Zustand unfähig, Lebensfreude oder Lustgefühle zu entwickeln. Sie wollen nur eines: überleben. Jeder vierte Mensch hat im Laufe seines Lebens zumindest einmal eine Angststörung. 14% der Österreicher leiden unter Ängsten, 3,4% berichten von Panikattacken.

Im Bereich der Angststörungen gibt es drei große Gruppen: die Phobien, generalisierte Angststörungen und Panikzustände. Menschen, die unter Angst leiden, haben ein 7- bis 12-mal höheres Risiko, an einer Depression zu erkranken, wie in Zwillingsstudien festgestellt wurde.

Im Zustand der Panikattacke ist nichts mehr unter Kontrolle, weil diese ein intensiver Angstzustand ist, der für die meisten ohne Grund auftritt und mit einer Fülle körperlicher und psychischer Symptome einhergeht, wie beispielsweise Atemnot, Schwindel und Ohnmachtsgefühle, Herzklopfen und beschleunigter Puls, Hitzewallungen, Schwitzen und Übelkeit, Angst vor Kontrollverlust und Angst zu sterben. Panikattacken dauern nur einige Minuten und selten länger als eine halbe Stunde, werden aber von den Betroffenen als wesentlich länger wahrgenommen. Für viele kommt die Angst aus heiterem Himmel, oft sogar im Schlaf. Panikpatienten lassen sich häufig in eine Notfallambulanz einweisen, weil sie sich lebensgefährlich bedroht fühlen und im Extremfall Angst haben, zu sterben. Dies führt aber dazu, dass eine Erwartungsangst entsteht, nämlich die Angst vor einer neuen Panikattacke, die oft schlimmer als der Anfall selber wahrgenommen wird.

Eine unserer Patientinnen beschrieb ihren Zustand so: „Ich befand mich in einer geselligen Runde und war bis zu diesem Moment völlig entspannt und fröhlich. Plötzlich begann ich Körpersymptome wahrzunehmen, die mich total beunruhigten. Mein Herz klopfte wie wild. Ich hatte das Gefühl, keine Luft mehr zu bekommen und begann extrem zu schwitzen. Ich dachte, dass die ganze Gesellschaft mich anstarren würde und stellte mir vor, wie ich bald ohnmächtig würde. Die Zeit schien für mich still zu stehen. Ich weiß nicht mehr, wie lange dieser Zustand dauerte, aber es schien niemand mitzubekommen. Es war mir unmöglich, in diesem Moment an etwas Positives zu denken und mich abzulenken."

Tritt ein solcher Panikzustand unabhängig von einer bestimmten Situation auf, spricht man von spontaner Angst. Ist sie an bestimmte Situationen gebunden, wird sie als situative und phobische Angst bezeichnet. Im Panikzustand atmen die meisten Betroffenen viel zu schnell, sodass es zur Hyperventilation kommen kann. Dieser Zustand tritt dann auf, wenn der Mensch schneller atmet, als es für die Versorgung des Körpers mit Sauerstoff und dem Abbau von Kohlendioxid nötig ist. In der Folge kommt es zu einem Gefühl des Unbehagens und der Angst.

Im entspannten Zustand atmen Menschen in einem Frequenzbereich von 8 bis 14 Atemzügen in der Minute. Bei einer Panikattacke können es bis zu 28 Atemzüge in der Minute sein. Viele Angstpatienten lernen in unserem Stresscenter mit Biofeedback und Atemsensoren, wie sie bei einem akuten Anfall richtig atmen sollen. Manchen Angstpatienten hilft es aber auch, ihre Aufmerksamkeit auf Vorgänge außerhalb des eigenen Körpers zu richten, um nicht durch übertriebene Selbstwahrnehmung die innere Angst zu steigern. Hilfreich kann auch ein Ortswechsel von einem Raum in den anderen sein, ein Telefongespräch mit Bezugspersonen, das Lösen von Denkaufgaben, das laute Singen eines Lieds oder schlichtes Zählen. Diese Methoden dienen als kurzfristige Ablenkungsmanöver, bis die ärgsten Angstsymptome abklingen und die Personen zu ihrem Normalzustand zurückkehren. Selbst bei leichteren Angststörungen beobachten Patienten körperliche Symptome wie Zähneknirschen, Schwächegefühle, verschwommenes Sehen, Engegefühle in der Brust, Schluckbeschwerden, Muskelzuckungen oder Harndrang.

In unserer heutigen Gesellschaft entwickeln auch immer mehr Menschen generalisierte Lebensängste, das sind Ängste, die in vielen Situationen auftreten, in denen Menschen nervös werden, weil sie Sorge haben, das Leben nicht bewältigen zu können. Diesen Patienten fehlt oft jeglicher Optimismus, weil sie die Welt voller Gefahren wahrnehmen und nicht Lebenslust, sondern Sorgen im Lebensmittelpunkt stehen. Als Folge davon entwickeln sie Angstzustände, deren Intensität in keinem Verhältnis zu der Wahrscheinlichkeit steht, dass ein gefürchtetes Ereignis tatsächlich eintreten könnte.

Zum Beispiel zeigte ein Patient sofort eine Angstreaktion, wenn seine Lebensgefährtin ihr Telefon nicht abhob, da er glaubte, dass sie einen Unfall hatte. Seine ständigen Sorgen bezogen sich aber nicht nur auf Menschen, sondern auch auf seinen Hund. Durch diese Sorgen reduzierte sich seine Lebensfreude radikal und er wurde immer depressiver und ängstlicher. Je geballter die Ängste bei einem Menschen auftreten, desto weniger kann er das Leben in seinen vielen lustvollen Facetten wahrnehmen.

Was passiert bei Angst in unserem Gehirn? Stellen Sie sich folgende Situation vor: Sie gehen um zwei Uhr nachts alleine auf der Straße und plötzlich tritt aus einem Hauseingang eine unbekannte Gestalt hervor. In diesem Moment tritt bei vielen Menschen Unbehagen oder auch Angst auf. Unser „Angsthirn“ liegt im limbischen System und reagiert sofort, ohne dass unser „Denkhirn“ im Hippocampus aktiviert wird und uns mit Gedanken wie „Die Person verlässt nur das Haus und hat keine aggressive Absicht“ beruhigen kann.

Das limbische System reagiert auf Angst mit einer raschen Reaktion, die spontan und ohne Nachdenken passiert. Viele springen in diesem Schreckzustand daher spontan zur Seite und denken nicht darüber nach, ob diese Reaktion auch Sinn macht. Gleichzeitig wird auf eine unangenehme Situation auch über Mandelkern und Thalamus/Großhirn reagiert, um eine Erklärung für diese Situation zu finden, wobei dieser Vorgang immer längere Zeit in Anspruch nimmt als die spontan ausgelöste Reaktion. Das limbische System ist aber nicht nur Sitz unserer Ängste und negativen Emotionen, es ist auch für unsere positiven Gefühle – wie Glück oder Wohlbefinden – verantwortlich. Die Amygdala (der Mandelkern) hilft uns dabei, zwischen Freund und Feind zu unterscheiden. Sie beeinflusst, ob wir etwas mit Neugier und Interesse betrachten oder mit Angst darauf reagieren.

In einer neuen Situation arbeiten Amygdala und Hippocampus stets zusammen. Der Hippocampus ist eine wichtige Schaltstelle, denn er sortiert alle Daten, die ins Gehirn strömen und speichert sie. Wird die im Gehirn auftretende Angst erlebt und ausgehalten, kann sie viel leichter verarbeitet oder abgebaut werden.

Methoden, um ein Leben in Entspannung zu genießen

Die systematische Desensibilisierung – der schrittweise Abbau von Angstsituationen: Eine Klientin, die in unser Gesundheitszentrum kam, konnte nicht mehr mit öffentlichen Verkehrsmitteln an ihren Arbeitsplatz fahren, weil sie in der geschlossenen Atmosphäre der U-Bahn Schwindelgefühle und Herzrasen entwickelte. Nachdem diese Patientin gelernt hatte, Entspannungstechniken in Akutsituationen anzuwenden, wurde mit ihr ein wöchentlicher Stufenplan ausgearbeitet. Dieser sah vor, dass sie sich in der ersten Woche überwinden sollte, zumindest eine Station mit der U-Bahn in Richtung Arbeitsplatz zu schaffen. Sie lernte dabei, in diesen angespannten zwei Minuten die Angst auszuhalten, Entspannungstechniken durchzuführen und ein Erfolgserlebnis zu entwickeln, da sie zumindest eine Station geschafft hatte. In der darauffolgenden Woche war es ihre Aufgabe, bereits zwei Stationen in der U-Bahn zu bewältigen. Da die Patientin immer mehr Selbstvertrauen durch ihre kurzen Erfolgserlebnisse entwickelte, konnte sie bereits nach einigen Wochen wieder von zu Hause mit der U-Bahn an ihren Arbeitsplatz fahren. Sie hatte gelernt, die Situation nicht wie früher zu vermeiden, sondern sich ihr in dosierter Form zu stellen, um die Angst abzubauen.

Entspannte Atmung zum Stressabbau: Viele Angstpatienten fühlen sich im Zustand der Angst völlig hilflos, weil sie keine Strategien oder Techniken kennen, um mit ihrer extremen Anspannung umzugehen. Jede Form von Entspannungstechnik, die in einer Akutsituation rasch abgerufen wird, muss zuerst über einen längeren Zeitraum in einer entspannten Situation trainiert werden. Viele Angstpatienten reagieren besonders positiv auf Atemtraining, wobei es wichtig ist, dass sie dabei in einem Zustand der Unruhe zuerst mit der Ausatmung beginnen und versuchen, die Zwerchfellatmung zur Beruhigung einzusetzen.

Auch Suggestivformeln wie „Atmung ganz ruhig, ich bin ganz ruhig", die durch Autogenes Training zuvor regelmäßig geübt wurden, können in einer Angstsituation automatisiert abgerufen werden.

Mut zum Selbstbewusstsein: Da viele Patienten oft keine Lösung kennen, um mit bedrohlichen Situationen umzugehen, fühlen sie sich passiv, schwach und hilflos. Positive Imaginationen wie „Ich bin stark und angstfrei", „Ich vertraue mir und einer Lösung", „Ich versenke die Angst in einem See – sie hat nichts mehr mit mir zu tun" helfen dabei, das eigene Selbstbewusstsein in einer Angstsituation zu stärken, sich mutig zu stellen und nicht davonzulaufen.

Vom Worst-Case-Szenario zum Angstabbau: Es gibt Angstpatienten, die sich oft durch ihre negative Gedankenspirale in immer bedrohlichere Szenarien hineinsteigern, beispielsweise: „Sicher werde ich heute Abend im Kino wieder Panik bekommen. Das wird ein Albtraum, wenn ich mitten in der Reihe sitze und den Saal nicht rasch verlassen kann. Was werden die Leute sagen, wenn sie während des Films aufstehen müssen?! Am besten gehe ich gar nicht ins Kino, damit ich mir und den anderen das nicht antue.“ Angstpatienten entwickeln oft eine enorme Fantasie, wenn es um das gedankliche Ausmalen von bedrohlichen oder für sie unangenehmen Situationen geht. In diesem Fall ist es hilfreich, das Worst-Case-Szenario im Vorfeld gedanklich durchzuspielen, sich dabei zu entspannen und Lösungsmodelle aufzuschreiben. Manche Betroffenen erkennen dann, dass selbst ihre schlimmsten Befürchtungen nicht so dramatisch sind und sie die Situation leicht aushalten können.

Ursachen von Angstzuständen erkennen und analysieren: Menschen, die über einen längeren Zeitraum Angstzustände entwickelt haben und deren Lebensqualität dadurch negativ beeinflusst wird, sollten in jedem Fall psychologische und/oder therapeutische Hilfe in Anspruch nehmen. Erkennen sie in der Therapie, wodurch sich ihre Ängste entwickelt haben, können destruktive Muster über Einstellungs- und Verhaltensänderungen rasch verbessert werden. Jede Angst, die ertragen wird, führt zu massiven körperlichen und psychischen Verspannungen. Sie lähmt und blockiert die Lebensfreude. Gelingt es aber, Angstzustände erfolgreich und dauerhaft zu behandeln, spüren die meisten Menschen danach den gewaltigen Unterschied zwischen einem Leben mit Angst und einem Leben mit Freude, Zuversicht und neuem Selbstvertrauen.

Wenn Lust zur Sucht wird

„Herr der Lust ist nicht, wer sich ihrer enthielte, sondern wer sich ihrer bediene, ohne von ihr fortgerissen zu werden."
(Aristippos)

Immer mehr Menschen sehnen sich aufgrund ihrer angespannten Lebenssituationen nach Freude und lustvollen Momenten. Wenn das zugrunde liegende Problemverhalten zu einem eigendynamischen, zwanghaften Verhalten wird, spricht man von Sucht.

Seit vielen Jahren beschäftigt mich als Psychologin die Frage nach den Ursachen von Suchtverhalten. Worin unterscheiden sich Genussmenschen, die Strategien und Abwehrmechanismen in ihr Leben integriert haben, um keine Sucht zu entwickeln, von Grenzgängern, die Lust nur mehr durch eine ständige Steigerung ihrer Verhaltensweisen oder ihrer Dosis empfinden können? Und warum steigt das Suchtverhalten in unserer Gesellschaft permanent an? Lassen Sie mich zwei Zahlen nennen, die zeigen, dass wir nicht von einer kleinen Risikogruppe sprechen: 350.000 Österreicher leiden an Alkoholsucht und weitere 900.000 weisen ein bedenkliches Konsumverhalten auf. In Deutschland gibt es weit über drei Millionen Alkoholabhängige. 850.000 Österreicher sind nikotinsüchtig. In Deutschland sind es 30 Millionen Nikotinabhängige.

Lange Zeit wurde der Begriff Sucht immer mit körperlicher, substanzgebundener Abhängigkeit wie Alkohol-, Nikotin- oder Drogensucht gleichgesetzt. Aus meinen Beobachtungen wird aber deutlich, dass immer mehr Menschen auch andere Verhaltenssüchte, wie beispielsweise Spielsucht, Kaufrausch, Internetsucht, Arbeitssucht und Sexsucht, entwickeln.

Verhaltenssüchte sind Zwangshandlungen, aus denen die Betroffenen oft freiwillig nicht mehr aussteigen können. Süchte entstehen zum Teil aus vorgelebten gesellschaftlichen Trends, einer persönlichen Anfälligkeit in diesem Bereich und dem Ziel, kurzfristige Bedürfnisbefriedigung zu erlangen.

Viele Burnout-Patienten sind auch suchtkrank. In unserem Gesundheitszentrum haben wir festgestellt, dass von zehn Burnout-Patienten in fortgeschrittenem Stadium zumindest sieben zusätzlich ein exzessives Suchtverhalten entwickelt haben.

Die verhängnisvolle Suchtspirale beginnt bereits in den ersten Burnout-Stadien in schleichender Form. Wenn Menschen erkennen, dass sie immer erschöpfter, lustloser bzw. gereizter werden, versuchen sie zumindest für kurze Momente immer öfter ein Gefühl der Entspannung zu spüren, indem sie auf bestimmte Substanzen zurückgreifen. Patienten, die in einem Frühstadium des Burnouts Hilfe suchen, haben, sofern sie ihre Stresssituationen in den Griff bekommen, gute Chancen, auch die jeweiligen Suchtauffälligkeiten zu reduzieren. In den Endstadien muss zusätzlich zur Burnoutbehandlung auch die vorhandene Suchtproblematik intensiv mitbehandelt werden.

Das Geheimnis des Genießers

Jeder Mensch hat das Recht auf Lebensfreude und Genuss. Das Selbstverständnis, genießen zu dürfen, besitzen aber nicht alle Menschen. Genuss braucht Zeit, Konzentration auf das Wesentliche und Offenheit für diese Momente in der Gegenwart.

Das Erleben von Genuss ist individuell, denn jeder verknüpft mit diesem Begriff etwas anderes. Eine Steigerung des Konsumverhaltens führt aber nicht automatisch zu einer Steigerung des Genusses. Im Gegenteil: Übersättigung, ob beim Essen oder beim Sex, lähmt unser Genussempfinden. Die Freude am Genuss wird durch die Qualität und nicht die Quantität gesteuert.

Es gibt Menschen, die gelernt haben, Genuss und Lust im richtigen Maß zu zügeln. Das Geheimnis des Genießers ist das Wissen, dass es eine Grenze gibt, ab der keine Steigerung des Genusses mehr möglich ist, weil die Wirkung darüber hinaus ins Gegenteil umschlägt.

Genussmenschen können meistens genau abschätzen, wie viel Gläser Wein sie vertragen, um sich gut zu fühlen, und sie wissen auch, wann der richtige Moment gekommen ist, eine lustige Gesellschaft zu verlassen. Diese Personen haben eine hohe Sensibilität für sich selber entwickelt. Sie spüren instinktiv, dass Maßlosigkeit nicht zu einer Steigerung von Lustgewinn führt und bewegen sich innerhalb ihrer eigenen imaginären Grenzen, die für sie den optimalen Genuss- und Lustgewinn bedeuten.

Viktor E. Frankl schreibt in seinem Buch „Der Mensch auf der Suche nach Sinn“: „Je mehr es einem um die Lust geht, umso mehr vergeht sie einem auch schon.“ Geplante Lust kann leicht zu Frusterlebnissen führen. Frankl beschreibt in seinem Buch auch eine Studie von Elisabeth Lukas, die zeigte, dass Besucher des Vergnügungsparks „Wiener Prater“ bei einer Untersuchung höhere Frustrationswerte aufwiesen als die Wiener Durchschnittsbevölkerung. Das heißt, dass die Erwartung, Genuss und Vergnügen zu erleben, nicht eintreten muss, sondern dieser Effekt auch ins Gegenteil kippen kann. Ähnliches gilt übrigens auch, wenn Menschen mit dem Besuch einer Veranstaltung oder Party hohe Erlebnisvorstellungen verbinden. Je höher ihre Erwartungswerte sind, desto größer kann die Enttäuschung sein, wenn der Abend vorbei ist.

Die Sehnsucht, im Leben Lust und Genuss als Ausgleich zu den Belastungen des Alltags zu finden, treibt viele aber nicht dazu, durch erlebnisaktivierende Methoden einen neuen Zugang zu ihrer Emotion zu finden. Es fällt ihnen leichter, Genuss durch Sucht zu befriedigen, weil diese mit weniger Aufwand und Anstrengung verbunden ist. Eine Wanderung auf einen Berg, ein lustvoller Abend im Theater sind natürlich mit mehr Aufwand oder Kosten verbunden als z.B. das Trinken einiger Gläser Wein zu Hause.

Genießer gehen mit Lebensfreude und Lust durch den Alltag, indem sie sich bewusst auf schöne Dinge konzentrieren. Das können besondere Ereignisse, aber auch kleine Freuden sein, beispielsweise ein Sonnenuntergang, das Gefühl des warmen Wassers beim Duschen auf der Haut, gute Gerüche, eine Umarmung, ein Händedruck und vieles mehr. Unterschiedliche Persönlichkeitstypen haben auch zum Begriff Genuss verschiedene Einstellungen entwickelt. Der Workaholic empfindet Genuss zum Beispiel als Zeitverschwendung, weil er dadurch von seinen Zielen abgelenkt wird. Menschen, die ständig an andere denken, sind oft nicht dazu bereit, sich selbst Genuss zu gönnen. Sie haben ein schlechtes Gewissen, so als würde ihnen Lebensfreude nicht zustehen. Der Perfektionist glaubt hingegen, alles im Griff zu haben, sogar seine Freude. Wenn das zufällige und spontane Erleben von schönen Momenten nicht in seine Planung passt, wird er es ablehnen und somit gar keinen Genuss erleben können, da er damit seine Ordnung stören würde. Der chaotische Lebenskünstler genießt am liebsten viele Dinge gleichzeitig, jedoch selten bewusst. Er kann sich nicht mit allen Sinnen auf eine Tätigkeit konzentrieren und andere Aufgaben oder Gedanken in diesem Moment ausblenden. Er ist ein Grenzgänger, der einen andern Zugang zu seinem Lustverhalten entwickelt hat. „Es muss doch mehr als alles geben und das am besten gleichzeitig", könnte eine mögliche Lebensphilosophie solcher Menschen sein. Sie werden ungeduldig, wenn sie einer Lebenssituation ausgesetzt sind, in der persönliche Herausforderungen, Experimente und lustvolle Erfahrungen bis hin zur Maßlosigkeit nicht möglich sind. Ihr Genuss besteht darin, zu wissen, dass sie selbst jederzeit ihre eigenen Grenzen sprengen können. Das ist ihr persönlicher Kick, der sich eher in Verhaltenssüchten als in substanzabhängigen Süchten zeigt.

Es ist ein interessantes Phänomen unserer Gesellschaft, dass immer mehr Menschen Verhaltenssüchte entwickeln, die sie oft lebenslang nie selbst als Suchtverhalten bezeichnen würden. Gerade bei Verhaltenssüchten ist die Dunkelziffer sehr hoch, da kaum seriöse Daten vorliegen. Im Gegenteil: Die Betroffenen sind lange Zeit stolz auf ihr Verhalten und erkennen oft zu spät die Dynamik ihrer Sucht.

Arbeitssucht – ein Phänomen unserer Zeit

Gesellschaftlich gewünscht und wirtschaftlich gefordert – so ist die Arbeitssucht ein modernes Phänomen unserer Zeit geworden. Es ist allerdings nicht jeder, der viel und gerne arbeitet, gleich arbeitssüchtig. Es gibt aber auch keine eindeutige Antwort, wie viele Stunden täglich gearbeitet werden muss, damit dieser Begriff zutreffend ist. Worin unterscheiden sich aber ein Workaholic, der Spaß und Freude an der Arbeit hat und ein Arbeitssüchtiger?

Workaholics arbeiten, um Erfolg zu haben, Karriere zu

machen oder weil der Job ihnen Spaß macht. Die Erledigung ihrer Aufgaben ist mit hoher Selbstmotivation verbunden.

Menschen, die unter Arbeitssucht leiden, spüren einen inneren Zwang, ihre Arbeit verrichten zu müssen. Arbeitssucht ist durch drei Faktoren gekennzeichnet: Zwangsverhalten, Abstinenzunfähigkeit und Kontrollverlust. Das Zwangsverhalten ist dadurch gekennzeichnet, dass die Arbeit zwanghaft und nicht aus Freude verrichtet wird. Das gesamte Denken und Handeln dreht sich nur mehr um die Droge Arbeit, selbst im Urlaub und in der Freizeit. Abstinenzunfähigkeit bedeutet, dass es für Arbeitssüchtige unmöglich ist, kürzere oder längere Zeit nicht zu arbeiten. Im Urlaub verbringen sie zumindest ein Viertel ihrer Freizeit mit beruflicher Arbeit und sie entwickeln Entzugserscheinungen, wenn dies nicht möglich ist. Ich erinnere mich an eine Sekretärin, die es in ihrem Urlaub nicht schaffte, die Arbeit auszublenden. Sie las selbst in Ägypten täglich ihre Mails und erinnerte über SMS ihre Chefin an wichtige Termine. Auch im Krankenstand drehten sich ihre Gedanken nicht um ihren Gesundheitszustand, sondern um unerledigte Arbeiten, die sie beschäftigten. Ein gutes Beispiel für den Kontrollverlust ist eine Teilzeitkraft, die mit 20 Stunden angestellt ist, aber freiwillig und unbezahlt mehr Stunden arbeitet, weil sie es nicht schafft, sich von der Arbeit zu lösen. Die Uhrzeit wird nicht wahrgenommen, solange die Aufgabe nicht erledigt ist. Viele Betroffene nehmen die Arbeit auch mit nach Hause und finden es normal, selbst im Schlafzimmer an ihre Termine oder Erledigungen zu denken. Arbeitssucht führt rasch zu zerrütteten sozialen Beziehungen, weil oft Partner und Kinder wenig Verständnis zeigen und die Spannungen im familiären Umfeld steigen. Im Extremfall können Arbeitssüchtige auch Sekundärsüchte entwickeln, indem sie Medikamente oder Alkohol zur Entspannung einsetzen, um damit besser zu funktionieren.

Interessant ist, dass Arbeitssüchtige sich oft mit der Frage, ob es ein Leben nach dem Tod gibt, beschäftigen, statt sich die Frage zu stellen, ob sie ein Leben vor dem Tod haben. Ein Arzt, mit dem ich mich über das Thema unterhielt, sagte mir damals: „Ich habe noch keinen Menschen am Sterbebett gesehen, der es bereute, zu wenig gearbeitet zu haben. Die meisten bereuen es, zu wenig gelebt zu haben."

Karin O. arbeitete als Assistentin der Geschäftsführung seit zehn Jahren in einem Unternehmen. Sie kam zu mir in die Praxis, weil sie sich immer erschöpfter fühlte und ihre Arbeit nicht mehr in den Griff bekam. „Es liegt aber nicht an meiner Arbeitsmenge", erzählte sie mir, „sondern mein Arbeitsverhalten macht mir Angst. Ich kann nicht mehr aufhören, an die Arbeit zu denken. Ist das schon eine Sucht?" Karin O. bezeichnete sich selbst als pflichtbewusst, hilfsbereit, diszipliniert und leistungsmotiviert. Auch vor diesem Job hatte sie immer gerne gearbeitet. Schon von ihren Eltern hörte sie immer Sätze wie „Ohne Fleiß kein Preis" und „Erst die Arbeit, dann das Vergnügen". Daher war es für sie auch selbstverständlich, unerledigte Arbeiten sofort durchzuführen, anstatt sie auf den nächsten Tag zu verschieben. Mit der Zeit entwickelte sie ein richtiges Unbehagen, wenn ihre Chefin sie nach Hause schickte, obwohl sie noch viele Aufgaben erfüllen wollte und gerne freiwillig am Arbeitsplatz geblieben wäre. An solchen Tagen schlief sie auch schlecht, weil sie stets an die unerledigte Arbeit dachte. Irgendwann stellte Karin O. erschrocken fest, dass ihr die Arbeit keinen Spaß mehr machte – aber sie musste arbeiten, ob sie es wollte oder nicht. „Ich erinnere mich an einen Tag, als ich enorme Schmerzen hatte und dennoch am Arbeitsplatz erschien.

Meine Chefin wollte mich sofort nach Hause schicken, als sie meinen Zustand sah. Das machte mich richtig aggressiv. Ich schluckte zwei Schmerztabletten und arbeitete mit einer Verbissenheit weiter, die mir selber Angst machte. Mit Freude gehe ich schon lange nicht mehr ins Büro, aber zu Hause halte ich es schon gar nicht aus. Mein Leben ist einfach die Arbeit."

Arbeitssüchtige werden nicht durch ihre Umwelt oder ihre Chefs unter Druck gesetzt, sondern sie selber vernachlässigen in zwanghafter Form ihre Lebensfreude, indem sie gegen ihren inneren Widerstand und gegen körperliche Warnsignale ihr „Arbeitsprogramm" umsetzen müssen.

Eine Ursache für Arbeitssucht liegt in der Lebensgeschichte dieser Menschen, die sich nach Anerkennung und Liebe sehnen und dieses Bedürfnis über Leistung stillen wollen.

Viele Arbeitssüchtige leiden aber auch unter Versagensängsten oder einem angeschlagenen Selbstbewusstsein und dem Gefühl, ihre Leistung nicht gut genug zu erfüllen. Ihre Schuldgefühle zwingen sie dazu, immer mehr und besser zu arbeiten. Manchmal dient die Arbeit aber auch der Flucht vor privaten oder familiären Schwierigkeiten.

Meine Untersuchungen mit Biofeedback zeigten, dass Karin O. hohe Stresswerte hatte und am Anfang unfähig war, sich gedanklich zu entspannen. Meine Anweisung bei der ersten Übung, „Entspannen Sie sich jetzt", löste sofort Stress bei ihr aus, weil dieser Befehl mit ihrem inneren Programm nicht vereinbar war. In wenigen Sitzungen analysierten wir gemeinsam ihre inneren Antreiber und Kindheitsmuster und sie erkannte, dass sie sich nur wertvoll fühlte, wenn sie diesen inneren Zwang „Erst die Arbeit, dann das Vergnügen" zuließ.

Mithilfe von Körperübungen lernte sie, Warnsignale bei Überlastung zu spüren und sich Pausen zu gönnen. Es dauerte einige Zeit, bis es ihr endlich gelang, auch geistige Entspannung zuzulassen. Eine erfolgreiche Methode zur Mentalentspannung ist die Übung „Ballonlandung mithilfe eines Biofeedbackprogramms“. Dabei sieht die Klientin am Bildschirm einen Heißluftballon, der durch ihre Gedanken gesteuert wird. Ihre Aufgabe besteht darin, diesen Ballon zur Landung zu bringen. Das gelingt nur, wenn sie entweder an nichts denkt oder entspannende Bilder in ihrem Gehirn zulässt. Bei den ersten Sitzungen stieg der Ballon stets in die Höhe und sie erhielt dadurch die Rückmeldung, dass ihre Gedanken eine erhöhte Aktivität im Sinne von Stress auslösen. Als Karin O. nach einigen dieser Sitzungen endlich die für sie richtigen Entspannungsbilder gefunden hatte, motivierte sie das Erfolgserlebnis, den Heißluftballon einerseits zur Landung zu bringen, aber auch das Gefühl einer inneren Entspannung.

Über Einstellungsveränderungen entwickelte ich mit Karin O. ihren Tagesablauf und sie musste sich anfangs bewusst dazu zwingen, ihre Arbeit pünktlich abzubrechen und Unerledigtes liegen zu lassen. Kurzfristig fühlte sie sich in dieser Situation schlecht, diese Reaktion ist allerdings typisch bei Zwangshandlungen, da mit dem Unterlassen einer Handlung, die der Betroffene unbedingt ausführen muss, eine kurzfristige Verschlechterung seiner körperlichen und psychischen Verfassung einhergeht.

Karin O. führte zu diesem Zeitpunkt auch ein offenes Gespräch mit ihrer Chefin. Diese hatte enormes Verständnis und unterstützte ihren Versuch, Arbeit nicht als Suchtverhalten auszuführen, sondern wieder Freude und Vergnügen im Arbeitsprozess zu empfinden. Arbeitssucht im Alleingang zu bewältigen, wenn Kollegen und Vorgesetzte Druck ausüben, ist nahezu unmöglich. Arbeitssüchtige sind auf das Verständnis ihrer Umgebung angewiesen.

Karin O. veränderte nach einiger Zeit aber auch ihr

Freizeitverhalten. Im Anfangsstadium empfand sie Hobbys und Sport oder Nichtstun als sinnlose Zeitverschwendung, weil ihre Gedanken nur um die Arbeit kreisten. Als sie es endlich schaffte, ihren inneren Stress zeitweise aus dem Kopf zu bekommen, entdeckte sie die befreiende Wirkung dieser Alternativbeschäftigungen. Am Ende der Therapie verabschiedete sie sich bei mir mit den Worten: „Ich fahre jetzt in den Urlaub und werde mit Sicherheit mein Handy und meinen Laptop zu Hause lassen und nicht ins Internet einsteigen. Ich möchte wirklich Urlaub von der Arbeit machen und mir wieder Lebensqualität gönnen."

Arbeitssüchtige müssen lernen, Warnsignale ihres Körpers zu verstehen und ihm Erholung gönnen. Freizeitprogramme dürfen nicht unter einem Leistungsaspekt betrachtet werden, sondern dienen nur der Entspannung. Am Anfang dauert es lange, bis diese Menschen das Nichtstun als Regeneration für Körper, Seele und Geist akzeptieren können. Viele haben auch den Zugang zu ihren genussvollen Emotionen verloren und wissen nicht mehr, was ihnen Spaß und Freude macht. Sie leiden unter „Freizeitstress" und müssen erst langsam lernen, bestimmte Tätigkeiten wie Sport, Gartenarbeit oder ein Hobby als entspannend zu erleben.

Sex als Lebensmittelpunkt

Obwohl es keine seriösen Zahlen über die Sexsucht gibt, kann festgehalten werden, dass davon wesentlich mehr Männer als Frauen betroffen sind. Die Häufigkeit von Sexsucht wird in internationaler Literatur mit rund 6% der Erwachsenenbevölkerung angegeben.

Wie aber unterscheiden sich Menschen, die häufig ihre Partner wechseln, von Sexsüchtigen? Erstere haben Freude an sexuellen Begegnungen, die sie genießen, aber nicht zwanghaft suchen. Sexsüchtige sind hingegen Getriebene, weil sie ständig auf der Suche nach Lustgewinn durch Sex sind, sich aber nur kurzfristig befriedigt fühlen. Sie können ihre Aktivitäten nicht mehr unterdrücken und fühlen sich in ihren Gedanken und Handlungen eingeschränkt. Sexsüchtige nehmen die „Partner“, mit denen sie sich einlassen, als Objekt oder Spielzeug wahr und müssen sexuelle Handlungen setzen, um ihren inneren Zwang zu befriedigen. Mit der Zeit erzeugt ihr Sexualverhalten persönlichen Leidensdruck, wobei in einer fixen Beziehung auch die Partner enorm leiden, weil sie sich durch die ständigen Seitensprünge verletzt fühlen und nur in der Trennung einen Ausweg sehen.

Im Gegensatz zu anderen Suchtpatienten empfinden Sexsüchtige ihr Verhalten oft über viele Jahre als befriedigend und aufregend. Ihr Selbstbewusstsein ist stark mit ihrem Sexualtrieb gekoppelt. Jede Steigerung ihrer sexuellen Handlungen wird gleichzeitig als Aufwertung der eigenen Person empfunden.

Häufig gibt es Risikofaktoren für sexsüchtiges Verhalten, die in der Kindheitsgeschichte der Betroffenen liegen. In fast allen Fällen wurde die Herkunftsfamilie zumindest in den ersten Lebensjahren als kalt und unkommunikativ wahrgenommen. Sexsüchtige erinnern sich oft daran, dass sie in ihrer Kindheit zu wenig Wärme bekamen und das Vertrauen zu ihren wichtigsten Bezugspersonen gestört war. Stattdessen gab es Kritik, starre Regeln und körperliche Strafen. In dieser Atmosphäre bekamen viele der Kinder und Jugendlichen Angst vor zu viel Nähe und fürchteten sich vor emotioneller Abhängigkeit, die ihnen seelische Schmerzen verursachen könnte. Sexsüchtige erleben daher den unpersönlichen Kontakt mit ständig wechselnden Partnern als befriedigender und ungefährlicher, weil sie in dieser Konstellation emotionell nicht verletzt werden können. Oft ist die Sexsucht auch mit Internetsucht gekoppelt, da viele Süchtige einige Stunden vor dem Computer verbringen, um ihre Sexpartner übers Internet zu finden und auszuwählen.

Eine sexuell aufgeschlossene Person kann anhand mehrerer Kriterien erkennen, ob sie bereits sexsüchtig ist.

Zwanghaftigkeit: Das Verlangen nach Sex kann nicht unterdrückt und das Verhalten durch sexuelle Handlungen nicht freiwillig eingestellt werden.

Dominanter Lebensbereich: Sexsüchtige verbringen übermäßig viel Zeit mit sexuellen Handlungen, dem Beschaffen von Sexpartnern und der gedanklichen Verarbeitung ihrer sexuellen Erlebnisse.

Dosissteigerung: Um einen gewissen Level der sexuellen Befriedigung halten zu können, steigern Betroffene entweder die Anzahl ihrer Sexpartner oder sie verschieben die Grenzen ihrer Sexpraktiken, um die angestrebte Lust halten zu können.

Emotionale Destabilisierung: Sexsüchtige leiden häufig unter Stimmungsschwankungen und beschreiben ihren Zustand zwischen den Extremen Euphorie und Depression.

Vernachlässigung des Privat- und Berufslebens: Da das sexuelle Verlangen für die Betroffenen im Mittelpunkt ihrer Lebensphilosophie steht, werden wichtige soziale und berufliche Aktivitäten nicht mehr wahrgenommen. Weiterbildung wird vernachlässigt, Hobbys reduziert und Sozialkontakte abgebrochen, weil sie zu viel Zeit in Anspruch nehmen und der Sex zum Lebensmittelpunkt geworden ist.

Triebbefriedigung statt Lebensfreude

Sexsüchtige empfinden mit der Zeit immer weniger Lebensfreude, können nicht genießen und „konsumieren“ möglichst viele Sexpartner, ohne sich auf eine Beziehung einzulassen. Wenn sie in einer Partnerschaft leben, müssen sie ihren Zwang verheimlichen und stehen meist unter doppeltem Stress, weil sie den Partner nicht kränken wollen. Sie leben dadurch in einer ständigen Anspannung, bei der Lust und Lebensfreude auf der Strecke bleiben.

Heinrich K. erzählte mir bei einem Seminar über seine Lebenssituation:

> *„Während meiner drei Ehen ist es mir nie gelungen, meine Sexsucht in den Griff zu bekommen. Seit ich denken kann, hatte ich immer mehrere Partner gleichzeitig. Das klingt zwar für die meisten sehr spannend, aber es gab immer wieder Phasen in meinem Leben, in denen ich mein Verhalten ändern wollte, weil ich durch meinen Zwang viel Leid bei meinen Partnerinnen auslöste. Nahezu 30 Jahre lang schaffte ich es nicht, monogam zu leben. Durch verschiedene therapeutische Sitzungen, zu denen ich mich entschloss, wurde mir klar, dass mein Verhalten mit früheren Verletzungen und einer enormen Angst vor Nähe und Abhängigkeit zu tun hatte. Diese Angst reduzierte sich bei mir, wenn ich mehrere sexuelle „Bindungen" entwickelte, weil ich mich dadurch nie nur von einer Partnerin abhängig fühlte.*
>
> *Da ich durch meinen Beruf stark gefordert wurde, blieb mir wenig Zeit, um die Termine mit meinen unterschiedlichen Sexpartnern zu koordinieren. Ich kam zunehmend unter Stress, versäumte wichtige Berufstermine und fühlte mich immer gehetzter und rastloser. Lange Zeit konnte ich ein scheinbar normales Leben führen, da ich neben meinen wahllosen Sexpartnern auch immer einen Ehepartner hatte. Solange es mir gelang, mein Doppel-*

leben verdeckt zu halten, ging es mir nicht schlecht. Als meine Ehepartnerinnen allerdings von meinen sexuellen Neigungen erfuhren, litt ich abwechselnd unter Schuldgefühlen und dem Trieb, meine sexuellen Wünsche trotzdem ausleben zu wollen.

Irgendwann fühlte ich mich wie ein Alkoholiker, der bei jedem Glas Wein, das er sieht, nicht Nein sagen kann. Mein Suchtverhalten belastete mich immer mehr, da es mein Leben und meine Beziehungen ruinierte. Ich empfand keine Lust mehr, aber immer stärker den Wunsch, meinem Sexzwang zu entkommen.“

Heinrich K. ging in eine Therapiegruppe für Sexsüchtige und holte sich professionelle Hilfe. Es geht ihm jetzt viel besser, nur die Angst vor der nächsten sexuellen Versuchung ist sein täglicher Begleiter. Dipl. Sozialarbeiter Thomas Pfeiffer von der „Team Mika“-Suchtberatung: „Ich kann nur an Betroffene appellieren, Rat und Hilfe bei Suchtberatungsstellen, die es in ganz Österreich gibt, zu suchen. Gerade bei Verhaltenssüchten, wie Arbeits- und Sexsucht, ist die begleitende Gesprächstherapie äußerst wichtig. Das permanente Reflektieren über die eigenen Verhaltensweisen ist die einzige Chance, Verhaltenssüchte in den Griff zu bekommen. Warten die Betroffenen aber zu lange ab, ist es immer schwieriger, aus dem Teufelskreis ihres Suchtverhaltens herauszukommen.“

Wer ist besonders gefährdet, Suchtverhalten im Arbeitsbereich oder im sexuellen Bereich zu entwickeln? Beide Süchte treten normalerweise bei ein und demselben Persönlichkeitstyp auf: Dem erfolgsorientierten Einzelkämpfer, der sein Lustverhalten entweder im Beruf oder in seiner Sexualität auslebt. Es gibt im Extremfall auch Mischtypen, die beruflich eine Arbeitssucht entwickeln und in ihrem Privatbereich als Ausgleichsprogramm sexsüchtig werden. Der Ursprung beider Verhaltenssüchte liegt in der frühesten Kindheit dieser Menschen, in der ihr Urvertrauen empfindlich gestört wurde (siehe Kapitel 3). Um nie mehr abhängig und verletzbar zu sein, entwickeln sie Verhaltensweisen, in denen nicht der Mensch im Mittelpunkt steht, sondern „die Sache". Die Chance für lustvolle Begegnungen wird dann groß, wenn Sexsüchtige ihre innere emotionelle Leere spüren und zu leiden beginnen. Dann sind sie bereit und offen für neue Erfahrungen mit Tiefgang.

Vom Gesellschaftstrinker zum Alkoholiker

Suchtexperte Thomas Pfeiffer: „Ich fürchte, dass der Alkoholismus unser größtes gesellschaftliches Problem werden wird. Für den Alkoholiker gibt es nur entweder weitertrinken oder ganz aufhören. Kontrollierter Konsum ist beim Trinken leider nicht möglich, weil jeder emotionale Stress sofort dazu führt, dass Alkoholabhängige die Dosis wieder steigern."

In Österreich gibt es, wie bereits erwähnt, zurzeit 350.000 Menschen, die unter Alkoholismus leiden. Es finden jedoch nur 10% der Betroffenen mit professioneller Hilfe den Weg aus der Alkoholabhängigkeit. 90% verleugnen und verdrängen ihr Alkoholproblem. Stellen Sie sich bitte selbstkritisch die drei folgenden Fragen: Haben Sie Probleme mit anderen Menschen, weil Sie zu viel trinken? Fühlen Sie sich selber schuldig oder schlecht durch Ihren Alkoholkonsum? Trinken Sie manchmal bereits morgens Alkohol, um Ihren Kater loszuwerden oder sich besser zu fühlen? Wenn Sie bereits zwei von drei Fragen mit Ja beantworten, sollten Sie Ihre Trinkgewohnheiten kritisch kontrollieren und Hilfe bei Ihrem Alkoholproblem in Anspruch nehmen.

Immer mehr Menschen aller Berufsgruppen, die unter besonderem Arbeitsdruck stehen, suchen nach Entspannungshilfen und lustvollen Momenten. Die gesellschaftlich und legal anerkannte Droge Alkohol wirkt gerade am Anfang entspannend, dient als Einschlafhilfe und macht Menschen wieder lustig und fröhlich. Laut den Kriterien der WHO beginnt riskantes Trinken aber schon, wenn Frauen täglich über zwanzig Gramm reinen Alkohol trinken und Männer dreißig Gramm konsumieren (das entspricht in etwa 2 bis 3 Gläsern Rotwein).

Wenn Menschen Alkohol als Problemlöser einsetzen, um negative Emotionen oder ihre Stressoren besser in den Griff zu bekommen, ist die Gefahr, in die Abhängigkeit abzurutschen, erhöht. Anzeichen für Alkoholismus sind der Zwang zum Konsum, Entzugserscheinungen, Kontrollverlust, Leugnung des Suchtverhaltens und die Vernachlässigung des Alltagslebens. Angehörige von Alkoholikern fühlen sich oft hilflos und alleingelassen, weil die Betroffenen meist über Jahre ihren Zustand leugnen und jede Hilfe ablehnen.

Über die Gefährdung von Gesellschaftstrinkern gibt es keine seriösen Zahlen, weil sie in einem sozialen und beruflichen Umfeld agieren, in dem das gesellige Trinken akzeptiert und gefördert wird. Viele Gesellschaftstrinker erkennen oft nicht, dass sie bereits „an der Flasche hängen". Sie sind oft extravertiert, lieben „Publikum" und bezeichnen sich als klassische Genussmenschen, die Essen und Trinken schätzen. Gelingt es ihnen, mit hoher Selbstdisziplin trotz gesellschaftlichem Druck ihren Alkoholkonsum zu kontrollieren, ist die Gefahr gering, dass diese Menschen in den Alkoholismus abgleiten. Handelt es sich aber um Persönlichkeiten, die schwer Nein sagen können, es allen recht machen wollen oder sich gesellschaftliche Akzeptanz wünschen, steigt die Gefahr, die Kontrolle über das Konsumverhalten zu verlieren.

Am Beispiel zweier Gesellschaftstrinker möchte ich Ihnen die Dynamik des Trinkens, aber auch die damit verbundenen Suchtgefahren aufzeigen. Karl S. versteht es, Feste zu feiern und sie zu besuchen. Er ist laut Selbstdefinition immer fröhlich, liebt Menschen und verbindet mit einer lustigen Gesellschaft das Auflockern der Runde durch Alkohol. Meist ist er einer der Letzten, der die Gruppe im Morgengrauen verlässt, und weil er sehr beliebt ist, findet er immer Gleichgesinnte, die ihm über Stunden zuprosten. Häufig ist er gemeinsam mit seinem Freund Wolfgang H. unterwegs, der über einen guten Wortwitz verfügt und dank seiner rhetorischen Fähigkeiten die angeheiterte Gesellschaft über Stunden animiert, um die Schluckzahl zu erhöhen. Wie oft die fröhliche Runde sich im Laufe eines Abends zuprostete und wie viele Flaschen geleert wurden, weiß am nächsten Morgen keiner mehr. In Erinnerung bleibt aber der gesellige Spaß des Abends und der Wunsch, ihn möglichst bald zu wiederholen.

Gesundheitlich bedenklich werden diese Treffen erst dann, wenn Menschen berufsbedingt viele Veranstaltungen besuchen müssen und zusätzlich einen großen Freundeskreis besitzen, der häufig private Feste und Treffen organisiert. Exzessives gesellschaftliches Trinken wird dann zu einem Normalverhalten, das nahezu täglich auftritt. Das gesellige Lusttrinken wird so zu einem ernst zu nehmendem Suchttrinken.

Wie aber können Gesellschaftstrinker lernen, den übermäßigen Konsum von Alkohol zu reduzieren? Mit Selbstdisziplin und Selbstkontrolle wäre hier der erste und wichtigste Schritt zur persönlichen Verhaltensänderung in der Gesellschaft möglich. Können Menschen mit dem gesellschaftlichen Druck aber schlecht umgehen, helfen ihnen Ausreden wie: „Da ich heute Medikamente nehme, darf ich keinen Alkohol trinken." Andere reduzieren bewusst ihr Veranstaltungsprogramm und ihre Privataktivitäten, um alkoholfreie Tage einzubauen.

Tragischerweise sind viele Gesellschaftstrinker erst bereit umzudenken, wenn sie gesundheitliche Probleme bekommen. In seltenen Fällen gelingt es ihren Partnern, sie durch Androhung von Konsequenzen unter Druck zu setzen, aber nur wenige nehmen dann tatsächlich professionelle Hilfe in Anspruch. So bleiben viele Betroffene oft lebenslang „verdeckte Alkoholiker".

Viele Sucht- und Burnout-Patienten suchen verzweifelt nach Möglichkeiten, Glück und lustvolle Momente zu spüren. Der Neurochirurg Dr. Reinald Brezovsky beschäftigt sich mit den Erkenntnissen der modernen Wissenschaft sowie mit aktuellen Forschungsergebnissen, um den menschlichen Glücksgefühlen auf die Spur zu kommen.

Die Zukunft des Glücks –

Ein Beitrag von Dr. Brezovsky

Vor einigen Jahren stellte ich mich einem Kollegen an der Neurochirurgischen Universitätsklinik Wien als Versuchskaninchen zur Verfügung. Er war Radiologe und forschte über den Einsatz von Xenon, einem Edelgas, bei radiologischen Untersuchungen.

Ich lag auf dem Tisch des Computertomografen und bekam eine Atemmaske. Während der Untersuchung erhielt ich ein Gemisch aus 70% Sauerstoff und 30% Xenon. Die folgenden Minuten gehören zu den intensivsten und angenehmsten, die ich je erlebt habe, ohne meine Kleidung abzulegen. Zuerst bemerkte ich einen angenehmen Geschmack im Mund, ähnlich einem Pfefferminzbonbon, aber nicht so süß. Anschließend begann ich Veränderungen an mir selbst zu spüren. Mein Körper fühlte sich nach und nach immer leichter an und bald hatte ich das Gefühl, im Raum zu schweben. Auch innerlich fühlte ich mich zunehmend unbeschwerter und bald war mir, als würde ich mit größer werdender Geschwindigkeit durch das Weltall schweben.

Es war wie die Szene in Stanley Kubricks Film aus dem Jahr 2001, „Odyssee im Weltraum", in der aus der Sicht des Piloten das Erreichen der Lichtgeschwindigkeit dargestellt wird. Raum und Zeit verloren zunehmend an Bedeutung, es gab keine Vergangenheit und keine Zukunft mehr, ich war in meiner Glückseligkeit ganz im Hier und Jetzt. Ich erlebte einen Vorgeschmack auf das Paradies.

Was war geschehen? Das Xenon hatte mir in Zusammenwirkung mit dem Sauerstoff ein intensives Bliss-Gefühl beschert.

BLISS – Das ultimative Glücksgefühl!

Der Ausdruck „Bliss" stammt vom ungarischen Glücksforscher Csikszentmihalyi und bezeichnet Augenblicke, in denen Menschen sich rundum glücklich fühlen sowie Raum und Zeit vergessen, weil sie ganz im Hier und Jetzt aufgehen.

So weit, so gut – aber was passiert in solchen Augenblicken in unserem Gehirn? Und wie kann man dazu beitragen, dieses wunderbare Gefühl der Erfüllung öfter zu erleben?

Die geistige Schaltzentrale des Menschen, Cerebrum, Brain oder Gehirn genannt, besteht aus verschiedenen Arealen, die sich im Lauf der Evolution entwickelt haben. Man unterscheidet dabei je nach Entstehungszeitraum entwicklungsgeschichtlich ältere und jüngere Areale. Eines dieser Zentren ist der Thalamus im Bereich der Stammganglien.

Dieses „Tor zum Bewusstsein", wie er auch genannt wird, ist eines der faszinierendsten Hirngebiete und möglicherweise liegt in ihm sogar das Geheimnis verborgen, wie der Homo sapiens sapiens, also der moderne Mensch, entstehen konnte. Diese „Schaltzentrale des Bewusstseins" steht sowohl mit Gebieten in Verbindung, die unseren Hormonhaushalt steuern – wie dem Hypothalamus –, aber auch mit dem sogenannten Großhirn, der Hirnrinde, der wir viele unserer höheren Fähigkeiten verdanken.

Moderne Forschungsergebnisse haben gezeigt, dass das Edelgas Xenon in der Lage ist, die Aufnahme von Sauerstoff in das Nervengewebe zu verbessern.

Mein Gehirngewebe war also in dem Zeitraum, den ich im Untersuchungsraum auf dem CT-Tisch verbracht habe, optimal mit Sauerstoff (dem anderen Anteil des Gasgemischs) versorgt worden. Die Wirkung war phänomenal.

Warum konnte es zu diesem Zustand kommen? Die Antwort auf diese Frage wird möglicherweise zum „Stein der Weisen" der Glücksforschung werden, doch zum jetzigen Zeitpunkt ist das menschliche Gehirn noch lange nicht restlos erforscht. Jeden Tag werden neue Untersuchungen in diese Richtung durchgeführt, zumal Xenon auch als schonendes Narkosemittel angewandt wird und der Einsatz dieses Gases zur Vermeidung von Hirnschäden nach Schlaganfällen sowie bei Minderversorgung des Säuglingsgehirns bei der Geburt (perinatale Hypoxie) bereits erforscht wird.

O_2, Sauerstoff – das Atom des Lebens

Die Sauerstoffversorgung der Stammganglien und anderer Gehirnzentren ist also essenziell für die Entstehung von Glück. Sauerstoff ermöglicht überhaupt erst den Stoffwechsel in den Gehirnzellen, dadurch können Neurotransmitter wie Serotonin (auch als Glückshormon bezeichnet) und Dopamin an den Schaltbrücken der Gehirnzellen, den Synapsen, freigesetzt werden. Die Gehirnströme können frei fließen und unser Gehirn wird von positiver Lebensenergie durchflutet.

Nun wird auch klar, warum in der Behandlung von Stresspatienten so viel Wert auf eine gute und tiefe Bauchatmung gelegt wird! Nur wenn durch richtige Atmung das Blut ausreichend mit Sauerstoff angereichert wird, kommt er auch im Gehirn an! Besonders intensiv erleben wir diesen Zustand im Eiswasserbecken, nach dem Saunaaufguss oder bei körperlicher Belastung in sehr kalter und reiner Luft (Schiurlaub!). Aktivitäten dieser Art seien allen Glücksuchenden bei entsprechenden körperlichen Voraussetzungen (zuvor beim Internisten durchchecken lassen!) ans Herz gelegt.

Akupunktur bringt die Lebensenergie zum Fließen!

Eine weitere Möglichkeit, um die Sauerstoffversorgung im Gehirn zu verbessern, ist, wie Untersuchungen an der Universität Graz gezeigt haben, die Akupunktur.

Wieder stoßen wir im Zusammenhang des Fließens der Lebensenergie (die Chinesen sprechen vom „de chi-Gefühl", dem Ankommen der Energie) auf die Sauerstoffversorgung des Nervengewebes. Ein Zufall? Wohl kaum! Akupunktur lockert die Muskulatur und setzt Endorphine, körpereigene Stoffe, die die Entstehung von Glücksgefühlen begünstigen, frei. Von vielen Patienten werden auch psychische Effekte wie Beruhigung und Stimmungsaufhellung beschrieben.

Die Gründe, warum Akupunktur bei vielen Menschen eine positive Wirkung zeigt, sind bis heute wissenschaftlich noch nicht restlos aufgeklärt. Die umfangreiche Lehre von den Meridianen ist zwar sehr poetisch, mit wissenschaftlichen Untersuchungen konnte aber bisher kein eindeutiger Zusammenhang zwischen den einzelnen Punkten und ihren Wirkungen hergestellt werden. Sehr wohl konnte aber gezeigt werden, dass sich in den Hautarealen, die bestimmten Akupunkturpunkten entsprechen, besonders viele freie Nervenendigungen befinden. Im Bereich des Ohrpunkts „55-Shen Men" oder „Tor des Geistes" liegen sehr viele Fasern des Nervus Vagus. Dieser Gegenspieler des Nervus Sympathikus hilft beim Finden der inneren Ruhe und Entspannung. Wenn man sehr aufgeregt ist, kann man oft nicht klar denken, weil man die Dinge durcheinanderbringt. Erst wenn man sich beruhigt hat und ruhig und tief durchatmet, ist es Menschen möglich, ihre Situation zu verbessern, weil sie in diesem Zustand wieder logisch denken können. Zusätzlich steigt im Rahmen der Akupunktur auch der Endorphinspiegel im Blut an – geschieht dies, so ist ein intensives Glücksgefühl die Folge.

Auch Körpertherapien wie Massage oder Osteopathie können eine ähnliche Wirkung entfalten. Durch die gezielten Berührungen bestimmter Hautareale werden ebenfalls Reize ans Gehirn weitergeleitet. Wir entspannen uns dabei und atmen ruhig und tief.

Diese Behandlungen bewirken, wenn sie regelmäßig durchgeführt werden, wahre Wunder.

Alle Glücklichen, die sich einmal in der Obhut eines wirklich guten Hypnotiseurs befunden haben, wissen welch entspannende Effekte in der Therapie auftreten können. Mit ruhiger Stimme wird der Patient bei der Hypnosesitzung durch Suggestionen in einen tranceähnlichen Zustand versetzt. Er kann sich dabei tief entspannen und atmet ruhig und fest. Auch bei dieser Form der Behandlung ist der Wirkmechanismus nicht restlos geklärt. In jedem Fall ist die Hypnosetherapie ein weiterer Beweis für die unglaublichen und noch viel zu wenig genutzten Möglichkeiten des menschlichen Gehirns.

Kunst und Kohärenz – Die Wunderwelt der „salutogenen Faktoren"

Vor Kurzem wurde ich als Arzt zu einem 86-jährigen Mann gerufen. Nach einer sehr schmerzhaften Zoster-Infektion mit Gürtelrose sah man noch die Spuren der überstandenen Erkrankung gürtelförmig am Oberkörper. Der Patient hatte seit Tagen nicht geschlafen, war völlig erschöpft und sagte, er wolle nur noch sterben. Neben der Optimierung der medikamentösen Therapie und Behandlung mit Elektroakupunktur führte ich auch ein ausführliches Anamnesegespräch. Dabei stellte sich heraus, dass ich es mit einem ganz besonderen Menschen zu tun hatte. Nach seiner Pensionierung im Alter von 60 Jahren hatte sein Leben erst so richtig begonnen. Er wurde zum Künstler und Lebenskünstler und absolvierte unter anderem 500 Flüge als Pilot, mehrere Durchquerungen der Sahara auf dem Kamel, durchfuhr die Stromschnellen des Grand Canyon mit dem Schlauchboot und absolvierte eine Ballonfahrt, allerdings nicht im Korb, sondern festgeschnallt auf dem Ballon. Er lernte Pantomime mit Sammy Molcho, trat als Stepptänzer und Schauspieler in Erscheinung und schrieb Gedichte, Theaterstücke und Prosa. Wie er mir sagte, hatte sein überaus erfolgreiches Berufsleben ihn emotional nicht vollständig befriedigt, daher setzte er die

Kraft von Abenteuern und der Kunst ein, um diese Lücke auszufüllen. Unmittelbar vor der Erkrankung hatte er einige der größten Erfolge seines Lebens errungen, unter anderem war eines seiner Theaterstücke in Wien uraufgeführt worden. Im Anschluss an die Premiere wurde er krank und fiel in ein existenzielles Loch.

Durch seine Schilderungen wurde mir klar, dass der 86-jährige Mann an einer Art von Burnout litt, die bei Künstlern häufig anzutreffen ist. Ich besuchte den Patienten von nun an regelmäßig, überwachte den Therapieerfolg, gab Ernährungstipps, stellte eine Tageslichtlampe gegen Depression zur Verfügung und führte mit dem Patienten lange Gespräche über sein Leben. Er hatte instinktiv die Kunst eingesetzt, um das sogenannte „Kohärenzgefühl“ zu erlangen. Dieses Gefühl ist geprägt durch einen tiefen Glauben des Menschen, das alles im Leben einen Sinn in sich trägt. Bei meinem Burnout-Patienten stellte sich schon bald so etwas wie Lebensfreude ein, er kam zu neuen Kräften und konnte wieder mehrmals täglich sein Bett verlassen. Meine Freude war riesengroß, als er mich eines Tages im Anzug bei der Tür empfing. Er hatte sein Tief überwunden. Im Abschlussgespräch sagte der 86-jährige Mann zu mir: „Wissen Sie, Herr Doktor, ein Jahr …“ er hielt inne, „… ein paar Jahre möchte ich schon noch erleben.“

PERSÖNLICHKEITSTYPEN UND IHR UMGANG MIT LEBENSLUST/ LEBENSFRUST

Lustfaktor Arbeit – Der leistungsorientierte Workaholic

Durch meine psychologische Tätigkeit habe ich viele leistungsorientierte Workaholics kennen gelernt und es scheint eine Art modernes Phänomen unserer Gesellschaft zu sein, dass es immer mehr werden. Workaholics gibt es bei Männern und Frauen bereits gleichermaßen. Es sind Menschen, deren Leidenschaft und Hauptinteresse ihrer Arbeit gilt und die ihre Lebensfreude hauptsächlich aus ihren beruflichen Erfolgen erlangen.

In unserer Arbeitswelt sind Workaholics aus Sicht der Unternehmensführung sehr gefragt, weil sie eine hohe Leistungsmotivation und große Erwartungen an sich selbst besitzen. Das macht sie für den Betrieb extrem wertvoll, wichtig und unentbehrlich. Gelingt es diesen Persönlichkeiten aber nicht, neben ihrer erhöhten Arbeitsmotivation auch ein positives, soziales Umfeld im Betrieb und zu Hause aufzubauen, werden viele – je nach Veranlagung früher oder später – ausgebrannt.

Wie werden Menschen zum Workaholic und warum reduzieren sie ihre gesamte Lebensfreude auf berufliche Höchstleistungen? Entwicklungspsychologische Studien haben gezeigt, dass die ersten sieben Lebensmonate entscheidend für die Bildung eines Urvertrauens sind. Hat ein heranwachsender Säugling das Glück, in eine intakte Familie hineingeboren zu werden, in der seine Grundbedürfnisse nach Zuwendung erfüllt sind, entsteht Urvertrauen, das sich später im Zulassen menschlicher Nähe ausdrückt. Werden diese ersten Grundbedürfnisse aber nicht erfüllt, weil das Kind nicht gewollt wurde, die Eltern keine Zeit haben und gestresst sind oder lange Spitalsaufenthalte des Säuglings die Mutter-Kind-Symbiose beeinträchtigen, entsteht ein gestörtes Urvertrauen. Erwachsene wollen nie mehr hilflos dieser Situation ausgeliefert sein und versuchen, durch Unabhängigkeit und Erfolgsstreben, aber auch durch gefühlsmäßige Distanz zu ihrer Umwelt keine weiteren Verletzungen zu erleiden.

Anhand der Lebensgeschichte eines meiner Klienten möchte ich Ihnen seine Stärken und Schwachstellen – also die typischen Eigenschaften eines Workaholics – aufzeigen.

Als Gerhard H. in unser Stresscenter kam, glaubte ich im ersten Moment, er hätte sich in der Türe geirrt. Gerhard H. war ein gut aussehender 40-jähriger Manager, der bereits auf eine sensationelle Karriere in einem Unternehmen zurückblicken konnte. Sein Persönlichkeitsprofil ergab, dass er ein analytischer Denker war, sehr zielgerichtet seine Karriere verfolgt hatte und eine hohe Selbstmotivation besaß. Er erzählte mir, dass seine Eltern im Gastgewerbe tätig waren, aber keine Zeit für ihn hatten, da sie ständig beschäftigt waren. Gerhard H. wurde von unterschiedlichen Bezugspersonen betreut und hatte in seiner Kindheit immer das Gefühl, von einer Bezugsperson zur nächsten geschubst zu werden. Emotionelle Nähe und familiäre Sicherheit bekam er nur selten zu spüren. Seine Erfolgserlebnisse begannen mit dem ersten Schultag. Plötzlich erkannte der aufgeweckte Junge, wie gut es ihm tat, wenn der Lehrer ihn als Klassenbester lobte, und er entwickelte eine Leichtigkeit im Lernen und einen enormen Ehrgeiz, um der Schnellste im Sport, aber auch der Beste in seiner Klasse zu werden. Dadurch war er nicht immer beliebt bei seinen Mitschülern, die ihn als Streber und Einzelgänger abstempelten. Hatte er sich anfangs noch gelegentlich über bestimmte Äußerungen gekränkt, machten ihn diese nach einer Zeit nur noch ehrgeiziger und er entwickelte ein enormes Verlangen, allen zu zeigen, welche geistigen Kapazitäten in ihm schlummerten.

Als ich ihn fragte, welche Lebensfreude und Lust er als junger Mann empfunden hätte, war für ihn die Antwort völlig klar: „Ich habe mich nur lebendig und wertvoll gefühlt, wenn ich Erfolg hatte." Auch als Student an der Wirtschaftsuniversität war seine Leistungsmotivation der Motor, der ihn vorantrieb. In Mindestzeit absolvierte er sein Studium und fand nach wenigen Vorstellungsgesprächen sofort eine Anstellung in einem Unternehmen. Gerhard H. bezeichnete diese ersten Monate an seinem Arbeitsplatz als seine intensivsten Lebenserfahrungen. Sein damaliger Chef erkannte sofort die Stärken und Potenziale, die in dem jungen Mann schlummerten. Da Gerhard ehrgeizig war und sich sehr geschickt anstellte, übertrugen ihm auch seine Kollegen immer mehr Aufgaben und er selber spürte, dass er für das Unternehmen immer unentbehrlicher wurde.

Privat hatte er ständig wechselnde Kurzzeitbeziehungen mit Frauen, da er einen enormen Freiheitsdrang besaß und sich emotionell nicht abhängig machen wollte. Versuchte eine seiner Freundinnen, eine engere Beziehung mit ihm aufzubauen, flüchtete er sich meist in sein Berufsleben, weil ihn ihre emotionellen Forderungen überlasteten. Auch im Unternehmen arbeitete er am liebsten alleine, weil er dann ungestört in kürzester Zeit seine Zielvorgaben erreichen konnte.

Irgendwann spürte er, dass er im Gegensatz zu früher bei seinen täglichen Arbeitsanforderungen erschöpfter und lustloser wurde. In der Zwischenzeit war er Abteilungsleiter geworden und hatte 40 Mitarbeiter unter sich. Das Betriebsklima rund um ihn, das spürte er selber, war nicht das Beste. Lange Zeit verstand er nicht, ob die Mitarbeiter seine Leistungserwartungen nicht erfüllen wollten oder konnten. Immerhin zeigte er Vorbildwirkung, da er immer der Erste war, der an den Arbeitsplatz kam und einer der Letzten, der das Unternehmen verließ. „Irgendwann kam der Moment, da hatte ich plötzlich das Gefühl, wie ein Hamster im Laufrad zu funktionieren. Obwohl ich es immer wieder geschafft hatte, Warnsignale meines Körpers nicht ernst zu nehmen, konnte ich diese plötzlich nicht mehr verdrängen. Ich hatte Schlafstörungen, Antriebslosigkeit und entwickelte einen massiven Widerstand, in die Arbeit zu gehen. Dieser Moment war für mich der schlimmste, denn ohne Arbeitsmotivation hatte ich keine Lebensfreude mehr."

Menschen wie Gerhard H. gibt es viele. Lustvoll leben bedeutet für sie lustvolles Arbeiten. Im Extremfall werden sie aber Getriebene ihrer eigenen Arbeitssucht und vernachlässigen alle Bereiche, die für eine ausgewogene Work-Life-Balance notwendig sind. Am Anfang wollen die wenigsten freiwillig aus ihrem Hamsterrad aussteigen. Erst wenn sie massive gesundheitliche Beschwerden entwickeln und ihr Leidensdruck steigt, sind sie bereit zur persönlichen Veränderung.

Strategien zur Verbesserung der Lebensqualität von Workaholics

Erfolgsfaktor Lebensfreude: Viele Workaholics akzeptieren neben ihrer Arbeit oft keine weiteren Interessen. Sozialbeziehungen, menschliche Nähe und Lustfaktoren, die nicht aus der Arbeit an sich resultieren, sind zweitrangig. Da sich auch im Inneren der Workaholics alles um Erfolg dreht, ist es wichtig, dass sie lernen, ihre Lebenslust als wichtiges persönliches Erfolgskriterium in ihr Verhaltensrepertoire zu integrieren.

Mut zur Pause: Normalerweise sind Pausen für einen Workaholic eine lästige Unterbrechung, die nach Möglichkeit zu vermeiden ist. Viele Menschen dieses Typs haben mir stolz erzählt, dass sie während eines Zehn-Stunden-Tages locker auf ihre Mittagspause verzichten und sich mit Kaffee oder Zigaretten fit halten. Pausen sind aber absolut nötige Energiespender, erhöhen die Konzentrationsfähigkeit und tragen dazu bei, dass ein Workaholic nicht tagtäglich zum körperlichen Grenzgänger wird. Oft höre ich von meinen Klienten auch die Ausrede: „In meinem Job ist es nicht möglich, eine Pause zu machen." Kleine Rituale können aber eine große Wirkung erzielen, wenn sie regelmäßig angewendet werden, wie beispielsweise ein Glas Wasser trinken, das Fenster öffnen, kurz im Raum aufstehen und dergleichen. Es ist wichtig, sich eine geistige Auszeit durch kurze Erholungsphasen zu gönnen!

Entschleunigung als Überlebensstrategie: Workaholics haben in den meisten Fällen die Angewohnheit, ähnlich wie Marathonläufer ihre Arbeitsprozesse im Schnellgang zu erledigen. Sie rennen mit „Spitzengeschwindigkeiten" von einem Termin zum anderen. Gelingt es ihnen, sich geistig einzubremsen und ihre inneren Antreiber zu erkennen, ist dies der wichtigste Schritt zu einer veränderten Einstellung. Ich habe dazu die sogenannte „Stopp-Technik“ mit meinen Klienten entwickelt. Wann immer sie erkennen, dass sie sich während des Arbeitsalltags hetzen, sollen sie ein geistiges Stoppschild, ähnlich dem Verkehrszeichen, vor ihr inneres Auge halten. Dann heißt es: Innehalten, durchatmen und in langsamerer Form den begonnenen Prozess, wenn keine Pause möglich ist, fortführen.

Untersuchungen mit Biofeedback haben gezeigt, dass Personen, die auf Schnelligkeit „programmiert“ sind, diesen inneren Befehl sogar auf ihr Atemverhalten übertragen. Sie atmen wesentlich schneller als Menschen, die sich Zeit nehmen, um ihre diversen Aufgaben zu erledigen. Im entspannten Zustand atmen viele in einem Frequenzbereich von 8 bis 14 Atemzügen pro Minute. Workaholics liegen in einem Frequenzbereich von 14 bis 18 Atemzügen, sie hecheln also gleichsam durch die Welt.

Sozialbeziehungen bewusster wahrnehmen: Persönlichkeitstests mit meinen Klienten, die Workaholics sind, haben gezeigt, dass sie im Bereich der sozialen Kompetenz häufig niedrige Werte aufweisen. Ihre Kommunikationsform am Arbeitsplatz, aber auch im Privatleben ist eine ergebnisorientierte, d.h. sie kommunizieren kurz, klar, direkt und blenden körpersprachliche Signale, die dem Gesprächspartner Lust oder Unlust zeigen, gerne aus.

Workaholics glauben, im Berufsleben ohne Feedback, Lob und Fremdmotivation auskommen zu können. Auch im Privatleben vermeiden sie sensible Gefühlsausbrüche und werten Komplimente als unnötige Zeitverschwendung. In der Sexualität sind sie oft triebgesteuert und unsentimental. Sie müssen lernen, eine neue und zum Teil sinnliche Wahrnehmung zu entwickeln und ihre Kommunikationsstile auszubauen.

In einem Seminar habe ich mit den Teilnehmern ein interessantes Experiment durchgeführt, um ihnen zu beweisen, wie unterschiedlich sachbezogene und personenbezogene Menschen die Welt wahrnehmen. Durch Fragebögen schätzten sich die Teilnehmer zuerst ein und sollten danach beim Betreten eines Raums ihre Wahrnehmungen schildern. Im Raum saßen fünf Personen rund um einen Tisch, die ein Meeting hatten und über ein Thema diskutierten.

Die meisten Workaholics beschrieben ihre Eindrücke mit ähnlichen Worten in sachlicher Form: „Im Raum befinden sich fünf Personen, es geht um folgende Inhalte, die gemeinsam diskutiert werden ... Drei Personen formulieren zielorientiert, eine Person trägt nichts zum Gesprächsinhalt bei, der Fünfte ist prinzipiell anderer Meinung als die ersten drei."

Wie aber empfinden Beziehungsmenschen mit hoher sozialer Kompetenz die Szene?

„Beim Betreten des Raums ist bereits spürbar, dass die Chemie zwischen den handelnden Personen nicht stimmt. Eine Person, die während der gesamten Gesprächssequenz schweigt, wirkt vom Gesichtsausdruck her zutiefst frustriert und scheint Probleme zu haben, sich konstruktiv zu äußern. Im Mittelpunkt stehen drei Personen, die einen einheitlichen Standpunkt vertreten und sich auch über ihre Körpersprache ständig bestärken.

Die Person, die sich nicht einbringen will, reagiert zunehmend deprimierter, doch keiner der anderen Gesprächspartner nimmt darauf Rücksicht. Eine weitere Person wird bei bestimmten Reizwörtern, die häufig fallen, immer aggressiver. Unter dem Tisch sieht man sie bereits die Fäuste ballen und lautlos mit dem Fuß aufstampfen. Es ist klar, dass sie in die Opposition gehen wird, aber die drei anderen Gesprächspartner scheinen dies nicht wahrhaben zu wollen, bis es zu einem heftigen Wortwechsel kommt. Als Beobachter dieser Szene habe ich mich sehr unwohl gefühlt und hätte gerne die Stimmung verbessert, damit eine konstruktive Diskussion möglich wird."

Auf der Suche nach Lust und Sinnlichkeit: Wenn es um die Wahrnehmung mit allen Sinnen geht, sind die Fähigkeiten des Workaholics oft verkümmert. Es ist mir aber in vielen Fällen gelungen, bei Klienten dieses Typs durch Wahrnehmungsübungen ihre „teilweise Gefühlsarmut" zu verändern und sie zu einer lustbetonteren Lebensphilosophie zu ermutigen. Hilfreich sind auch Körperübungen, Manualtherapien wie Massagen, Osteopathie oder Meditationsübungen, die eine neue Erlebniswelt für Workaholics offenbaren. Viele lehnen diese Methoden am Anfang ab, weil sie sich nur mit „hard facts" wohl fühlen und psychologische „soft skills" ablehnen. Lassen sich Klienten aber trotz ihres inneren Widerstands auf diese Bereiche ein, spüren sie sehr rasch die entspannende Wirkung auf ihren Körper.

Auch beim Sex muss dieser Persönlichkeitstyp viel Vertrauen entwickeln, um Zärtlichkeiten zuzulassen oder auch zu geben. Sexuelle Hingabe ist oft mit der Angst verbunden, enttäuscht oder verletzt zu werden. Haben Workaholics einen verständnisvollen, warmherzigen Partner, dann beginnen sie langsam emotionell aufzutauen und Freude an Berührungen zu entwickeln. Ihre raue Schale wird dann plötzlich ganz weich ...

Lust durch Liebe und Anerkennung – Der emotionelle Beziehungsmensch

Menschen dieses Typs machen unsere Welt sympathischer. Es sind Persönlichkeiten, die enorme Fähigkeiten im Bereich der sozialen Kompetenz besitzen. Sie sind kontaktfreudig, hilfsbereit, fleißig und besitzen ein großes Harmoniebedürfnis. Sie sind am Arbeitsplatz oft die „Seele“ eines Unternehmens und Anlaufstelle für alle Betroffenen, die Unterstützung brauchen oder Menschlichkeit suchen.

Auf den ersten Blick würde sich wahrscheinlich jeder so einen Partner wünschen. Doch das verlockende Persönlichkeitsprofil wird für die Betroffenen oft zum Albtraum, wenn ihre eigene Lebensfreude auf der Strecke bleibt. Dieser Typ ist ständig auf der Suche nach Liebe und Anerkennung. Er hat gelernt, dass Lebensfreude darin besteht, anderen mehr Lebensqualität zu schenken als sich selbst. Prinzipiell ist dieser Beziehungsmensch der klassische Geber, der Lebenslust empfindet, wenn es anderen in seinem Umfeld gut geht. Doch diese einseitige Lebenslust führt für die Betroffenen meist irgendwann zum täglichen Lebensfrust. Viele entwickeln Depressionen, Magen-Darm-Beschwerden und Erschöpfungssymptome.

Ich möchte Ihnen am Fallbeispiel meiner Klientin, Barbara K. schildern, welche Kindheitsdefizite in den meisten Fällen dazu beitragen, dass Menschen sich zu diesem Typ entwickeln. Barbara K. war die Älteste von vier Geschwistern. Ihr Vater arbeitete als Verkaufsleiter in ganz Österreich und ihre Mutter versorgte im Alleingang neben einem Teilzeitjob die gesamte Familie. Barbara musste frühzeitig ihre überforderte Mutter unterstützen, indem sie sich schon mit zehn Jahren um die kleinen Geschwister kümmerte und manchmal alleine für die ganze Familie kochte. Sie lernte, dass sie Zuwendung vor allem dann bekam, wenn sie etwas für ihre Familie leistete. Dieser gespeicherte Mechanismus zog sich wie ein roter Faden durch ihr gesamtes Leben. „Ich fand mich nur liebenswert und wertvoll, wenn ich geben konnte. Aus heutiger Sicht hatte ich meine glücklichsten Momente, wenn ich Mitschüler meine Aufgaben abschreiben ließ oder die Wohnung aufräumte und das erfreute Gesicht meiner Mutter sah. Auch an meiner späteren Arbeitsstelle versuchte ich, es allen recht zu machen und mich auf die Bedürfnisse meiner Umwelt einzustellen."

Barbara wurde Krankenschwester und konnte ihre hohen Fähigkeiten im Bereich der sozialen Kompetenz optimal einsetzen. Sie war beliebt durch ihre Fürsorglichkeit bei ihren Patienten, hatte oft mehr Nachtdienste als ihre Kolleginnen und nahm lange nicht wahr, dass sie sowohl von Patienten als auch Kollegen aufgrund ihre Gutmütigkeit ausgenutzt wurde.

Am Arbeitsplatz lernte sie auch ihren Mann kennen. Er war Oberarzt an derselben Station, in der Barbara K. arbeitete. Bei den Kollegen galt er als Workaholic, distanziert und kühl im Umgang mit Menschen, aber konfliktbereit, wenn es darum ging, seine Ziele und Meinungen durchzusetzen. Barbara K. beeindruckten das Auftreten und die Kompetenz dieses Arztes enorm – so ein Selbstbewusstsein hatte sie sich immer gewünscht.

Auch der Arzt war von ihr beeindruckt, weil er ihre tiefe Gefühlswelt spürte und eine Hingabebereitschaft, die er an sich nicht kannte. Die beiden wurden relativ schnell ein Paar und da Barbara in kurzen Abständen drei Kinder bekam, arbeitete sie nicht mehr weiter im Spital, sondern kümmerte sich um ihre Familie und ihren an Krebs erkrankten Schwiegervater.

Barbara träumte von einer harmonischen Familie und versuchte alles, um ihrem Mann die wenigen Stunden, die er zu Hause verbrachte, so angenehm wie möglich zu gestalten. Doch je mehr sie sich bemühte, ihn emotionell zu öffnen, umso mehr schien sich ihr Mann in seine Arbeit zu flüchten. Auch in ihrem Erziehungsstil wollte sie es ihren Kindern immer recht machen. Da sie zu Hause war, verwöhnte sie sie rund um die Uhr und kam nicht auf die Idee, den bereits Jugendlichen zu ihrer Unterstützung kleinere Haushaltsaufgaben zu übertragen. Mit der Zeit fühlte sie sich innerlich immer leerer. Sie entwickelte Depressionen und schluckte heimlich Medikamente, bis sie zu mir in die Praxis kam.

Menschen dieses Typs blicken immer auf eine ähnliche Lebensgeschichte wie Barbara K. zurück. Sie ist gekennzeichnet durch die Unfähigkeit, Nein zu sagen, durch ein schlechtes Selbstbewusstsein, Schwierigkeiten, persönliche Wünsche zu äußern, und die Angst, dass Konflikte die Harmonie zerstören könnten. Viele hoffen, dass ihre Lebenspartner oder auch Kollegen am Arbeitsplatz ihnen durch Lob und Anerkennung die Lebensfreude zurückgeben, die sie sich wünschen. Doch diese Sehnsucht wird nicht erfüllt. Ich kenne kaum Personen dieses Typs, die nicht ausgenützt werden, wenn sie nicht rechtzeitig gegensteuern. Leider suchen diese Menschen oft zu spät professionelle Hilfe und Unterstützung auf. Sie glauben lange, ihre Lebenssituation ertragen zu müssen und wollen nicht wahrhaben, dass ihre Lebensfreude nur aus Verpflichtungen für andere besteht.

Techniken, um sich selbst nicht zu vernachlässigen

Stärkung des Selbstwertgefühls: Der Schlüssel zur Selbstheilung liegt bei diesen Menschen in der Stärkung ihres Selbstbewusstseins und der Aufwertung ihrer eigenen Persönlichkeit. Beziehungsmenschen schaffen Höchstleistungen für andere und sehen ihre Handlungen als selbstverständlich an. Sie müssen wieder lernen, stolz auf sich selbst zu sein. Zum gesunden Selbstbewusstsein gehört aber auch die gesunde Körperwahrnehmung. Wann bin ich überfordert? Was brauche ich, um mich wohlzufühlen? Was tut mir gut?

Ja zum gesunden Egoismus: „Das Nein, das ich sagen will, ist hundertmal gedacht, still formuliert, es brennt mir im Magen und verlässt als freundliches Ja meinen Mund.“ Erinnert Sie dieses Zitat von Peter Turrini an viele Situationen, in denen es Ihnen ähnlich ergangen ist? Grenzensetzen und der Mut zum klaren Nein sind für die Stärkung eines gesunden Egoismus die wichtigsten Voraussetzungen. Ihr Egoismus ist nicht moralisch verwerflich, sondern eine hilfreiche Überlebensstrategie, damit Sie mit ihren eigenen Kräften besser haushalten können.

Delegieren lernen und Prioritäten setzen: Gerade am Arbeitsplatz sind diese Menschen ständige Anlaufstelle für andere, die dringend etwas brauchen. Gelingt es den Beziehungsmenschen, ihr Selbstbewusstsein zu stärken, können sie durch ein klares Nein ihre eigenen Prioritäten und Aufgaben besser umsetzen. Manchmal ist dieser Veränderungsprozess kurzfristig mit Anspannungen und verschlechterten Sozialbeziehungen verbunden. Wenn die innere Erwartung „Ich muss mich für alles verantwortlich fühlen“ in ein „Auch die anderen müssen ihren Beitrag leisten“ verändert wird, ist auch das Delegieren und Abgeben von Verantwortung leichter.

Konfliktmanagement als Chance zu mehr Harmonie: Menschen dieses Typs empfinden jeden Streit und jede Anspannung im Beziehungsbereich als enorme Bedrohung und Belastung. Durch ihre Lebensgeschichte haben sie gelernt, Konflikte lieber nicht anzusprechen, zu verdrängen und darauf zu hoffen, dass sich die Situation von selber entspannt. Zurück bleibt aber eine trügerische Harmonie, die bei den meisten Unbehagen und Frustration auslöst.

Werden Konflikte über viele Jahre unterdrückt, machen sie Menschen körperlich und psychisch krank. Es ist wesentlich besser, Konflikte rasch anzusprechen und nach Lösungen zu suchen, um die innere Verspannung aufzulösen.

Freiräume schaffen zur Steigerung der Lebensqualität: Beziehungsmenschen brauchen Auszeiten für sich selbst. Schenken Sie sich daher Freiheit im Sinne von Freizeit. Mehr Lebensqualität erlangt man durch ein Umdenken in Richtung: „Jetzt bin ich wichtig. Meine Gesundheit, meine Lebensfreude, meine Lebenslust – das alles zählt!"

Stolz erzählte mir einer meiner Klienten nach einem psychologischen Gespräch: „Da ich immer einen extrem ausgefüllten Terminkalender hatte, habe ich jetzt täglich eine halbe Stunde für ein Gespräch mit Herrn Mayer eingetragen. Diese Zeit ist für mich die wichtigste meines Tages geworden. Egal was passiert, ich vernachlässige oder verschiebe die Verabredung mit Herrn Mayer nicht. Herr Mayer bin ich übrigens selber. Diese halbe Stunde ist meine Auszeit, um Pause zu machen oder kurz zu relaxen. Nach dem Termin mit Herrn Mayer habe ich neue Energien, um meine Arbeit konzentriert fortzusetzen." Lebensqualität steigern heißt für Beziehungsmenschen, die richtige Balance zwischen Anspannung und Entspannung zu finden. Die gewählte Auszeit soll individuell auf die eigenen Bedürfnisse abgestimmt werden und kann vom Nichtstun bis zum Spitzensport reichen. Sie dient ihrer Entspannung und ist ein Stück Lebensqualität, die Sie sich schenken.

Lust durch Macht und Ordnung – Der traditionelle Perfektionist

In vielen Unternehmen sind Perfektionisten hoch angesehen und häufig auch in Führungspositionen anzutreffen. Sie sind pflichtbewusste Menschen, die sich mit aller Intensität für ihre Arbeit einsetzen und sich stark mit Firmenwerten und Traditionen identifizieren. Dieser Typ braucht im Unternehmen keine Kontrolle, weil er eine hohe Selbstdisziplin besitzt und aus Angst vor Fehlern überkorrekt und genau ist. Ähnlich wie beim Workaholic ist Arbeit für diese Menschen ein zentraler Lebensmittelpunkt, wobei sie im Unterschied zum Workaholic nicht ihre persönlichen Ziele, sondern den Unternehmenserfolg in den Mittelpunkt ihres Interesses stellen.

In ihrem Privatleben sind sie korrekte und verlässliche Partner, solange ihre familiären Traditionen und Wertvorstellungen von allen Familienmitgliedern eingehalten werden. Viele leben nach dem persönlichen Motto: „Erst die Arbeit, dann das Vergnügen“, wobei sie durch ihr ausgeprägtes Pflichtbewusstsein selten zum Vergnügen kommen. Lebensfreude empfinden diese Menschen nicht im Entspannen und in ihren Freizeitaktivitäten, sondern dadurch, dass sie und ihr Umfeld optimal funktionieren. Personen dieses Typs sind oft nicht nur ordentlich oder pedantisch, sondern auch zwanghaft.

Ich erinnere mich an einen meiner Klienten, der mir auf meine Frage „Welche Tätigkeit motiviert Sie am Arbeitsplatz am meisten? Wann spüren Sie Lebensfreude in Ihrem Beruf?“ folgende Episode erzählte: „Für mich ist der Abend, wenn ich als Letzter mein Büro verlasse, der schönste Moment. Dann räume ich in Ruhe meinen Schreibtisch zusammen, egal wie lange es dauert. Das befriedigende Gefühl der Ordnung schafft mir in diesem Moment mehr Lebensfreude als ein erfolgreicher Kundenabschluss während des Tages.“

Auch der Umgang mit Macht wird von diesem Persönlichkeitstyp als lustvoll erlebt. Macht haben und ausüben durch Status, Position und Autorität wird dabei oft angestrebt. Es ist kein Zufall, dass viele Beamte, Politiker und Geistliche diesem Typ entsprechen. Warum? Lassen Sie mich dazu ein Beispiel bringen: Eine ältere Frau kommt in ein Postamt und läuft zum Schalter mit den Worten „Entschuldigen Sie, ich weiß, dass es eine Minute nach 18 Uhr ist, aber ich habe ein großes Problem. Können Sie bitte diesen Brief noch annehmen?" Worauf der Schalterbeamte mit einem Achselzucken gelangweilt auf seine Uhr schaut und bereits im Wegdrehen folgende Erklärung abgibt: „Tut mir leid, ich habe Dienstschluss und keine Zeit mehr. Kommen Sie morgen, aber dann rechtzeitig!"

Warum ich Ihnen diese Geschichte erzählt habe? Sie ist typisch für ein verbindendes Element, das alle drei Berufsgruppen gemeinsam haben, nämlich einen moralischen Machtanspruch auf Grund von geregelten Systemen oder Institutionen. Die Macht, sich moralisch im Recht zu fühlen, weil man sich nur an Regeln des vorgegebenen Systems hält, gibt ein Gefühl der Befriedigung. Menschliches Einfühlungsvermögen, aber vor allem Flexibilität in der eigenen Einstellung und im Verhalten, sind besonders den extremen Vertretern dieses Persönlichkeitstyps fremd. Macht wird für sie zum Aphrodisiakum, das sie brauchen, um ihr eigenes Selbstbewusstsein in Szene zu setzen sowie um durch dominante Handlungen Lust zu verspüren.

Besonders in traditionell geführten Familienunternehmen findet sich dieser Persönlichkeitstyp häufig. In diesem Zusammenhang erinnere ich mich an den 80-jährigen Seniorchef und Familienpatriarchen eines traditionellen österreichischen Mittelbetriebs, den er seinem Sohn übergeben hatte. Er erschien dennoch täglich um sieben Uhr in der Früh im Unternehmen, um die Mitarbeiter dahingehend zu kontrollieren, ob sie seine Anweisungen befolgt haben.

Der mittlerweile bereits 55-jährige „Juniorchef" wandte sich in seiner Verzweiflung an mich und bat um eine Mediation, weil sein resoluter Vater die Mitarbeiter und ihn selbst zur Verzweiflung brachte, da er sich nicht aus dem Unternehmen zurückziehen wollte. Ein Teil der Belegschaft verweigerte seine Anordnungen aus Loyalität zu ihrem tatsächlichen Chef, während vor allem die älteren Mitarbeiter respektvoll anerkannten, dass der Senior das Unternehmen erfolgreich aufgebaut hatte und sie seinen Wünschen daher nicht widersprechen wollten.

Eine zusätzliche Mitarbeiterbefragung, deren Ergebnis katastrophal war, zeigte, wie irritiert viele Mitarbeiter durch die unklaren Führungsverhältnisse waren, weil sie sich als „Diener zweier Herren" fühlten. Als der Senior mit den Ergebnissen der Befragung konfrontiert wurde, war er sichtlich betroffen, da er seine Unternehmenserfolge durch die Demotivation der Mitarbeiter und das schlechte Betriebsklima gefährdet sah.

In der anschließenden Mediation zwischen Junior und Senior wurde als Ergebnis festgehalten, dass der Senior sich komplett zurückziehen wird und seinem Sohn die alleinige Führung und Verantwortung überlässt.

Warum aber konnte dieser Mann selbst mit 80 Jahren nicht loslassen und seine Macht abgeben? Gehen Sie mit mir für kurze Momente in die Kindheit dieses Mannes zurück. In Einzelgesprächen erzählte er mir, dass er streng erzogen wurde und für beide Eltern ein pedantisch aufgeräumter Haushalt absolut wichtig war. Er lernte früh, dass es ihm am besten ging, wenn er sich an vorgegebene Regeln hielt, weil er bei kleinsten Abweichungen von diesen mit Strafen rechnen musste. So erkannte er sehr rasch, dass es nicht gut war, Grenzen zu übertreten und er entwickelte mit zunehmendem Alter auch eine Angst vor Veränderungen. Am wohlsten fühlte er sich in einem System, das ihm Sicherheit gab und diese charakterliche Prägung seiner Kindheit lebte er auch als Erwachsener aus, indem Werte wie Stabilität, Sicherheit, Tradition und Einhaltung von Regeln zu einem fixen Fundament seiner Einstellung wurden. Bis zuletzt hatte er Angst, dass sein Sohn die von ihm aufgebaute Ordnung und Tradition verändern oder zerstören könnte. Das Loslassen war für ihn Schwerarbeit.

Wege für Perfektionisten, um mehr Lebensfreude in ihren Alltag einzubauen

„Vergnügt arbeiten" als Lebensmotto: Normalerweise sind Persönlichkeiten dieses Typs auf Sätze wie „Erst die Arbeit, dann das Vergnügen" programmiert, das heißt sie trennen innerlich streng zwischen Pflichtbewusstsein mit den daraus resultierenden Tätigkeiten und ihrem Freizeitverhalten, das allerdings oft sehr mager ausfällt. Viele kommen gar nicht auf die Idee, Vergnügen in ihrer Arbeit zu suchen und die Freude an der Tätigkeit selber über den perfektionistischen Ablauf ihrer Handlungen zu setzen. Vergnügtes Arbeiten ist aber nur dann möglich, wenn Sie Ihr Arbeitspensum so organisieren, dass Sie zwischendurch Zeit für Pausen und zur Reflexion Ihrer Tätigkeit haben.

Dieser Persönlichkeitstyp braucht Impulse, um Spaß, Fröhlichkeit und Lebensfreude in seinen Alltag zu integrieren. Ihm fehlt in seiner Ernsthaftigkeit eine gewisse „Leichtigkeit des Seins".

Mut zur Veränderung: Menschen, die ein hohes Maß an Lebenslust aufweisen, motivieren sich in ihrem routinierten Alltag, indem sie immer wieder Überraschungen einbauen, ihre Tagesabläufe variieren und sich über Spontanes und Unvorhergesehenes freuen. Alltagsroutine ohne innere und äußere Abwechslung führt definitiv nicht zu einem gesteigerten lustvollen Leben.

Eine 55-jährige Frau hatte nach unseren Gesprächen

eines Tages am Heimweg von der Arbeit folgendes Aha-Erlebnis, das ihre Einstellung zum Leben veränderte: „Wenn ich etwas wirklich gut konnte, dann war das perfekt arbeiten. Ich hatte nicht einmal Zeit, darüber nachzudenken, was mir Vergnügen bereiten könnte. Mein Lebensinhalt bestand hauptsächlich darin, zu funktionieren, und das möglichst fehlerlos und korrekt.

Nach unserem letzten Gespräch gönnte ich mir erstmalig die Freiheit, am Heimweg von der Arbeit durch den Park zu schlendern und gemütlich ein Eis zu essen. Ich beobachtete die lachenden Kinder am Spielplatz und freute mich selber wie ein kleines Kind, dass ich nicht sofort nach Hause gerannt war. Während ich auf der Parkbank saß, hatte ich plötzlich den Eindruck, mich freiwillig für viele Jahre in eine Gefängniszelle gesperrt zu haben. Den Schlüssel verlegte ich einfach, um nicht auf die Idee zu kommen, frische Luft zu tanken. Jetzt hat sich die Zellentür aber geöffnet und ich kann selbst bestimmen, wie viel Freiheit ich mir gönnen will. Dieses Gefühl ist herrlich und versetzt mich in Euphorie."

Kreativität ausleben: In meinen Seminaren baue ich viele psychologische Spiele ein, die Raum für kreative Lösungen lassen. Über Fragebögen analysiere ich gemeinsam mit den Teilnehmern, wer welchem Persönlichkeitstyp entspricht und lasse manchmal eine Gruppe von Perfektionisten und eine Gruppe von kreativen Persönlichkeiten eine Wettkampfübung durchführen. In den meisten Fällen gewinnen die Kreativen, weil sie flexibler denken, ungewöhnliche Lösungen zulassen und nicht den hohen Anspruch der Perfektion an sich selber stellen. Besonders spannend ist für mich aber die Diskussion danach, denn viele Perfektionisten sind wahrlich darüber erstaunt, welche ungewöhnlichen Möglichkeiten zur Zielerreichung effektiv sind.

Will der auf Sicherheit bedachte Persönlichkeitstyp Veränderung zulassen, muss er eine Phase akzeptieren, die für ihn mit vielen Zweifeln verbunden ist – nämlich das ständige Hinterfragen: „Ist meine Lösung wirklich die richtige oder gibt es noch andere Varianten?" Personen dieses Typs zerstören oft ihre kreativen Gedanken durch Selbstzweifel bereits im Ansatz. Das spielerische Zulassen von Alternativen ist der beste Lernprozess, um eingefahrene Muster zu verändern.

Motivationskiller vermeiden – Sozialbeziehungen verbessern: Im Umfeld eines Perfektionisten entsteht oft ein angespanntes Klima. Der eigene Leistungs- und Erwartungsdruck wird auch auf die Umwelt übertragen, die zum Teil diese Ansprüche nicht erfüllen kann. Perfektionisten senden viele Motivationskiller und Sätze wie „Sie sind nicht da, um Vorschläge zu bringen, sondern um zu arbeiten."

Gelingt es diesem Persönlichkeitstyp durch kritische Selbstanalyse, sich bei Motivationskillern zu ertappen und diese zu reduzieren, verbessern sich die Kommunikation und das menschliche Klima zwischen allen Beteiligten.

Motivationskiller zerstören die eigene Lebensfreude und die aller Beteiligten. Sie blockieren und vernichten lebendige Prozesse.

Lebensfreude durch tägliche Entspannung: Da viele Perfektionisten innerlich und äußerlich in einem ständigen Spannungsfeld leben, brauchen sie, um eine innere balancierte Lebensmitte zu finden, die körperliche und psychische Entspannung. Durch meine Arbeit mit Biofeedback, einer Methode zur Stressbestimmung und dem Erlernen von Entspannungstechniken, habe ich bei vielen Klienten einen Zusammenhang bei diesem Persönlichkeitstyp zwischen seinem inneren Erwartungsdruck und einem so genannten „nervösen Erregungsmuster", das über den mentalen Stresswert des Klienten im Hautleitwert sichtbar wird, entdeckt.

Dieser Persönlichkeitstyp kann nicht relaxen, weil er prinzipiell Entspannung als Zeitverschwendung ansieht und sich ständig überlegt, welche Tätigkeiten er noch zu erledigen hat. Meine Klienten bestätigten mir in vielen Gesprächen, dass es selten Momente gab, in denen sie pure Lust zur „Zeitverschwendung“ spürten und entspannt innerlich abschalten konnten. Wiederholtes Training von Entspannungsübungen half aber, ihr nervöses Erregungsmuster abzubauen und ihnen Mut zur Lebensfreude zu machen.

Genuss als Lustprinzip – Der oberflächliche Lebenskünstler

Sie sind die wahren Lebenskünstler und grandios im Umsetzen ihrer Lebenslust, nicht nur im Privatbereich, sondern auch in ihrem beruflichen Umfeld. Im Unternehmen erkenne ich sie sofort. Menschen dieses Typs sind gut gelaunt, selten unter Zeitdruck und besitzen eine hohe Selbst- und Fremdmotivation. Ihre Begeisterungsfähigkeit ist echt, wenn auch oberflächlich. Führungskräfte dieses Typs pflegen einen visionären Führungsstil und besitzen häufig eine charismatische Ausstrahlung.

Auch im Privatleben versprühen Menschen dieses Typs Lebensfreude pur. Sie lieben die Abwechslung, das Abenteuer und die Herausforderung. Krisen- und stressresistent sind sie allerdings nicht. Als perfekte Lebenskünstler verändern sie ihre Situation sofort, wenn ihr Wohlfühlfaktor durch Konflikte, Stressoren oder belastende Rahmenbedingungen eingeengt wird. Dieselbe Einstellung haben sie auch in ihrem Privatbereich. Bevor sie sich Konflikten in einer Partnerschaft stellen, wechseln sie den Partner, da sie besonders anfällig für den Zustand des Verliebtseins und den damit verbundenen Lustempfindungen sind.

Auch in ihren Hobbys und sportlichen Tätigkeiten agieren sie gerne extrem und gehen an ihre körperlichen Grenzen, um Nervenkitzel oder einen Kick zu spüren.

Stabilität in ihrer Lebensführung ist für sie nur möglich, wenn der Zustand mit wechselnden Herausforderungen kombiniert ist. Langeweile und Routine machen sie psychisch krank.

Will ein Unternehmer einen Lebenskünstler loswerden, ist das relativ einfach. Drei Kriterien führen mit Sicherheit dazu, dass er kündigt und sich eine lustvollere Beschäftigung sucht: Sie schütten ihn mit Routinetätigkeiten zu, Sie stellen strenge Vorgaben und Regeln auf und kontrollieren ihn häufig und Sie isolieren ihn alleine in einem Raum, denn er braucht, um zur Höchstform auflaufen zu können, Gesellschaft und Publikum. Menschen dieses Typs sind auch Meister der Selbstdarstellung, die zum Teil in narzisstischem Verhalten ausgelebt wird. Sie wollen gerne im Mittelpunkt sein und versuchen durch Kleidung, exzessive Körpersprache und verbales Imponiergehabe aufzufallen.

Wo aber liegen ihre Defizite? Vordergründig könnte man ja glauben, dass dieser Menschentyp mit seinem enormen Drang zur Lebensfreude überall erwünscht und beliebt ist. Tragischerweise haben viele Menschen im Umfeld dieses chaotischen Lebenskünstlers Stress durch seine oberflächliche Charakterstruktur. Er verspricht lächelnd viel, setzt aber wenig davon um. Er hält wichtige Termine und Verabredungen nicht pünktlich ein. Sein Zeitmanagement ist katastrophal, seine Fehlerquote hoch, weil er chaotisch und unstrukturiert agiert und Kollegen oder Familienmitglieder oft in letzter Sekunde seine Arbeit übernehmen müssen.

Klaus F. kam in die Arbeitsgemeinschaft für Präventivpsychologie, um sich beraten zu lassen, da er einen neuen Job annehmen wollte. Schon die Art, wie er mein Büro betrat, war typisch für Menschen mit dieser Persönlichkeit. Er trat nicht einfach ein, er erschien. Charmant und lebendig schilderte er in übertriebener Weise seine bisherige Erfolgskarriere.

Er war ein Einzelkind, seine Eltern hatten sich, als er sechs Jahre alt war, scheiden lassen. Auf die Frage, ob ihm die Scheidung etwas ausgemacht hatte, schilderte er mir seine Erinnerung mit folgenden Worten: „Überhaupt nicht. Im Gegenteil, ich wurde danach von allen Seiten verwöhnt wie ein bunter Hund und ich lernte schnell, wie ich mich verhalten muss, damit ich bei meinen wechselnden Bezugspersonen das Optimale für mich herausholen kann.

Meine Großmutter, von der ich zeitweise betreut wurde, hatte immer Angst, dass ich einen Schaden durch die Trennung abbekommen könnte, und so ließ sie mir alles durchgehen. Auch mein Vater, mit dem ich alle 14 Tage die Wochenenden verbrachte, ging sehr locker mit mir um. Er ließ mir viel Freiraum und Zeit, um Sport und Freizeitaktivitäten auszuüben. Bei meiner Mutter war die Situation schwieriger, denn sie hatte ziemlich viel Stress als berufstätige Alleinerzieherin, doch auch hier lernte ich Strategien, wie ich mit ihr umgehen musste."

Entwicklungspsychologische Studien haben gezeigt, dass Kinder mit wechselnden Bezugspersonen, die unterschiedliche Erziehungsstile anwenden, schneller lernen, sich wie ein Chamäleon auf neue Bedingungen einzustellen und eine enorme Flexibilität zu ihrer eigenen Bedürfnisbefriedigung zu entwickeln.

Wie aber gestaltete sich das weitere Leben von Klaus F.? Der selbstbewusste junge Mann machte innerhalb von wenigen Jahren eine steile Karriere in mehreren Werbeagenturen. Als Kreativdirektor war er nicht nur auf Grund seiner eigenwilligen Werbeslogans bekannt, sondern auch durch seine gesellige Umgangsform mit Kunden, die er leicht abwerben konnte.

Er hatte allerdings enorme Schwachstellen in seinem Umgang mit Finanzen und Planungen. Als ich ihn fragte, wie ich ihm helfen könne, wurde er für Momente nachdenklicher. „Ich werde in einem Monat meinen Traumjob im Ausland antreten, und seitdem ich meine Unterschrift unter den Vertrag gesetzt habe, schlafe ich schlecht, weil ich zum ersten Mal unsicher bin, ob mir nicht doch Eigenschaften fehlen, die meine Persönlichkeit stärken könnten. Meine Selbstzweifel gehen plötzlich so weit, dass ich glaube, nahe einer Midlife-Crisis zu sein. Ich stelle mir Fragen wie: Wer bin ich wirklich? Wo sind meine Wurzeln? – und ich habe Angst, dass meine enorme Lebenslust plötzlich kippen könnte."

Seine Ängste waren nicht unbegründet, denn viele dieser Lebenskünstler fallen irgendwann in eine Identitäts- und Sinnkrise und spüren eine innere Leere, weil sie intensive zwischenmenschliche Beziehungen, aber auch spirituelle Erfahrungen vernachlässigt haben. Ihre spielerische Leichtigkeit, durchs Leben zu schweben, wird dann zur Belastung, wenn sie den Boden unter ihren Füßen nicht mehr spüren und viele verletzte Menschen zurücklassen …

Techniken zu mehr Selbstdisziplin: Damit Ordnung Spaß macht

Richtiges Zeit-Management: Menschen dieses Typs besitzen eines im Überfluss: Lebensfreude pur. Sie gestalten ihren Tagesablauf in entspannter Leichtigkeit. Sie sind Genussmenschen ohne Tiefgang und kommen trotz ihrer guten intellektuellen Qualitäten nicht zu ihren gewünschten Zielen und Erfolgen, weil ihnen Disziplin und Ordnung in der Umsetzung ihrer Tagesprogramme fehlen.

Ist dieser lebensfrohe Genießer bereit, durch Zeit-Management-Techniken die richtige Balance zwischen Verpflichtungen und Momenten der Lebensfreude zu finden, entdeckt er, dass er wesentlich erfolgreicher im Beruf agieren kann und auch die Einhaltung gewisser partnerschaftlicher Spielregeln mehr Harmonie für die Beziehung bringt.

Weniger ist wesentlich mehr: Lustmenschen dieses Typs wollen am liebsten alles ausprobieren und sind prädestiniert dafür, viele Dinge gleichzeitig zu tun. Das Verhalten von Wolfgang G. war typisch dafür. In seiner Freizeit las er am liebsten mehrere Bücher gleichzeitig – mit dem Ergebnis, dass er manchmal keines beendete. Gab es eine neue Sportart, die ihn faszinierte, war er einer der Ersten, der sich in den Kurs einschrieb. Nicht immer hatte er aber die Disziplin, den Kurs auch bis zum Ende durchzustehen, weil ihn in der Zwischenzeit schon wieder neue Hobbys oder Interessen begeisterten.

Ergebnis dieses unruhigen Freizeitverhaltens ist die Tatsache, dass diese Menschen alles beginnen, nichts wirklich können und irgendwann je nach Veranlagung früher oder später frustriert werden, weil sie zu keinem positiven Abschluss kommen. Prioritäten zu setzen ist für diesen Typ ein wichtiges Erfolgskriterium. Lernt er, sich auf eine Sache konsequent zu konzentrieren und diese auch lustvoll abzuschließen, wird dieses Erfolgserlebnis auch eine tiefere Form der Freude in ihm auslösen.

Konflikte nicht verdrängen – Konflikte lösen: Die meisten Genussmenschen hassen Konflikte, weil sie ihre lustbetonte Wahrnehmung negativ beeinflussen. Sie sind die typischen Verdränger und Flüchter. Werden sie in einem Gespräch mit Kritik konfrontiert, schaffen sie es mit rhetorischer Meisterleistung, die Anschuldigungen zu verniedlichen, Kritik mit einem Scherz zu entkräften oder von einem Thema auf ein anderes abzuschweifen.

In einem Team wird das Arbeiten mit diesem Persönlichkeitstyp oft schwierig und führt dazu, dass er in viele Prozesse nicht einbezogen wird und seine Kollegen Probleme hinter seinem Rücken regeln. Erkennt der Lebenskünstler, dass die rasche Lösung des Konflikts Entspannung und Wohlbehagen auslösen kann, ist er oftmals bereit, Lösungsmodelle anzuwenden, um auf lange Sicht seine Lebenslust nicht zu gefährden. Personen, die mit diesem Typ einen Konflikt austragen, sollten ihm auch die Freiheit geben, unorthodoxe Lösungsansätze einzubringen.

Genuss statt Sucht: Bei lustvollen Genießern ist die Gefahr groß, Süchte zu entwickeln, wenn sie zu wenig Disziplin und Selbstkontrolle haben. Lebenskünstler sind häufig Grenzgänger, die immer ausprobieren wollen und Lust durch die Steigerung ihres Genusses oder Verhaltens empfinden. Sie sind gerne „high". Dieser Persönlichkeitstyp sollte präventiv überprüfen, in welchem Bereich er eine Veranlagung haben könnte, Suchtverhalten zu entwickeln, um dann kontrolliert gegenzusteuern.

Beschäftigung mit dem eigenen Ich: Menschen dieses Typs wirken in der Öffentlichkeit immer auffällig und spektakulär, weil sie Publikum brauchen und mit Charme durch die Welt gehen. Viele vermeiden aber lebenslang eine Auseinandersetzung mit den Tiefen ihrer eigenen Persönlichkeit, da sie Sinnfindung und spirituelle Entdeckungsreisen in ihre Psyche für überflüssig halten. Zur Vermeidung von späteren Sinnkrisen ist die Selbstreflexion jedoch ein optimaler Weg zu lustvollem Tiefgang.

Erkenntnisse, um ein lustvolles Leben zu führen: Natürlich gibt es sie: Menschen, die einem bestimmten Persönlichkeitstyp entsprechen. Ihr Nachteil liegt aber in einem einseitigen Lustgewinn, weil sie entweder nur Befriedigung und Freude durch ihre Arbeit oder ihre lustvollen Beziehungen anstreben.

Das Erfolgsgeheimnis liegt in der richtigen Balance zwischen den Polen „Lustvoll arbeiten und lustvoll leben (lieben)". Gelingt es Ihnen, die Qualitäten der ersten beiden Lusttypen in sinnvoller Weise zu kombinieren, erweitert sich Ihr Verhaltensspektrum enorm. Ihre positiven Stimmungen tragen Sie durch die Welt, weil Sie mit Begeisterung Ihre Ziele erreichen, aber auch Kraft aus Ihren befriedigenden Sozialbeziehungen schöpfen.

Ausgewogene Menschen haben aber auch gelernt, Selbstmanagementtechniken zu entwickeln, um ihre Arbeit gewissenhaft und effektiv zu gestalten und dennoch ihre persönlichen Interessen und Genussmomente nicht zu vernachlässigen.

Sie haben Freude an der Qualität ihrer Tätigkeiten, ob beruflich oder privat, da sie die Stärken des dritten und vierten Lusttyps in ausgewogener Balance besitzen.

Einseitiger Lustgewinn führt selten zu einer harmonischen Lebensführung. Wird ein Workaholic krank oder arbeitslos, kippt meist seine gesamte Selbstmotivation, da er seine Lustgefühle hauptsächlich durch die Arbeit befriedigt hat. Er wird lange leiden, bis er lernt, durch Beziehungen oder Freizeitaktivitäten positive Erfahrungen zu machen.

Es gibt viele Wege zu einer erfüllenden Lebensführung, doch die Entwicklung der eigenen Persönlichkeit ist der Schlüssel, um den sich alles dreht. Er sperrt neue Lebensräume auf und öffnet die Herzen der Menschen. Er ist ihr Türöffner zum Leben mit allen Facetten!

LUSTVOLL LEBEN

„Die wahre Lebenskunst besteht darin,
im Alltäglichen das Wunderbare zu
sehen."
(Pearl S. Buck)

Menschen mit einem breiten Verhaltensrepertoire können sich auf verschiedene Bereiche gut einstellen und spüren Freude an der Arbeit, aber auch in ihren menschlichen Beziehungen. Der Wunsch nach einem lustvollen Leben ist ein Urbedürfnis und steckt in uns allen. Philosophen, Dichter und Psychologen beschäftigen sich seit Jahrhunderten mit dem Thema der Lebensfreude von Menschen. Es ist so unerschöpflich wie die Menschheit selbst und doch gibt es „Gesetzmäßigkeiten", die Menschen mit hoher Lebensfreude wie ein inneres Programm in sich tragen.

Welche Lebensphilosophie haben Menschen entwickelt, die mit Freude durchs Leben gehen und denen es gelingt, viele kleine Momente des Glücks tagtäglich zu finden?

Als ich begonnen habe, mich mit diesem Buch zu beschäftigen, bin ich davon ausgegangen, dass jeder Mensch, den ich dazu befrage, eine ganz unterschiedliche Vorstellung von Lebensfreude haben wird. Bei meinen Recherchen mit vielen Frauen und Männern in unterschiedlichen Lebenssituationen, Berufen und Altersgruppen war es für mich wirklich spannend, zu erkennen, dass die Begriffe Lebensfreude und Lebenslust von den meisten Menschen sehr ähnlich definiert werden.

Fallbeispiele zum Thema „Lebensfreude und Glücksmomente"

In diesem Kapitel habe ich für Sie viele Fallbeispiele von kurzen Glücksmomenten gesammelt, die Menschen ein Gefühl von Lebensfreude vermitteln. In jeder dieser kurzen Episoden ist eine kleine Lebensweisheit zum Thema „Lustvoll leben“ verpackt. Setzen Sie sich beim Lesen dieser Zeilen entspannt an einen ruhigen Ort und überlegen auch Sie in Gedanken, welche Chance Ihr Alltag bietet, viele kleine lustvolle Momente zu spüren, zu genießen, aber auch zu schenken

Ulrike, eine 24-jährige Studentin, war eine sehr schüchterne Person. Durch ihre Lebensgeschichte hatte sie gelernt, keine Ansprüche zu stellen und in Gesellschaft sehr zurückhaltend zu agieren. Ihr Selbstbewusstsein war kaum vorhanden , obwohl sie während ihres Studiums alle Prüfungen in kürzester Zeit geschafft hatte. Seit ihrer Pubertät hatte sie Schwierigkeiten mit dem anderen Geschlecht, weil sie sich nicht sehr attraktiv fühlte und selbst unter Gleichaltrigen nie wusste, was sie reden sollte.

Eines Tages saß sie in ihrem Stammkaffee neben der Uni. Sie suchte sich wie immer einen Platz in der hintersten Ecke aus, wo sie ungestört in ihren Skripten blätterte und von den wenigsten wahrgenommen wurde. Als sie für Momente von ihren Unterlagen hoch schaute, begegnete sie dem Blick eines jungen Mannes, der zwei Tische von ihr entfernt saß und sie anlächelte. Im ersten Moment war sie fast erschrocken und drehte sich verschreckt um, weil sie schauen wollte, ob sein Lächeln vielleicht einer anderen Person galt. Als sie sich vergewissert hatte, dass niemand anderer infrage kommen konnte, versuchte sie in ihrer Schüchternheit, weiter im Skriptum zu lesen und wagte es nicht mehr, aufzuschauen. Da sie nur wenig Zeit hatte, zahlte sie rasch und wollte möglichst ohne Blickkontakt an dem jungen Mann vorbeigehen. Als sie für Momente jedoch den Blick in seine Richtung lenkte, lächelte er wieder und sagte nichts anderes als „Ich wünsch dir einen schönen Tag.“ Ulrike verließ das Kaffeehaus und spürte eine plötzliche Veränderung in ihrer Körperhaltung. Sie lächelte vor sich hin, als sie an den sympathischen jungen Mann dachte, und spürte für Momente eine Fröhlichkeit, die sie schon lange nicht mehr empfunden hatte.

Lächeln kann Berge versetzen und einem anderen Menschen ein Gefühl der Lebensfreude schenken.

Kurt arbeitete seit zehn Jahren in einem Unternehmen, das er von Anfang an mit aufgebaut hatte. Er liebte seinen Beruf und hatte viele Jahre kein Problem, die Arbeit in seinen Lebensmittelpunkt zu stellen. Obwohl er in seiner Jugend sehr sportlich war, hatte er in den letzten Jahren auf alle Hobbys verzichtet und auch sein Sozialleben vernachlässigt. Im letzten Jahr wurde er immer lustloser, erschöpfter und angespannter. Ein jüngerer Kollege, den er eingeschult hatte, sprach ihn eines Tages direkt an und fragte, ob er nicht Lust hätte, mit ihm und seinen Freunden eine Wanderung auf den Schneeberg zu machen. Obwohl Kurt zuerst Nein sagte und sich auf seine mangelnde Kondition ausredete, ließ der junge Mann nicht locker. So verabredete er sich mit der Gruppe für einen der nächsten Sonntage, um gemeinsam zu wandern.

Während der Hinfahrt ärgerte er sich fast über die Zusage. Und auch in den ersten beiden Stunden ihrer Wanderung fühlte er sich müde und hatte ständig ein schlechtes Gewissen, weil er spürte, dass die Gruppe auf ihn Rücksicht nahm. Je länger sie unterwegs waren, desto mehr fühlte er sich trotz körperlicher Anstrengung innerlich frei. Fast schien es ihm, als wenn er mit jedem Meter einen Teil seiner Belastungen zurückließ.

Als sie nach mehreren Stunden beim Gipfelkreuz ankamen, überwältigte ihn der Ausblick ins Tal und er hatte plötzlich Tränen in den Augen, weil er eine Lebendigkeit in sich spürte, die er lange vermisst hatte. „Es gibt so viel Leben neben der Arbeit", dachte er und es schien, als hätte der Berg einen Teil seiner Lebensfreude neu aktiviert.

Die Natur kann unsere Kraftquelle sein. Lebensfreude entsteht durch ein Gefühl der Verbundenheit mit der Schöpfung.

Manfred hatte in den letzten zwei Jahren starke Depressionen entwickelt. Sie begannen, als seine Beziehung in die Brüche ging. Es gab Tage für ihn, da hatte er große Mühe aufzustehen und an seinen Arbeitsplatz zu gehen. Seine Schwester, zu der er einen guten Kontakt hatte, riet ihm eines Tages, therapeutische Unterstützung in Anspruch zu nehmen.

Die Chemie zwischen ihm und der Psychologin war von Anfang an eine gute und bereits nach der dritten Sitzung bekam er Hoffnung, seine Selbstheilungskräfte wieder aktivieren zu können. Er verabschiedete sich von der Therapeutin mit einem Gefühl des Selbstvertrauens und einer Motivation, die er schon lange nicht mehr gekannt hatte.

Manfred beschloss danach, zwei Kollegen zu treffen, die bei einem kurzen Marathon mitlaufen wollten. Einem inneren Impuls folgend fuhr er aber noch rasch bei sich zu Hause vorbei und packte seine Sportsachen ein. Am Weg zum Start entschloss er sich, selbst mitzulaufen und alle seine Energien zu mobilisieren, obwohl er in den letzten Jahren keinen Sport mehr gemacht hatte. Seine Kollegen, die bereits seit Wochen trainierten, waren fassungslos, als er mitlaufen wollte, weil sie Sorge hatten, dass er sich überfordern würde. Manfred aber blieb bei seinem Entschluss und nahm am Halbmarathon teil. „Mit dieser Entscheidung bin ich meiner Depression davongelaufen. In meinem Kopf hämmerte ständig ein einziger Satz, wenn meine Kondition nachließ: Du schaffst es! Es gab kurze Momente, in denen ich glaubte, dass ich die fünf Kilometer nicht bewältigen könnte, doch als ich endlich durch das Ziel lief, spürte ich eine Energie, die mich in einen Rauschzustand versetzte. Meine Kollegen umarmten mich und lachten. Die Freude, die ich in diesen Sekunden empfand, kann ich mit Worten kaum beschreiben. Ich war stolz, glücklich und selbstbewusst wie nie zuvor. Das war der lustvollste Lauf meines Lebens."

Der Glaube an unsere Fähigkeiten gibt Kraft, Energie und Lebenslust.

Als Julia zum 20-jährigen Maturatreffen fuhr, hatte sie gemischte Gefühle. Da sie die letzten Jahre im Ausland verbracht hatte, war der Kontakt zu ihren ehemaligen Mitschülerinnen fast abgebrochen. Dennoch entschied sie sich spontan, die Einladung anzunehmen, weil sie neugierig war und alle wiedersehen wollte.

Julia hatte eine schwierige Scheidung hinter sich und kämpfte in den letzten Monaten mit schweren gesundheitlichen Problemen, deren Spuren sich auch in ihrem Aussehen widerspiegelten. „Werden mich die anderen noch erkennen?", fragte sie sich zweifelnd und bereute fast ihren Entschluss, zu dem Treffen zu fahren.

Als sie das Lokal betrat, wurde sie von ihren ehemaligen Mitschülerinnen begeistert empfangen. Es dauerte nur wenige Minuten und sie hatte den Eindruck, in ihre Schulzeit zurückversetzt zu sein. Die Stimmung war sofort fröhlich und die mittlerweile 38-jährigen Frauen lachten und scherzten wie junge Schulmädchen. Als sie sich um zwei Uhr früh von den letzten Freundinnen verabschiedete und zu ihrem Auto ging, schmunzelte sie noch auf der Straße über all die lustigen Geschichten, die sie gehört hatte. „Ich war schon lange nicht mehr so fröhlich wie heute“, dachte sie mit einem Anflug von Wehmut. Um sich aber im nächsten Moment zu korrigieren: „Das wird mir nicht mehr passieren.“

Fröhlichkeit ist der tägliche Balsam für unsere Seele. Menschen, die gerne lachen, genießen ihr Leben mit Intensität und Freude.

Edith war seit 18 Jahren verheiratet und hatte drei Kinder im Alter von 17, 12 und 10 Jahren. Sie war Hausfrau, kochte gerne, liebte Gesellschaften und managte in all den Jahren das gesamte Privatleben der Familie mit großem Einsatz. Sie fühlte sich für alles verantwortlich, blieb aber als Person immer mehr auf der Strecke. Sie hatte keine eigenen Hobbys, weil sie mit Haushalt, Garten und der Hilfe, die sie ihren Kindern beim Lernen gab, komplett beschäftigt war. Da ihr Mann beruflich auch in anderen Bundesländern unterwegs war, fühlte sie sich mit den Jahren immer unausgefüllter. Ihre älteste Tochter spürte die Frustrationen ihrer Mutter und erinnerte sich, dass diese als ehemalige Kunststudentin gerne gemalt hatte. So beschloss sie, der Mutter als Überraschung gemeinsam mit ihren Geschwistern einen Aquarellkurs bei einer nahe gelegenen Volkshochschule zu schenken.

Bereits der erste Abend war für Edith eine wunderbare Erfahrung. Die Stimmung in der Frauengruppe, die sich für den Kurs angemeldet hatte, war von Anfang an eine sehr freundschaftliche und offene. Edith entdeckte plötzlich, welche kreativen Potenziale in ihr schlummerten. Sie begann mit großer Freude, Bücher über Aquarelltechniken zu lesen und erinnerte sich an den Moment, als sie ihr erstes Bild im Kurs malte. „Wir hatten zwei Stunden Zeit und diese verflogen viel zu schnell. Als ich begann, mein Bild zu malen, war ich komplett in diese Tätigkeit versunken. Die anderen Frauen, die still um mich saßen, schienen sich aufgelöst zu haben. Ich war mit allen meinen Sinnen beschäftigt, etwas zu tun, das ich als Vision in mir spürte. Die Farben, die ich auswählte, flossen ineinander, ohne dass ich bewusst vom Kopf her viel darüber nachdachte. Ich fühlte mich innerlich gelassen und ruhig und genoss diesen spielerischen Prozess meines Schaffens. Ich war weder Hausfrau noch Mutter. In diesem Moment war ich ganz bei mir."

Das Erleben kreativer und schöpferischer Momente macht glücklich.

Norbert hatte seine letzten Monate mit wenigen Unterbrechungen großteils im Spital verbracht. Bei einer Routineuntersuchung stellten die Ärzte einen Kopftumor fest, der am Anfang eher erfolglos behandelt wurde. Norbert hatte Zeit seines Lebens sehr viel gearbeitet und passiv in einem Spitalsbett zu liegen, war für ihn die größte Belastung. Obwohl ihn seine Freundin regelmäßig besuchte und ihm immer wieder Mut zusprach, haderte er am Anfang mit seinem Schicksal, das ihn aus einer erfolgreichen Karriere herausgerissen hatte. Unmittelbar vor der Operation änderte sich jedoch etwas an seiner inneren Einstellung. Er begann, sein Schicksal anzunehmen und sich geistig auf den schwierigen Eingriff vorzubereiten.

Glücklicherweise konnten die Ärzte den Tumor ohne Folgeschäden operieren und Norbert verließ einige Wochen später das Spital. Seine Freundin erfüllte ihm auf der Heimfahrt den Wunsch, zu seinem Lieblingsheurigen zu fahren, der versteckt auf einem kleinen Berg lag. Schon am Weg dorthin überkam ihn eine große Dankbarkeit. Er hatte das Gefühl, eine zweite Chance für sein Leben bekommen zu haben. Es war ein sonniger Herbsttag, als sie mit dem Auto den Weg zum Heurigen hinauffuhren. Norbert nahm die vertraute Umgebung in einer Intensität wahr, die er vorher nicht gekannt hatte. Sie setzten sich an seinen Stammplatz und er betrachtete durch das Fenster die satten Farben der Herbstblätter in einem neuen Licht. Als er den ersten Schluck von einem Sturm trank, hatte er den Eindruck, den besten Sturm seines Lebens zu trinken. Mit jedem Schluck spürte er in sich eine Freude auf das Leben, das noch vor ihm lag.

Bewältigte Schicksalsschläge machen dankbar, das Leben in seiner Kostbarkeit wieder zu spüren.

Petra und Bernd konnten den gemeinsamen Urlaub kaum mehr erwarten, weil beide die letzten Monate so viel gearbeitet hatten und an den Grenzen ihrer Belastbarkeit waren. Auch ihre Beziehung war angeschlagen, weil sie bei jeder Kleinigkeit nervös reagierten und Konflikte entstanden, deren Ursprung bei näherem Hinsehen lächerlich war. Sie wählten als Urlaubsziel einen Badeort in Frankreich, den sie liebten und beschlossen, mit ihrem alten Campingbus in die Ferien zu fahren.

Der Urlaub war für sie mit hohen Erwartungen verbunden: Werden wir es schaffen, in zwei Wochen abzuschalten und uns zu entspannen? Können wir unsere Gefühle wieder neu beleben und eine Harmonie entwickeln?

Bevor sie Wien verließen und ihre 20-stündige Reise antraten, hatten beide gemischte Gefühle. Die Enge des Campingbusses könnte zum Beziehungsalptraum werden. Es bestand aber auch die Chance, durch die räumliche Nähe Gefühle der Geborgenheit und Intimität zu entwickeln. Je weiter sie von Wien weg waren, umso mehr entspannte sich die Situation. Es schien, als würden sie mit jedem Kilometer auch einen Teil ihrer persönlichen Stressgeschichte hinter sich lassen.

Als sie in Frankreich am Campingplatz ankamen, war dieser schon stark belegt. Sie fanden aber bei ihrer Suche einen freien Platz, der ihnen gut gefiel: ihre 100 m^2 Freiheit, um in der mitgebrachten Hängematte mit der Seele zu baumeln. Es war der Moment, in dem sie nach langer Zeit ein Gefühl der Lebensfreude auch zueinander spürten. Den Nachmittag verbrachten sie an ihrem Lieblingsstrand und beobachteten die fröhlichen Menschen, die entspannt in der Sonne lagen, lachten und den Moment mit allen Sinnen erlebten.

Am Abend saßen die beiden bei ihrem Campingtisch und genossen den französischen Rotwein, mit Baguette und Käse. Es war ihr Festessen, ein kulinarischer Genuss an einem paradiesischen Ort, der sie heiter und mit jedem Schluck des köstlichen Weins fröhlicher werden ließ. „Wir haben vergessen zu leben“, sagte Petra in die Stille hinein. „Das Leben ist wie ein riesiger Supermarkt, denn es bietet die größte Angebotspalette der Welt. Es gibt so vieles zu sehen und zu genießen, zu spüren und zu erfühlen. Wir müssen es nur zulassen, dann kann jeder Tag wie Urlaub für uns sein.“

Lustvolles gemeinsam zu erleben, schafft Nähe, gibt Kraft und ist das beste Medikament gegen Stress. Genießen ist Lebensfreude pur!

Der lustvolle Umgang mit sich selbst

„Nimm dir Zeit für dich und
tu dir selber Gutes!“
(Brigitte Bösenkopf)

Die wichtigste Voraussetzung für ein lustvolles Leben ist die Fähigkeit eines Menschen, sich selbst lustvoll zu behandeln. Selbstbewusstsein und Selbstliebe schaffen Lebensfreude, die aus dem Inneren kommt. „Ich bin es mir nicht wert, mir Gutes zu tun“, lautet die verzweifelte Botschaft von Menschen, die sich selber übersehen und nur das Glück der anderen in ihren Mittelpunkt stellen. Irgendwann spüren sie aber eine große Frustration und Traurigkeit, weil sie lebenslang mit ihren Bedürfnissen auf der Strecke bleiben. Ihre Unzufriedenheit könnte aber der erste Schritt zu einer persönlichen Veränderung sein. „Tu dir selber Gutes, damit die Seele Lust hat, in deinem Körper zu wohnen“ kann zu einer neuen Lebensphilosophie werden, die Kraft und Energie gibt, um das Leben mit neuen Möglichkeiten zu genießen.

Wie aber können Menschen ihr Selbstbewusstsein und ihren Selbstwert aufbauen?

Aus meiner Sicht ist der verzweifelte Versuch, Kindheitsdefizite aufzuarbeiten, um sein Selbstbewusstsein neu zu definieren, oft ein schwieriger und zeitraubender Ansatz. Vielen Menschen fällt es leichter, eine aktuelle Standortbestimmung ihrer Persönlichkeit vorzunehmen und sich konkrete Ziele zu stecken. Wie viel Zeit möchte ich mir selber in der Woche schenken? Was tut mir körperlich, seelisch oder geistig gut? Wie kann ich mich aufbauen und neue Stärken entwickeln? Aus diesen definierten Zielen ergeben sich automatisch veränderte Einstellungen und Handlungen.

Selbstbewusstsein ist die Fähigkeit, stolz auf sich und seine Stärken zu sein. Durch unsere Denkvorgänge erkennen wir die eigene Persönlichkeit und verbinden damit ein mehrheitlich positives oder negatives Wertgefühl. Unter Selbstwert versteht die Psychologie die eigene Einschätzung, die eine Person von sich entwickelt hat. Sie kann sich auf die Persönlichkeit mit allen Stärken und Fähigkeiten beziehen, aber auch auf Erinnerungen aus der Vergangenheit oder das aktuelle Ich-Empfinden.

Der Hauptgrund aber, warum sich Menschen mit einem mangelnden Selbstbewusstsein immer wieder herabsetzen, liegt in ihrer Ursachenzuschreibung. Interessante wissenschaftliche Studien aus Amerika haben gezeigt, dass selbstbewusste und nicht selbstbewusste Menschen Erfolgs- und Misserfolgserlebnisse unterschiedlich interpretieren und sich durch verschiedene Ursachenzuschreibungen aufbauen oder abbauen.

In einem Vorversuch wurde bei Männern und Frauen unterschiedlicher Altersgruppen durch Fragebögen herausgefiltert, welche der Testpersonen ein hohes bzw. niedriges Selbstbewusstsein besitzen. Diese beiden Personengruppen sollten in einem Hauptversuch eine Aufgabe bewältigen, wobei das Ergebnis für die gesamte Gruppe manipuliert wurde. Alle hatten Erfolg. Die Testpersonen mussten dazu angeben, warum sie glaubten, dass sie die Aufgabe erfolgreich geschafft hatten. Zwei interne Ursachenzuschreibungen (Attribuierungen), Begabung und Anstrengung, für die die Person selbst verantwortlich waren, standen zur Auswahl sowie zwei externe Attribuierungen, Glück und Aufgabenleichtigkeit, die nicht personenbezogen waren.

Die hohe Signifikanz der Ergebnisse war beeindruckend, aber auch bedenklich. Menschen mit einem hohen Selbstbewusstsein führten ihren Erfolg auf sich selbst zurück, indem sie ihre eigene Begabung und ihre Anstrengung dafür verantwortlich machten. Personen mit einem niedrigen Selbstbewusstsein nannten hingegen externe Faktoren wie Glück und Aufgabenleichtigkeit nach dem Motto „Die Aufgabe war wirklich nicht schwer, es war nichts Besonderes, sie zu schaffen".

In einem weiteren Versuch wurde einer zweiten Personengruppe erklärt, dass sie ihre Aufgabe leider nicht bewältigt hatte. Auch in diesem Fall war das Ergebnis eindeutig. Personen mit einem hohen Selbstbewusstsein nannten Pech und die Aufgabenschwierigkeit als Ursachen für ihren Misserfolg. Personen mit niedrigem Selbstbewusstsein gaben sich die Schuld, indem sie angaben, nicht begabt zu sein und sich zu wenig angestrengt zu haben.

Diese inneren Programme begleiten beide Zielgruppen aber oft lebenslang und führen dazu, dass sich selbstbewusste Menschen durch ihre Auslegung der Ursachenzuschreibung ständig motivieren und gut fühlen. Nicht selbstbewusste Menschen verlernen, bei Erfolg an ihre Stärken zu glauben und können etwas Gelungenes nicht wirklich genießen. Sie entwickeln eine hohe Selbstkritik gepaart mit Zweifeln, sowohl in ihrem beruflichen als auch privaten Leben.

Diese „kritischen inneren Programme" laufen in ähnlicher Form auch in Flirtsituationen ab. Nicht selbstbewusste Männer, die in einem Lokal sitzen und Flirtsignale an Frauen senden, die nicht reagieren, nehmen sofort an, dass sie selber daran Schuld sind, weil sie entweder unattraktiv oder uninteressant wirken. Selbstbewusste Männer aber, die Flirtsignale senden, die keine Beachtung bei Frauen finden, gehen natürlich nicht davon aus, dass sie etwas falsch gemacht haben, sondern sie verwenden Argumente wie „Wahrscheinlich ist sie frisch verliebt und reagiert deswegen nicht auf mich" als beruhigende Erklärung.

Welche Erkenntnisse können Sie nun aus dieser Studie ziehen? Wollen Sie Ihren Selbstwert aufbauen, müssen Sie Ihre innere Einstellung aktiv überdenken, indem Sie neue Botschaften in Ihrem Gehirn installieren. Worauf können Sie stolz sein? Was macht Ihnen körperlich Spaß?

Das Selbstbewusstsein eines Menschen hängt auch stark mit dem Zugang zum eigenen Körper und dem Gefühl, sich in seiner „Behausung“ wohl zu fühlen, zusammen. Lebensfrohe Menschen sehen in ihrem Körper einen Freund, mit dem sie gut umgehen. Sie spüren seine Warnsignale rechtzeitig und reagieren rasch. Sie fühlen, was er braucht, um sie motiviert durchs Leben zu tragen. Sie sind stolz, in diesem Körper leben zu dürfen. Sich in der eigenen Haut wohlzufühlen, kann für jeden etwas anderes bedeuten: stolz auf sein Aussehen und seinen Körper sein. Sich gesund wahrnehmen. Den Körper fit und sportlich spüren. Sich gerne bewegen und sinnlich empfinden. Seinen Körper lustvoll in der sexuellen Begegnung erleben.

Es gibt viele Möglichkeiten, seinen Körper nicht nur als Werkzeug zu erleben, das zu funktionieren hat. Bewegung in jeder Form ist nur eine davon. Ob Sie einen kleinen Spaziergang an der frischen Luft machen oder eine Stunde laufen, ein Tennismatch spielen, eine Wanderung unternehmen oder sich sexuell entspannen. In der Bewegung entwickeln wir einen intensiven Zugang zu unserem Körper und seinen Empfindungen. „Wenn ich nach dem Laufen unter der Dusche stehe, ist dieser Moment für mich der Höhepunkt meines Tages. Ich habe etwas für mich und meinen Körper getan und fühle das warme Wasser entspannt über mich rieseln. Das ist der Augenblick, indem ich innerlich zufrieden und stolz auf mich und meinen Körper bin.“

„Wenn ich am Abend zu einer tollen Veranstaltung gehe, nehme ich mir viel Zeit, um mich zu schminken und hübsch anzuziehen. Diese Zeremonie ist für mich wie ein Vorspiel, um mich in Stimmung zu bringen. Ich fühle mich viel wohler in meiner Haut, wenn ich mit meinem Aussehen zufrieden bin. Passt der letzte Blick in den Spiegel, verlasse ich meine Wohnung bereits mit beschwingten Schritten. Ein schöner Abend kann beginnen."

Gesunder Egoismus macht glücklich

Selbstbewusste Menschen haben gelernt, sich nicht zu vernachlässigen. Menschen mit einem gering ausgeprägten Selbstbewusstsein haben hingegen einen großen Mangel: Ihr gesunder Egoismus ist verkümmert. In Gesprächen mit dieser Personengruppe spüre ich immer wieder ihre Angst, die eigenen Bedürfnisse in den Mittelpunkt zu stellen. „Liebe deinen Nächsten wie dich selbst", heißt es schon in der Bibel. Ohne Selbstliebe ist die Chance, ein lustvolles Leben zu führen, kaum möglich.

Beginnen Sie mit dem Prozess Ihrer Selbstliebe schrittweise, indem Sie sich täglich zumindest einen ihrer Wünsche erfüllen und etwas tun, was Sie wirklich wollen. Ein gesunder Egoismus ist Kraftnahrung für Ihre Seele und nichts Negatives. Er ist wie ein Überlebensprinzip, damit wir mit unseren Wünschen und Bedürfnissen nicht auf der Strecke bleiben.

Immer wieder erzählen mir Frauen, dass sie sich ihr ganzes Leben den Wünschen ihrer Umwelt untergeordnet haben. Das anfänglich gute Gefühl, „unentbehrlich für die anderen zu sein", führte sie aber zu Frustrationen, Depression und Erschöpfung.

Ich versuche, diesen Frauen Mut zu machen und den Unterschied zwischen einem gesunden Egoisten und einem klassischen Egoisten zu erklären. Letzterer lebt auf Kosten anderer, indem er sich in seinen Zielen und Handlungen am wichtigsten ist. Der gesunde Egoist aber hat die richtige Balance gefunden zwischen den Polen Ich- und Du- Orientierung. Das heißt, er vernachlässigt seine eigenen Bedürfnisse nicht, besitzt aber genügend soziale Kompetenz, um auch die Wünsche seiner Umwelt zu berücksichtigen. Er hat den Satz „Liebe dich selbst wie deinen Nächsten" verinnerlicht.

„Mögen täten wir schon wollen,
aber dürfen haben wir uns nicht getraut."
(Karl Valentin)

Gehören Sie auch zu den Menschen, die Schuldgefühle entwickeln, wenn sie ihre Arbeit unterbrechen, um etwas Schönes zu erleben, oder liegt Ihr größter Fehler darin, Ihre positiven Erlebnisse und Freuden ständig auf später zu verschieben? Ein Trainerkollege hat mir für eines meiner Seminare einen Text in die Hand gedrückt, der mich sehr berührt hat, weil er die Sehnsucht eines sterbenden Mannes ausdrückt, nach den vielen verlorenen Momenten in seinem Leben, die nicht mehr wiederholbar sind. Wie gerne hätte er nun mögen wollen, was er sich damals nicht getraut hatte.

„Wenn ich mein Leben noch einmal leben könnte, würde ich versuchen, das nächste Mal mehr Fehler zu machen. Ich wäre nicht so perfekt, würde die Dinge leichter nehmen und lockerer leben. Ich würde mehr Dummheiten machen. Tatsächlich gibt es nur weniges, was ich wirklich ernst nehmen würde. Ich wäre viel verrückter und weniger hygienisch.

Ich würde mehr riskieren und mehr reisen. Ich würde mehr Berge erklimmen und in mehr Flüssen schwimmen, mehr Orte besuchen, an denen ich nie gewesen bin. Ich würde mehr Eis essen und weniger Bohnen. Ich würde mehr in tatsächliche Schwierigkeiten geraten und weniger eingebildete Probleme haben!

Sehen Sie, ich war einer von denen, die vorbeugend leben und immer vernünftig sind. Stunde um Stunde, Tag für Tag normal.

Ich war einer von denen, die immer mit Thermometer, Wärmeflasche, Gurgelwasser, Regenmantel und Fallschirm reisten. Wenn ich es noch einmal wiederholen könnte, würde ich im Frühjahr früher barfuß gehen und im Herbst länger draußen bleiben. Ich würde mehr Karussell fahren, mehr Sonnenaufgänge beobachten und mehr mit Kindern spielen, wenn ich mein Leben noch einmal leben könnte.

Aber sehen Sie, das kann ich eben nicht."

Es ist der Mut zur Spontanität, der vielen Menschen fehlt, und es ist ihr strenges Gewissen, das sie davon abhält, lustvolle und unvernünftige Dinge zu tun und zuzulassen. Lust und Lebensfreude kann man nicht planen. Sie entstehen, wenn wir offen und bereit für die Botschaften des Alltags sind.

Natürlich kann unser Leben nicht nur aus einer Aneinanderreihung von positiven Höhepunkten bestehen. Leben bedeutet auch, Stress, Krisen, Schicksalsschläge und Misserfolge zu bewältigen. Menschliches Leben ist wie eine Hochschaubahn, denn im nächsten Moment kann ein Höhenflug im Absturz enden. Unsere Lebensfreude als Begleiterin lindert aber Schmerzen, gibt Hoffnung und Kraft in schwierigen Zeiten, heilt unsere Wunden und macht uns dankbar und offen für das Leben. Jeder Mensch entwickelt auf Grund seiner Lebensgeschichte eine Methode, um auch in schwierigen Phasen Freude und Genuss zu empfinden.

Einkaufslisten, mit denen wir uns in Erinnerung rufen, was wir alles brauchen und besorgen müssen, gehören zum normalen Lebensalltag. Eine meiner Klientinnen erzählte mir aber von ihrer täglichen Genussliste, die ich ihnen als Anregung weitergeben möchte. „Ich schreibe mir am Ende des Tages auf, an welche Momente ich mich erinnern kann, die mir gut getan haben. Ob das der Sonnenuntergang, ein Stück Torte, ein liebevolles Gespräch oder ein heißes Bad ist, das ich mir am Abend gönne. Für mich ist diese Genussliste Gradmesser für den Zustand meiner seelischen Befindlichkeit und Freude. Sie ist mir fast wichtiger als meine Einkaufliste geworden, mit der ich meinem Körper Nahrungsmittel zuführe."

Lebensfreude und Genussfähigkeit sind für viele Menschen untrennbar miteinander verbunden, weil sie das Gefühl entstehen lassen, das Leben mit allen Sinnen auszukosten. Freude und Genuss können aber auch mit Anstrengung verknüpft sein. So mag ein Bergsteiger den Moment, in dem er den Gipfel erreicht hat, mit enormer Lebensfreude und Genuss verbinden, obwohl diesem Gefühl eiserne Disziplin, Erschöpfung und Schmerz vorangegangen sind. „Der Moment ist Belohnung pur! Ein Cocktail aus Lebenslust, Freude und Glücksgefühl. Du schwebst und glaubst, die Wolken wären nicht am Himmel, sondern unter deinen Füßen."

Warum aber fällt es speziell Menschen mit einem geringen Selbstbewusstsein so schwer, tägliche Genussmomente zu erleben? Wissenschaftler haben festgestellt, dass wir im Durchschnitt ca. 60.000 Gedanken am Tag haben, aber im Extremfall wie zum Beispiel in der Depression 80–85% dieser Gedanken negativ sind. Das bedeutet, dass manche Menschen mehrheitlich Negatives fühlen, wahrnehmen und denken und sich kaum Raum geben für positive und genussvolle Empfindungen und Handlungen. Diese Negativspirale hinterlässt aber leider auch in unserem Gehirn gravierende Spuren. Jeder negative Gedanke stimuliert, wie Untersuchungen der Hirnaktivität zeigen, jene Bereiche des Gehirns, die Depression und Angstzustände auslösen. Gelingt es depressiven Personen, aber ihren Verstand auf Freude auszurichten, können sie ihn mit vielen positiven Gedanken während eines Tages aufbauen und stärken.

Du bist, was du sein möchtest

Ich lade Sie zu folgendem Gedankenexperiment ein: Wo schwimmen Sie lieber? In einem drei Mal fünf Meter großen Schwimmbecken oder im offenen Meer? Und stellen Sie sich dabei vor, dass das Wasser Ihren Gedanken entspricht. Ich kenne Menschen, die den Swimmingpool bevorzugen werden, weil er Sicherheit gibt, auch wenn die Gedankenfreiheit durch die Enge der Betonwände blockiert wird. Aber es wird auch Menschen geben, die keine Sekunde überlegen müssen und das offene Meer wählen, weil die unendliche Weite ohne Grenzen ihren gedanklichen Horizont erweitert. Sie lassen das Fließen ihrer Gedanken zu und bestimmen selber, wie weit sie sich in die Unendlichkeit ihrer Psyche hinauswagen. Der Mut zu mehr Meer ist mit Risiko und Abenteuer verbunden. Werde ich den Weg zurück zum sicheren Hafen finden, wenn ich mich gedanklich zu weit hinauswage? Wie herrlich aber ist doch das Gefühl, den begrenzten Gedankenpool zu verlassen und in eine neue Welt der Ideen einzutauchen. Es ist Ihre Entscheidung: Swimmingpool oder offenes Meer?!

Die Fülle unserer Gedanken bringt uns zu neuen Erfahrungen und Qualitäten. Lebensfreude ist daher nicht ein Zustand, den man hat oder nicht hat, denn Menschen verändern ihr Gehirn aktiv durch die Selbststeuerung ihrer Gedanken in ein lebensfrohes oder negativ denkendes System. Positive Gedanken sind die beste Regeneration für unser Gehirn und unsere Seele!

Manchmal brauchen Menschen enorm viel Mut und Kraft, um ihre Lebensfreude wiederzufinden. Suchende können aber auch in schwierigen Situationen und in jedem Lebensalter ihre Spuren entdecken und die Kostbarkeit von Augenblicken einfangen und in ihrer Erinnerung speichern. Manchmal genügt ein kleiner Impuls und verzweifelte Menschen gehen fast magisch angezogen in Richtung ihrer seelischen Heilung.

Erkennen Sie an einem Fallbeispiel, welche Lösungen und Verbesserungen möglich sind, um wieder Lebensfreude zu empfinden: Gerlinde war alleinerziehende Mutter von zwei Kindern im Alter von neun und vierzehn Jahren. Sie hatte einen 30-Stunden-Job und fühlte sich an vielen Tagen heillos überfordert. Wir begleiten Gerlinde nun an einem ihrer typischen Arbeitstage: Wenn um 6.30 Uhr der Wecker bei ihr läutete, musste alles sehr rasch gehen. Beim Geräusch des Weckers hatte sie meistens die gleichen Gedanken: „Nicht schon wieder. Das kann nicht sein, dass ich jetzt aufstehen muss. Ich bin so müde und weiß nicht, wie ich den Stress heute bewältigen soll." Während Gerlinde hektisch ins Bad lief, weckte sie ihre beiden Kinder, die auch keine besondere Lust hatten, aufzustehen. Da die beiden nichts frühstücken wollten, hatte sich Gerlinde angewöhnt, rasch eine Schale Kaffee, meistens im Badezimmer, zu trinken, um keine unnötige Zeit zu verlieren. Um 7.30 Uhr verließen alle drei die Wohnung, wobei Gerlinde die neunjährige Tochter noch rasch zur Schule begleitete, bevor sie selber in die U-Bahn stieg. Auf dem Weg zum Arbeitsplatz machte sie sich jede Menge Gedanken: „Das kann sich nie ausgehen, den unerledigten Berg von meinem Schreibtisch wegzuarbeiten. Hoffentlich ist meine Kollegin nicht wieder krank und ich muss Überstunden machen. Eigentlich möchte ich mich am liebsten gleich wieder ins Bett legen und weiterschlafen." Im Büro angekommen blieb ihr keine Zeit für ein kurzes Frühstück, was sie sehr bedauerte. Kaum hatte Gerlinde ihren Laptop eingeschalten, um ein dringendes Mail zu beantworten, wurde sie von ihrer Kollegin um Hilfe gebeten, da diese Probleme mit einem Kunden hatte. Gerlinde unterbrach ihre Tätigkeit sofort, um ihr zu helfen. Sie ärgerte sich aber danach, dass sie eine halbe Stunde verloren hatte, weil sie mit ihrer Arbeit nicht mehr fertig wurde.

Während ihre Kollegin genüsslich um 12 Uhr in die Mittagspause ging, besorgte sich Gerlinde im Supermarkt um die Ecke zwei Wurstsemmeln, die sie an ihrem Schreibtisch aß. Sie wollte keine Zeit verlieren und arbeitete in der Mittagspause meistens weiter. Am Nachmittag überlegte sie bereits gestresst, welche Arbeit liegen bleiben würde, wie sie den Einkauf noch rasch schaffen sollte und ob sie rechtzeitig die Kinder von ihrer Mutter abholen werde können. Als ihr Chef sie fragte, ob es ihr möglich wäre, noch eine Stunde länger zu bleiben, traute sie sich nicht, Nein zu sagen, obwohl sie wusste, dass damit ihr gesamter Zeitplan für den Abend wieder verändert werden musste.

Als sie das Büro verließ, gelang es ihr gerade noch, die wichtigsten Lebensmittel einzukaufen, die sie allerdings aus Zeitgründen in der U-Bahn bis zu ihrer Mutter befördern musste, weil dort die Kinder auf sie warteten. Wäre sie früher nach Hause gekommen, hätte sie beim Supermarkt neben der Wohnung einkaufen können.

Die Mädchen hatten nur Teile ihrer Aufgaben gemacht,

weil sie mit dem Rest auf ihre Mutter warten wollten. Als die drei mit dem Einkauf endlich zu Hause ankamen, war es bereits 20 Uhr. So schnell wie möglich kochte Gerlinde ein einfaches Abendessen und versuchte zwischendurch, ihre ältere Tochter für die Geografieprüfung abzufragen. Allerdings wurde sie immer gereizter, da die Tochter wenig gelernt hatte und Gerlinde sich bereits ausmalte, dass sie sicher einen Fünfer bekommen würde.

Im Kinderzimmer der beiden sah es aus wie auf einem Schlachtfeld. Da Gerlinde die schlechtesten Nerven in der Familie hatte, räumte sie die wichtigsten Wäschestücke vom Boden auf, denn der Gedanke an das Chaos in diesem Raum deprimierte sie zusätzlich. Als sie sich um 23 Uhr völlig müde ins Bett legte, hatte sie beim Einschlafen nur solche Gedanken „Wie viel Stress wird morgen wieder auf mich zukommen? Wann werde ich endlich Ruhe finden? Wie soll dieses ständige Chaos weitergehen?"

In der Nacht wachte sie wie meistens auf und überlegte, ob sie einem Kunden eine falsche Kalkulation geschickt hatte oder sonst ein Fehler passiert sein könnte. Nach einer Stunde, in der sie sich ruhelos im Bett herumgewälzt hatte, schlief sie ein, bis sie das gnadenlose Geräusch des Weckers um 6.30 Uhr wieder aufschreckte ...

Menschen wie Gerlinde sind kein Einzelfall. Viele Frauen, aber auch Männer beschreiben häufig ihren Lebensalltag in ähnlich gestresster Form und sehen keine Chancen zur Verbesserung. Sie resignieren und ertragen ihr „Schicksal". Wie hat Gerlinde ihr Leben verändert? Welche Schritte konnte sie erfolgreich umsetzen, um neue Lebensfreude zu finden?

Um eine Antwort auf diese Fragen zu finden, erleben wir gemeinsam ihren neuen Tagesablauf:

Als Gerlinde um 6.00 Uhr den Wecker hörte, streckte sie sich gemütlich im warmen Bett aus, während sie ihr

Morgenritual mit positiven Affirmationen begann. Sie hatte gelernt, mit lebensbejahenden Sätzen den Tag zu beginnen, z.B. „Heute schaffe ich alles, was ich mir vornehme. Mit Kraft und Energie geht der Tag gleich los. In der Ruhe liegt die Kraft für mich ...“ Gerlinde hatte sich dazu entschlossen, die halbe Stunde, die sie nun früher aufstand, für sich persönlich zu nutzen. Sie bereitete ein Frühstück und genoss es, bei Kaffee und Müsli alleine zu sitzen und dabei entspannende Musik zu hören. Nachdem sie sich im Bad fertig gemacht hatte, weckte sie ihre Kinder und hatte noch genug Zeit, um ein paar Handgriffe im Haushalt zu machen. Ihre jüngere Tochter ging mittlerweile alleine in die Schule, weil Gerlinde dadurch mehr Zeit für sich hatte, um in Ruhe zu ihrem Arbeitsplatz zu kommen. In der U-Bahn nützte sie die 20-minütige Fahrt, um in ihrem Englischbuch zu lesen, weil sie sich dazu entschlossen hatte, einen Fortbildungskurs in Englisch zu besuchen, der ihr schon lange am Herzen lag. In der Arbeit hatte Gerlinde mit ihrer Kollegin ein offenes Gespräch geführt, in dem sie ihr erklärte, dass sie auch auf ihre eigenen Arbeitsziele und Kraftpotenziale schauen müsse und nicht ständig ihre Kollegin betreuen könne. Auch die Pausenzeiten regelte Gerlinde neu. Egal wie viel Arbeit sie hatte, sie nahm sich Zeit für eine Mittagspause, die sie nicht an ihrem Schreibtisch verbrachte. Zwischendurch gönnte sie sich kurze Pausen, indem sie jede Stunde ein Glas Wasser in Ruhe schluckweise trank und sich dabei vorstellte ‚Ruhe, Gelassenheit und Freude zu trinken.

Auch ihren Heimweg nach der Arbeit hatte sie neu organisiert. Sie holte ihre Kinder nur mehr zweimal in der Woche von der Mutter ab, wobei sie diese bat, an beiden Abenden für sie zu kochen, sodass sie zu Hause mehr Zeit hatte. Die restlichen drei Tage fuhr die 14-jährige Tochter alleine mit ihrer kleinen Schwester von der Oma nach Hause.

Einmal in der Woche hatte sich Gerlinde einen freien Abend reserviert. Da sie schon lange Englisch lernen wollte, besuchte sie gemeinsam mit einer Freundin einen Kurs und nützte diesen Abend, um mit ihr danach noch ein Glas Wein in einem Lokal zu trinken. Ihre Schwester passte an diesem Abend auf die Kinder auf und freute sich, dass sie auf diese Weise intensiveren Kontakt mit ihren Nichten hatte. Mit den beiden Töchtern hatte sich Gerlinde darauf geeinigt, dass sie zumindest einmal in der Woche ihr Kinderzimmer alleine aufräumen müssen. Auch ihre Schlafstörungen verbesserten sich rasch, seit Gerlinde Autogenes Training gelernt hatte. Im Bett liegend wendete sie als Abschlussritual des Tages die Entspannungstechnik an oder sie versuchte, mit positiven Gedanken in den Schlaf zu gleiten, wie „Ich habe viel gelernt an diesem Tag. Ich habe heute mein Bestes gegeben.“

Vier Veränderungsschritte haben Gerlinde dabei geholfen, ihren Alltag neu zu gestalten.

Durch positive Gedanken zu mehr Lebensfreude

Gerlinde hatte sich den ganzen Tag innerlich gestresst, indem sie überlegte, was alles wieder nicht funktionieren könnte. Schließlich las sie ein Buch über positive Affirmationen und schrieb sich in entspannter Atmosphäre Sätze auf, die ihr Kraft und Energie gaben. Zusätzlich versuchte sie, auch während des Tages zielbewusst nach positiven Signalen Ausschau zu halten. Sie lernte dadurch, jene Moment bewusst zu genießen, die für sie mit einer positiven Empfindung gekoppelt waren. 30 Sekunden genügen bereits, um die Wirkung einer positiven Erfahrung in sich aufzunehmen. Das kann ein Geruch sein, das Lächeln einer Person, eine stimmungsvolle Wolkenkonstellation, eine intensive Farbe, die Ihnen gefällt, ein Satz, den Sie irgendwo auf der Straße lesen und vieles mehr.

Gerlinde lernte, auch in unangenehmen oder stressigen Situationen für Momente in ihrem Gehirn die Erinnerung an ein positives Gefühl oder eine Situation wachzurufen. Sobald sie sich ertappte, dass sie Sätze dachte wie „Das schaffe ich nie bis 17 Uhr", ersetzte sie diese gezielt durch Botschaften wie „Ich habe immer alles geschafft, es wird schon gehen!"

Abgrenzen und Nein sagen

Als Gerlinde erkannte, dass sie es immer allen recht machen wollte, beschloss sie, davon Abschied zu nehmen und sich verstärkt auf ihre eigenen Bedürfnisse zu konzentrieren. Am Anfang fiel ihr ein Nein noch schwer und sie hatte Schuldgefühle, wenn sie nicht mehr bedingungslos für alle da sein konnte. Mit der Zeit ging es ihr aber viel besser und da sie sich nicht mehr für alles verantwortlich fühlte, wurde sie ruhiger und zufriedener. Sie lernte, auch im Privatbereich mehr zu delegieren, und stellte mit Erstaunen fest, dass ihre beiden Töchter durch die Verantwortung selbstbewusster wurden.

Rituale und Entspannungstechniken

Gerlinde holte sich auf Grund ihrer Schlafstörungen professionelle Hilfe bei einer Ärztin, die ihr empfahl, Autogenes Training zu erlernen, statt Schlaftabletten zu schlucken. Gerlinde besorgte sich ein Buch über diese Methode und war erstaunt darüber, wie gut diese Form der Selbstsuggestion funktionierte. Nicht nur ihre Schlafstörungen verbesserten sich, sondern sie lernte auch, diese Methode in Stresssituationen anzuwenden. Gerlinde gönnte sich kurze Pausen während der Arbeit und merkte, dass diese ihr Kraft gaben, um die Arbeit am Nachmittag wesentlich besser und rascher zu erledigen.

Zeit für sich selber, um Neues zu lernen

Um ihre Lebensfreude wieder zu aktivieren, überlegte Gerlinde, was sie gerne dazulernen würde, um sich auch geistig weiterzuentwickeln. Da sie schon in der Schule immer Freude an Fremdsprachen gehabt hatte, buchte sie einen Englischkurs und nahm sich vor, als Belohnung im nächsten Sommer mit ihren Kindern einen Städteflug nach London zu organisieren. Diese Vorstellung beflügelte sie richtig und sie stellte sich in Gedanken bereits vor, wie sie in Englisch ihren Aufenthalt vor Ort gut managen konnte. Zusätzlich zum Lernen war der Geselligkeitsfaktor mit ihrer Freundin ein sehr positiver. Die beiden tratschten und lachten viel und Gerlinde stellte mit Freude fest, dass sie neue Lebensqualität gewonnen hatte.

Auswirkungen einer lustlosen Gesellschaft

Immer mehr Menschen fühlen sich erschöpft, depressiv und lustlos. Wo bleibt ihre wichtigste Kraftquelle, die Lebensfreude? Viele Studien zeigen, dass bereits Kinder und Jugendliche immer weniger lustvolle Momente erleben, die ihnen Spaß und Freude bereiten. Bei einer Familienwoche, die ich mit Eltern und Jugendlichen gestaltete, stellte ich der Gruppe der 10- bis 15-Jährigen die Frage: „Was macht euch die größte Freude?"

Die häufigste spontane Antwort war, am Computer spielen, mit dem Handy telefonieren und Fernsehserien ansehen. Auch wenn ich die Ergebnisse einer Gruppe von 50 Jugendlichen nicht als repräsentativ bezeichnen möchte, sind diese Antworten doch bedrückend. Liegt das Glück vieler junger Menschen im Zugang und Umgang mit technischen Geräten?

Vor einigen Monaten haben sechs steirische Schulen in Österreich das Unterrichtsfach „Glück" als Pflichtfach eingeführt. Glück ist laut Landesschulratspräsident Wolfgang Erlitz nicht nur reine Glücksache, sondern erlernbare Lebenskompetenz. Die Schüler lernen, dass sie selber etwas tun können, um ein glückliches Leben zu führen. Einige der Inhalte beschäftigen sich mit Selbstbewusstsein, Konfliktbewältigung, Gesundheit und Bewegung. Ich finde diese Idee hervorragend, doch sollte es aus pädagogischer Sicht nicht auch ein Unterrichtsfach über Lebensfreude geben?!

Welche Erziehungsfehler tragen dazu bei, dass unsere Kinder ihre Lebensfreude aus dem Fernsehprogramm oder ihren Computerspielen beziehen?

Gestresste Eltern – frustrierte Kinder

Gestresste Eltern wundern sich häufig, warum ihre Kinder hyperaktiv und unruhig sind. Ich erinnere mich an einen Fall im Gesundheitszentrum Döbling, als eine nervös wirkende Mutter mit ihrem Sohn zu uns kam und Medikamente für ihn wollte, weil er nicht stillsitzen konnte und ständig in Bewegung war. In einem Gespräch versuchte ich, ihr klarzumachen, dass ihr eigenes Leben und ihre Ausstrahlung die Ursache für das unruhige Verhalten ihres Sohnes war. Nicht er brauchte Tabletten, sondern sie eine Therapie zur Stressbewältigung.

Auch Menschen, die unter depressiven Verstimmungen leiden, wundern sich häufig, warum ihre Kinder lieber vor dem Computer sitzen, als mit Gleichaltrigen ausgelassen zu spielen. Fehlt die Fröhlichkeit in einer Familie, reagieren Kinder oft mit Rückzugstendenzen. Sie werden stiller, auf sich bezogen und leben in einer künstlichen Fernseh- oder Computerwelt.

Wo aber bleibt die Lebensfreude in vielen Familien? „Wir haben keine Zeit dafür“, behaupteten immerhin 73 % meiner Interviewpartner. Keine Zeit für gemeinsame Entspannung in der Familie, kaum Zeit für Hobbys, die allen Spaß machen, wenig Zeit, miteinander zu essen, zu lachen und ausgelassen zu sein. Diese Fehlentwicklungen haben gravierende Auswirkungen, denn die Familie hätte die Aufgabe, Lebensfreude in die Herzen ihrer Kinder zu tragen. Gelingt dies in den ersten Lebensjahren nicht, sind alle weiteren pädagogischen Systeme, wie Kindergarten und Schulen, bereits heillos überfordert.

Mit einem Team hat unsere Arbeitsgemeinschaft für Präventivpsychologie in Wien vor Jahren ein Projekt in Niederösterreich durchgeführt, bei dem Kindergartenleiterinnen über ihre Tätigkeit befragt wurden. Ein Ergebnis ist mir bis heute in Erinnerung geblieben, das die Überforderung dieser wichtigen Berufsgruppe deutlich zeigt. „Wir sind kein Krankenhaus und kein Therapiezentrum, weil wir dazu auch nicht ausgebildet sind“, fasste eine Kindergartenleiterin die Eindrücke der meisten Kolleginnen zusammen. „Die Kinder werden oft krank zu uns gebracht, weil ihre Eltern in die Arbeit müssen und viele 3-Jährige kommen bereits mit massiven Verhaltensauffälligkeiten in den Kindergarten. Wir sind keine Psychologen und sollten doch so vieles reparieren, das an diesen kleinen Kinderseelen beschädigt wurde. Viele tragen bereits starken Stress statt unbeschwerte Fröhlichkeit in ihren Herzen."

Wenn ich erwachsene Burnout-Patienten frage, was sie in den ersten Jahren ihrer Kindheit vermisst haben, kommen häufig ähnliche Antworten: Sicherheit und Geborgenheit, emotionale Wärme und entspannte Familiensituationen, das Gefühl geliebt zu werden, Zeit zum Spielen und fröhliche Eltern. Der größte Erziehungsfehler liegt jedoch im Zerstören des kindlichen Selbstbewusstseins. Normalerweise sind Kleinkinder „stolze Wesen", sie experimentieren mit Freude, wollen Neues ausprobieren und sind glücklich über jedes Lächeln, das wir ihnen schenken. Kinder, die diese positiven Erfahrungen nicht machen dürfen, leiden als Erwachsene oft lebenslang, wenn sie Botschaften ihrer Bezugspersonen erfahren haben, nichts wert zu sein, alles falsch zu machen und lästig zu sein. Sie tragen einen inneren Stress in sich, der sie manchmal über ihr ganzes Leben hindurch begleitet.

Wie geht diese verhängnisvolle Stress-Spirale für unsere Kinder weiter, wenn sie bereits starke emotionelle Defizite in die Schulen mitbringen? Viele Kinder reagieren verhaltensauffällig, um Aufmerksamkeit zu erregen und in gewissem Sinn im Mittelpunkt zu stehen. Andere versuchen, über gute Noten und Erfolge im schulischen Bereich ihr Selbstbewusstsein aufzutanken. Gelingt dies aber nicht, fühlen sie sich als Versager abgestempelt, wenn sie nicht durch Freunde oder Cliquen aufgefangen werden. Diese können emotionellen Halt geben, sofern nicht über Suchtverhalten in der Gruppe das angeschlagene Image wieder aufgebaut wird. Es gibt aber auch Kinder, die sich emotionell distanzieren und extrem unauffällig und angepasst leiden.

Ist Österreichs Jugend Burnout-gefährdet?

Natürlich können auch Kinder, die in ihrer Herkunftsfamilie emotionell gut versorgt wurden, Schulstress entwickeln, weil ihre Talente und Fähigkeiten falsch eingeschätzt worden sind, weil sie mit dem Lernen Probleme haben oder von der Klassengemeinschaft ausgeschlossen wurden. Immer mehr Schüler entwickeln auch Prüfungsstress, weil sie die Ansprüche ihrer leistungsorientierten Familie an sich spüren und ihre Angst, zu versagen, mit jedem Schuljahr größer wird.

Ich habe vor einigen Jahren in Österreich eine Biofeedbackstudie durchgeführt und mit einem Team Stress-Messungen an 3.500 Personen zwischen 10 und 70 Jahren gemacht. Die Ergebnisse waren erschreckend, denn die Gruppe der Kinder und Jugendlichen zwischen 10 und 20 Jahren hatte genauso hohe Stresswerte wie die Gruppe von Männern zwischen 30 und 40 Jahren. Stressforscher Sepp Porta aus Bad Radkersburg kam zu ähnlichen Ergebnissen, die uns alle wachrütteln sollten. Unsere Jugend ist Burnout-gefährdet, wenn sie nicht rechtzeitig lernt, mit Stress umzugehen oder ihn gekonnt zu vermeiden.

Als Generalsekretärin der Arbeitsgemeinschaft für Präventivpsychologie habe ich gemeinsam mit der Ärztin Dr. Claudia Pillat im vergangenen Jahr ein Projekt an einer Landwirtschaftlichen Fachschule in Niederösterreich gestartet, um mit einem meditativen Antistressprogramm bei Schülern und Lehrern zu beweisen, dass bereits einfache Techniken, deren Anwendung nur wenig Zeit in Anspruch nimmt, Stress abbauend wirken können. Mithilfe von Biofeedback habe ich den Stresswert der Schüler und Lehrer vor und nach einem Entspannungsblock, der von Dr. Claudia Pillat durchgeführt wurde, gemessen und die Ergebnisse waren verblüffend. Bereits fünf Antistresseinheiten zeigten bei Schülern und Lehrern ihre Wirkung. Sie hatten niedrigere Stresswerte und weniger psychosomatische Auffälligkeiten. Unser Pilotprojekt sollte aber auch Lehrer aktivieren, vor Schularbeiten kurze Entspannungsübungen mit ihren Schülern zu praktizieren, um ihren Prüfungsstress abzubauen und ihre Konzentrationsfähigkeit zu steigern. Wenn es so leicht gelingt, über Techniken wie Körper-, Bewegungs- und Mentalübungen Schüler und Lehrer zu entstressen, sollte das ein wichtiger Beitrag zu mehr Lebensfreude für unsere Kinder sein.

Wie sieht eine Zukunft aus, in der viele Jugendliche nicht mit Stress umgehen können? Jeder gestresste Jugendliche von heute kann schon morgen ein Kollege oder Mitarbeiter in einem Unternehmen sein. Wenn bereits Kinder stressanfällig sind, wie sollen sie dann als Erwachsene Familie und Beruf mit Freude vereinen? Eine Gesellschaft, die mehrheitlich aus Workaholics besteht, kann nicht das Ziel unserer Erziehungsstile sein.

Um mit Freude zu lernen, brauchen junge Leute im Grunde dieselben Voraussetzungen wie Spitzenmanager, die gerne arbeiten und motiviert sind. Arbeit muss Spaß machen und mehrheitlich als sinnvoll erlebt werden, sagen Manager. Das wünschen sich auch Schüler, sie wollen verstehen, warum sie welchen Schulstoff lernen sollen und welcher Sinn dahinter steht.

Manager brauchen Anerkennung, die sie sich selbst geben oder aufgrund ihrer Leistungen von anderen bekommen. Auch Schüler wollen positive Rückmeldungen von Lehrern, Eltern oder Klassenkameraden, um sich motivieren zu können und Freude am Lernen zu entwickeln. Manager sehen ihre Arbeit als schöpferischen Prozess mit Handlungsspielraum an. Auch Schüler wollen ihre Hausaufgaben oder Referate ab einem bestimmten Alter in kreativer Form gestalten können.

Manager brauchen Zeit, um ihr kreatives Potenzial aufladen zu können und zu regenerieren. Auch Schüler wollen Zeit für Pausen, um Spaß zu haben und abzuschalten.

Manager brauchen eine Familie als Ruhepol und Energietankstelle und auch Schüler wünschen sich ein Zuhause, das ihnen Sicherheit und emotionelle Wärme gibt.

Die Familie ist und bleibt die wichtigste Kraftquelle, um Lebensfreude aufzutanken. Haben Kinder das Glück, von ihrem ersten Schritt an Unterstützung und Geborgenheit in der Familie zu spüren, sind die Chancen groß, ein positives Urvertrauen zu entwickeln, das Menschen in jedem Alter mit Freude durchs Leben trägt.

LUSTVOLL LIEBEN

„Sexuelle Lust ist, wenn man sie lässt, eine Vagabundin, die manchmal Heimweh nach einem festen Wohnsitz hat. Sexuelle Lust ist eine Sesshafte, die manchmal vom Fernweh geplagt ist. Vagabundieren allein kann einsam enden, und die reine Häuslichkeit kann das Ende aller Beweglichkeit darstellen. Sexuelle Lust braucht beides, einen Ort und Bewegung. Stabilität und Fluss. Erst in einer Umgebung, die beides zulässt, kann sie leben und gedeihen.“
(Clement)

Die Palette lustvoller Empfindungen, die Menschen in ihren unterschiedlichsten sexuellen Begegnungen oder Beziehungen erleben, ist eine breit gestreute. „Lustvoll lieben“ hat viele Interpretationen und ist stark geprägt von der jeweils aktuellen partnerschaftlichen Situation.

Die Definitionen dieser Begriffe weichen bei homo- und heterosexuellen Paaren kaum voneinander ab. Lustvoll lieben wird ganzheitlich interpretiert und bezieht sich auf die befriedigende Beziehungsqualität, die als sexuell und emotionell lustvoll empfunden wird. Das ist der Optimalzustand – es gibt aber auch Menschen, die ihren Partner lieben, aber den Sex mit ihm als lustloses Pflichtprogramm praktizieren. Leider gibt es auch Paare, die ihr Leben miteinander teilen, aber den anderen nicht mehr lieben und auch sexuell kein Verlangen mehr nach ihm oder ihr verspüren. Sie haben eine „Wohngemeinschaft mit Familienbegleitung" und sind Lichtjahre von jeglicher Lust entfernt. Anton Kuh formulierte diesen Zustand in treffender Weise: „Als er erkannte, dass sie nicht zueinander passten, beschloss er, von ihr Abschied zu nehmen. Er brauchte dazu ein ganzes Leben."

Werden die Emotionen in einer Anfangsbeziehung wechselseitig erwidert, genießen die Paare jeden Moment der Begegnung in lustvoller Verbundenheit. Ihre Blickkontakte sind zärtlich und sehnsuchtsvoll. Jede kleinste Berührung stimuliert ihr Verlangen und sie nehmen den anderen mit allen Sinnen wahr. Im Glücksfall wird ihre erste sexuelle Begegnung zu einem leidenschaftlichen Fest der Begierde und des Glücks. Könnte dieser Zustand doch eine „kleine Ewigkeit" anhalten ... Leider sieht die Realität in den meisten Beziehungen anders aus. Bereits 50% der Paare, die einst gemeinsam Schmetterlinge im Bauch hatten, werden geschieden oder trennen sich nach kurzer Zeit.

Wo aber liegen die größten Gefahren und Lustkiller, die Menschen dazu veranlassen, aus einer einst so positiv begonnenen Beziehung zu flüchten? Im Zustand des Verliebtseins haben Paare drei Vorteile, die sich aber im Laufe einer Beziehung auch als Nachteile erweisen können. Sie verdrängen Stress, wollen keine Konflikte wahrhaben und hoffen, dass ihr sexuelles Begehren ewig anhalten wird. In den Momenten ihrer Begegnung blenden sie alles aus, was Probleme machen könnte und genießen den lustvollen, gemeinsamen Augenblick. Verliebte verdrängen vieles, um die positive Stimmung nicht zu gefährden, und sehen den Partner durch die bekannte „rosarote" Brille.

Wie interpretieren Singles den Begriff „lustvoll lieben"? Hier unterscheiden sich die Definitionen gravierend, je nachdem, ob die Person ein überzeugter Single ist, der kein Interesse an einer Kurz- oder Langzeitbeziehung hat und sich selbst genügt, oder eher unfreiwillig in dieser Situation ist. Manche Menschen haben den größten Lustgewinn in der sexuellen Enthaltsamkeit oder in einer lustvollen Selbstbefriedigung. Es gibt aber viele Singles, die keine fixe Beziehung wollen, sondern es genießen, ihr Verlangen hemmungslos mit verschiedenen Partnern zu befriedigen. Sie mögen One-Night-Stands genauso wie Swingerclub-Besuche oder Kurzzeitaffären. Der lustvolle Sex steht für sie im Mittelpunkt ihres Genussverhaltens.

Natürlich gibt es auch Singles, die sich nach einer Beziehung sehnen, aber nicht den Partner finden, den sie sich wünschen. Sie wären gerne neu verliebt, um wieder lustvollen Sex genießen zu können.

Der Zustand des Verliebtseins wird von den meisten Paaren als starkes Lustgefühl, das glücklich macht, empfunden. Das sexuelle Sehnen nach dem anderen und das „emotionale" Gefühl der Schmetterlinge im Bauch werden in der Anfangsphase gleichzeitig als lustvoll und schmerzhaft empfunden. Lustvoll, wenn der andere durch Signale oder seine Anwesenheit die eigene Emotion bestätigt. Schmerzhaft, wenn er keine Zeichen setzt, die als Erwiderung der Gefühle interpretiert werden können.

Stress als Partnerschaftskiller unseres Jahrhunderts

Es gibt viele Langzeitstudien, die eines beweisen: Die Beziehungen von Paaren, die ständig unter Stress stehen, und damit nicht umgehen können, scheitern eher als jene von stressresistenten Paaren. Was aber können Paare tun, um nicht in die verhängnisvolle Stressfalle zu geraten, Konflikte zu verdrängen und sexuellen Verlockungen nachzugeben? Lassen Sie uns gemeinsam am Beispiel eines Paars die einzelnen Stadien und Belastungsfaktoren reflektieren! Gerhard und Johanna kamen zu mir in die Praxis, weil sie sich scheiden lassen wollten und abseits der gerichtlichen Regelung eine Mediatorin zur Unterstützung bei ihren Kommunikationsproblemen suchten. Die Mediation verlief in den ersten Stunden sehr schwierig, da sich beide durch das Verhalten des Partners in den vergangenen Jahren sehr verletzt fühlten und sie sich durch ihre Emotionalität nicht an die gemeinsam ausgehandelten Regeln halten wollten.

Die beiden waren seit 15 Jahren verheiratet und hatten ihre Beziehung mit großer Hoffnung und emotioneller Zuwendung begonnen. Die ersten 9 Jahre verliefen ohne besondere Probleme und Krisen. Gerhard arbeitete als Verkaufsleiter in einer Versicherung, seine Frau war Lehrerin und konnte diese Tätigkeit auch nach der Geburt der Tochter weiterführen.

Die Veränderung begann aus der Sicht von Johanna, als ihr Mann einen neuen Job annahm, bei dem er auch im Ausland tätig war. Seine neue Reisetätigkeit bewirkte, dass er unter der Woche maximal an zwei Abenden zu Hause sein konnte. „Zu diesem Zeitpunkt begann sich mein Mann in seiner Persönlichkeit zu verändern. Wenn er nach Hause kam, war er nur mehr erschöpft, müde oder gereizt. Automatisch erwartete er, dass ich mich alleine neben meinem eigenen Beruf um unseren Haushalt und die Tochter kümmere. Ich fühlte mich zunehmend im Stich gelassen und hatte das Gefühl, Alleinerzieherin zu sein. Am Anfang unserer Beziehung liebten mein Mann und ich es, bei einem gemütlichen Abendessen über alles zu sprechen, was uns während des Tages bewegte. Dabei lachten wir viel und hatten richtig Spaß miteinander. Das hörte aber schlagartig auf, denn mein Mann hatte nur mehr seine Verkaufsziele und die nächsten wichtigen Termine im Kopf statt unsere Beziehung und Familie.

Mit der Zeit begann auch ich mich zu verändern. Ich begann immer mehr zu nörgeln, wenn er nach Hause kam, weil ich es nicht akzeptieren wollte, dass mein Mann aus persönlichem Egoismus unsere gesamte Familie ruinierte. Am Anfang bemühte ich mich noch an den Abenden, an denen er nach Hause kam, ein nettes Essen zu bereiten oder gemeinsame Freunde einzuladen, um ihn abzulenken. Als ich aber merkte, dass ihn das immer weniger interessierte, hörte ich damit auf und ging manchmal bewusst demonstrativ an diesen Abenden mit meinen Freundinnen alleine aus."

Wie nahm Gerhard diese Phase seiner beruflichen Entwicklung wahr? „Ja, natürlich hatte ich Stress durch die neue Aufgabe – und ich hätte mir von meiner Frau mehr Verständnis für meine Situation erwartet. Durch die Auslandstätigkeit bekam ich viel mehr Geld und immerhin konnten wir uns alle dadurch ein luxuriöseres Leben leisten. Manchmal empfand ich es fast als Provokation, wenn ich nach drei Tagen von einer Auslandsreise ziemlich ausgelaugt nach Hause kam und dort saßen schon zwei befreundete Paare, die einen lustigen Abend mit uns verbringen wollten. Meiner Frau war offensichtlich langweilig, denn sie konnte doch nicht ernsthaft glauben, dass ich in diesem Moment wirklich Gesellschaft wollte. Ich gebe schon zu, dass ich manchmal gereizt und etwas aggressiv reagierte, aber sie konnte doch nicht so naiv sein, zu glauben, dass meine Reisetätigkeit ein Entspannungsurlaub ist. Aus meiner Sicht hat sie sich in dieser Zeit stark verändert.

Wenn ich erschöpft nach Hause kam, hatten wir fast immer Streit, weil sie ständig Erwartungen an einen wundervollen gemeinsamen Abend hatte, die ich nicht erfüllen konnte. Ihr Nörgeln nervte mich zunehmend und leider fingen damit auch unsere sexuellen Schwierigkeiten an. Dabei hatten wir in den ersten Ehejahren wirklich lustvollen Sex. Natürlich hoffte ich auch in dieser Phase, dass wir zumindest beim Sex noch gemeinsam Entspannung finden könnten, aber plötzlich verweigerte meine Frau total. Einmal hatte sie Kopfschmerzen, dann war ich wieder nicht lieb genug zu ihr. Ihr sexueller Rückzug entfremdete uns zu dieser Zeit besonders.

Ich will nicht sagen, dass es in Ordnung war, aber irgendwann lernte ich auf meiner Geschäftsreise, die mich immer in die gleiche Stadt führte, eine Frau kennen, mit der ich eine lose Affäre begann. Ich hatte nicht vor, unsere Familie aufs Spiel zu setzen, ich wollte einfach nur Spaß und ein paar lustvolle Momente genießen, weil dies mit meiner Frau schon lange nicht mehr möglich war. Irgendwann fand meine Frau Hinweise auf diese Affäre und machte mir sprichwörtlich die Hölle heiß. Nachdem ich die ständigen Spannungen und Konflikte mit ihr vermeiden wollte, beendete ich die Affäre innerhalb kurzer Zeit."

Wie erlebte Johanna die Zeit der Krise? „Als ich durch einen Zufall entdeckte, dass mein Mann offensichtlich eine Freundin hatte, war ich komplett enttäuscht und verzweifelt. Ich fühlte mich von ihm richtig ausgenützt und der Gedanke frustrierte mich zunehmend, dass er in unserer Familie nur mehr grantig war und sich in den Armen einer anderen Frau wahrscheinlich fröhlich und lustbetont gab. Es stimmt schon, dass wir kaum mehr ein erfüllendes Sexleben miteinander hatten. Mein Mann glaubte immer nur, dass er durch seinen Job Dauerstress hatte, aber auch ich war zunehmend überlastet. Da meine eigene Familie in einer anderen Stadt wohnt, hatte ich keine familiäre Unterstützung. Ich konnte daher am Abend kaum weggehen, weil ich unsere Tochter nicht alleine lassen wollte, und fühlte mich immer müder und lustloser. Außerdem hatte ich kein Verlangen, meinem Mann sexuell zur Verfügung zu stehen.

Nachdem ich den ersten Schock über die Affäre, die mein Mann auch zugab, überwunden hatte, ging es mir die nächsten drei Jahre sehr schlecht. Ich konnte ihm einfach nicht mehr vertrauen und glaubte nicht, dass er die Beziehung wirklich beendet hatte. So begann ich, fast schon zwanghaft, nach jedem Auslandsaufenthalt seine Kleidung zu durchsuchen, im Glauben, etwas Verdächtiges zu entdecken und einen neuerlichen Beweis für sein Fremdgehen zu finden. Das machte mich psychisch richtig krank. Ich bekam Schlafstörungen, hatte oft Herzrasen und entwickelte Depressionen. Unsere Ehe freute mich zu diesem Zeitpunkt nicht mehr und nur die Liebe zu unserer gemeinsamen Tochter half mir, die Ehe nicht aufzugeben.

Mein Leben bekam aber plötzlich wieder Sinn, als ich an eine andere Schule versetzt wurde und dort meine neuen Kollegen kennen lernte. Zu einem der Lehrer entwickelte ich vom ersten Moment an große Sympathie. Er war genauso, wie ich mir wünschte, dass mein Mann wieder sein sollte. Ein ruhiger Typ, verständnisvoll, immer gut aufgelegt, einfühlsam und einfach nett. In der Mittagspause gingen wir gerne miteinander essen. Ich genoss die entspannten Gespräche, den Respekt, den er mir entgegenbrachte, und seine Komplimente. Ich gebe zu, dieser Mann war Balsam für meine Seele und ich fühlte mich in seiner Gegenwart wie neu geboren. Mir ging es nicht darum, eine Affäre einzugehen, aber ich genoss die seelischen Streicheleinheiten und blühte wieder richtig auf. Irgendwann merkte mein Mann, dass ich mich verändert hatte und begann mir Vorwürfe zu machen, dadurch trieb er mich aber erst recht in die Arme des anderen Mannes und ich ließ mich nach einem Jahr der intensiven Freundschaft mit dem Kollegen auf eine Beziehung ein."

Welche Gefühle hatte Gerhard zu dieser Zeit? „Nachdem ich meine Affäre beendet hatte, hoffte ich, dass sich unsere Beziehung wieder verbessern würde. Doch aus meiner Sicht passierte genau das Gegenteil. Als ich meine Frau einmal dabei erwischte, wie sie in meinem Handy meine SMS kontrollierte, drehte ich fast durch. Ihr Verhalten war für mich nicht mehr normal, denn ich hatte den Eindruck, dass sie mir ständig nachspionierte. Sie rief mich plötzlich im Hotel an und kontrollierte, ob ich dort schon angekommen war. Ich verdächtigte sie auch, dass sie ständig in meinen Sachen herumwühlte. So kann eine Beziehung doch nicht mehr funktionieren!

Am meisten aber befremdete mich, dass sich meine Frau plötzlich auffällig veränderte, nachdem sie in der neuen Schule zu unterrichten begonnen hatte. Ich stellte sie relativ bald zur Rede, weil ich mir sicher war, dass sie einen Freund hatte, doch sie bestritt es ständig und meinte, dass ihr Arbeitskollege nur ein guter Bekannter sei. Ich war wenigstens so ehrlich, ihr gleich meine Affäre zu gestehen. Sie aber leugnete ständig. Erst nach einem Jahr gab sie plötzlich doch zu, eine Beziehung begonnen zu haben. Ich glaube ihr bis heute nicht, dass sie mit dem Beginn der Affäre so lange gewartet hat.

Wie auch immer, für mich ist unsere Beziehung endgültig zu Ende und ich will nur mehr eine rasche Scheidung, um mein Leben wieder neu zu gestalten."

Dieses Fallbeispiel, das zum Ende einer 15-jährigen Beziehung führte, die einst voller Hoffnungen begonnen hat, ist leider vom Verlauf her typisch: Die Stresssituation eines Partners oder auch beider beginnt zunehmend, eine bis dahin funktionierende Paarbeziehung zu belasten. Menschen unter Stress entwickeln immer negative Verhaltensmuster, indem sie – je nach Veranlagung – gereizt und nervös oder mit Rückzug in der Partnerschaft reagieren.

Durch Stress verschlechtert sich in den meisten Fällen die Kommunikation des Paars. In der angespannten Situation werden oft nur mehr die wichtigsten Alltagsprobleme besprochen, aber die Partner nehmen sich keine Zeit mehr dafür, über ihre Konflikte, Bedürfnisse oder Gefühle zu sprechen. Dadurch sinkt das Vertrauen in den anderen, der zunehmend als „Fremder“ wahrgenommen wird.

Auch die sexuellen Schwierigkeiten sind leider vorprogrammiert. Männer und Frauen reagieren unter Dauerstress unterschiedlich. Viele Männer sehen in der gemeinsamen Sexualität trotz Alltagstress die Chance, sich wenigsten sexuell zu entspannen. Frauen entwickeln unter Stress aber häufig ein sogenanntes „Lustlosigkeitssyndrom“. Sie verweigern nicht immer nur aus Erschöpfung, sondern weil sie das lieblose und gereizte Alltagsverhalten ihres Partner abstößt und sie kein Verlangen haben, ihm sexuell „zur Verfügung“ zu stehen.

Halten diese sexuellen Konflikte über einen längeren Zeitraum an, kommt es häufig zum Fremdgehen von einem oder auch beiden Partnern. Die Gründe für sexuelle Affären sind bei Männern und Frauen allerdings meist unterschiedlich. Studien von Julia Onken aus Vorarlberg zeigen, dass der Hauptgrund, warum es zu sexuellen Kontakten bei Männern außerhalb ihrer Beziehung kommt, Lust auf Sex oder sexuelle Abwechslung ist. Frauen, die eine Affäre eingehen, haben Lust auf Streicheleinheiten. Sie suchen Wertschätzung, Komplimente, seelische Intimität und wollen sich als Frau wieder begehrt fühlen. In dieser Phase sind die wenigsten Paare bereit, aus ihren Fehlern zu lernen und einen Neustart zu wagen. Die meisten sehen oft nur mehr den Ausweg in einer Trennung oder Scheidung.

Auch Gerhard und Johanna hatten keinen Wunsch mehr, ihre Ehe aufrechtzuerhalten. In der Mediation ging es ihnen nur darum, gemeinsam Regeln zu finden, um das Besuchsrecht auszuhandeln, es spannungsfrei zu gestalten und ihrer Tochter die Trennung zu erleichtern. Stress, sexuelle Verlockungen und die Unfähigkeit zur Konfliktlösung hatten eine einst so glücklich begonnene Beziehung ruiniert.

Konflikte und Machtspiele

Viele Paare glauben, dass sie die Lebensfreude in der Beziehung steigern können, wenn sie möglichst wenige Konflikte zulassen und keine Streitereien austragen. Diese Einstellung ist jedoch falsch. Je besser die Konfliktkultur in einer Partnerschaft ist, desto rascher werden gemeinsame Lösungen gefunden, die zur Entspannung führen und eine lebendige, lustbezogene Beziehung zulassen. Der Psychologe Gottman unterscheidet zwischen lösbaren Konflikten in einer Partnerschaft und ewigen Konflikten, die von einem Paar oft lebenslang und zum Teil immer wieder mit denselben Mustern geführt werden. Seine Studien haben gezeigt, dass 69% der Paarkonflikte zu den „ewigen Konflikten" zählen.

Welche Konflikte sind leicht lösbar? Meinungsverschiedenheiten können normalerweise Beziehungen beleben. Sie sind die Chance, dass beide ihren Horizont erweitern, über die unterschiedlichen Einstellungen zu einem Thema gemeinsam nachdenken und eine Lösung finden. In den meisten Beziehungen wird aber eine andere Meinung des Partners als befremdend erlebt.

Bei meinen zahlreichen Vorträgen bei den Bäuerinnentagen erzählen mir viele Frauen, dass sie, um die Harmonie in ihrer Ehe zu wahren, von Anfang an versucht haben, sich der Meinung ihres Partners anzuschließen bzw. anzupassen. Die Hoffnung, dadurch eine lebenslange Harmonie aufrechtzuerhalten, ist eine trügerische. Denn die Meinungsunterschiede setzen erst zu einem späteren Zeitpunkt in der Partnerschaft ein, wo sie dann oft vom stärkeren Partner als Bedrohung erlebt und umso mehr bekämpft werden. Gerade zu Beginn einer Beziehung ist es daher wichtig, sich dem Partner in seiner Individualität und Andersartigkeit zu präsentieren.

Alltagskonflikte sind Teil des menschlichen Zusammenlebens. Es ist eine Illusion, zu glauben, dass ein Paar immer gleicher Meinung sein muss, wenn es um die Kindererziehung, die Haushaltsführung, die Lebensplanung oder sexuelle Vorlieben in einer Partnerschaft geht. Paare, die Konfliktmanagement gut beherrschen, suchen nach Win-win-Lösungen, bei denen es nie einen Sieger und einen Verlierer geben darf, sondern immer eine Einigung, die für beide akzeptabel ist.

Welche Konflikte gehören zu den „ewigen“, die wie ein rotes Tuch die Lebensfreude eines Paars zerstören können? Ewige Konflikte werden von den Betroffenen nicht immer durchschaut, weil der aktuelle Konflikt Situationen aus der Lebensgeschichte berührt, die mit an die Oberfläche gelangen. Man bezeichnet sie als Konstellationskonflikte, die mit unverarbeiteten, vergangenen Situationen oder Beziehungsthemen zu tun haben und durch bestimmte Schlüsselreize wiederbelebt werden können. Erst wenn den Partnern die Dynamik des Konflikts bewusst wird, kann dieser aufgelöst werden.

Besonders belastend für Paare sind Lebenskonflikte, die nicht gelöst, sondern nur gemeinsam ertragen werden können. Lebenskonflikte sind Schicksalsschläge, wie eine schwere Erkrankung von Familienmitgliedern bzw. jahrelange Arbeitslosigkeit oder Suchtprobleme. Bei meinen Konfliktmanagementseminaren mit Paaren entdecken wir durch Rollenspiele oft Muster, die immer wieder gleich ablaufen und dadurch zu keiner Lösung führen können. Erst das Aussteigen eines Partners aus diesen Mustern bewirkt eine dynamische Veränderung und die Chance, eine eingefahrene Sichtweise zu durchbrechen.

Gottman spricht in diesem Zusammenhang von den fünf „apokalyptischen Reitern", weil der Gesprächsverlauf, den ich an einem Paarbeispiel demonstrieren möchte, einem katastrophalen Ende der Geschichte gleichkommt.

1. Reiter – Kritik

Sie: Du hast hoffentlich nicht vergessen, dass ich morgen Abend ausgehen möchte und du auf die Kinder aufpassen musst.
Er: Das geht auf keinen Fall, weil ich morgen länger im Büro arbeiten werde. Außerdem hast du mir das nicht früher gesagt.
Sie: Natürlich. Du hast es doch wie immer nur vergessen.

1. Reiter – Kritik: In dieser Phase ist es den Konfliktpartnern wichtig, recht zu haben. Es geht nicht um eine Lösung des Problems, sondern jeder will beweisen, dass der andere einen Fehler gemacht hat.

2. Reiter – Rechtfertigung

Er: Selbstverständlich hast du mir nicht gesagt, dass ich aufpassen soll. Außerdem sehe ich bei meinem anstrengenden Job nicht ein, warum du unbedingt während der Woche ausgehen musst.

2. Reiter – Rechtfertigung: Zu diesem Zeitpunkt ist es für den kritisierten Partner nur wichtig, Argumente zu finden und zu rechtfertigen, dass die Schuld auf keinen Fall bei ihm liegt.

3. Reiter – Verachtung

Sie: So toll ist dein Job nun auch wieder nicht. Du bist ja nicht der Generaldirektor, sonst hättest du ein anderes Gehalt.
Er: Bei deinem Halbtagsjob kannst du doch überhaupt nicht mitreden. Kein Wunder, dass du es beruflich zu nichts bringen wirst.
Sie: Eigentlich bist du ein beruflicher Versager, denn dein Gehalt ist für deinen Einsatz mehr als erbärmlich.
Er: Hauptsache, du kannst mein erbärmliches Gehalt in vollen Zügen ausgeben.
Sie: Das ist eine gemeine Unterstellung.

3. Reiter – Verachtung: Diese Phase ist gekennzeichnet durch Grobheiten, beleidigende Worte und Sarkasmus. Keiner sucht mehr nach einer Lösung, sondern will den anderen nur „vernichten“.

4. Reiter – Abblocken bzw. Mauern

Er: Mir hast du den heutigen Abend jedenfalls komplett verdorben. Ich gehe jetzt auf ein Bier zum Wirt.
Sie: Das ist auch besser, weil ich überhaupt keine Lust mehr habe, mit dir heute noch ein Wort zu reden. Ich will einfach nur mehr alleine sein.

4. Reiter – Abblocken bzw. Mauern: Zumindest einer der Beteiligten reagiert mit Rückzug. Männer entziehen sich dieser unangenehmen Situation gerne, indem sie aus der Wohnung laufen oder in einen anderen Raum der Woh-

nung flüchten. Frauen, indem sie nur mehr schweigen und versteinert reagieren.

5. Reiter – Machtdemonstration

Dialog am nächsten Morgen:
Sie: Damit du es gleich weißt, ich brauche deine Hilfe nicht mehr. Ich habe eine Nachbarin engagiert, die heute aufpassen wird.
Er: Wunderbar, am besten heiratest du dann gleich die Nachbarin. Ich bin hier offensichtlich überflüssig.
Sie: So wie du dich aufführst, auf jeden Fall. Wenn ich ausgehen möchte, werde ich von nun an ausgehen und nicht mehr auf dich Rücksicht nehmen.
Er: Das trifft sich gut. Ich wollte sowieso schon längst meine Freiheit haben.

5. Reiter – Machtdemonstration: Dem Konfliktgegner werden keine Chancen mehr gelassen. Ziel ist es, Sieger zu bleiben und seine Macht zu beweisen.

Tragischerweise sind es immer wieder die emotionellen Altlasten in einer Partnerschaft, die den normalen Alltag stören und Menschen daran hindern, gemeinsame Lebensfreude zu genießen. Solange in einer Beziehung einer der beiden oder auch beide Partner Emotionen wie Wut, Enttäuschungen, Bitterkeit oder Vernachlässigung empfinden, kann das Paar kaum eine lustvolle Gegenwart genießen. Je nach Dynamik der Konflikte und Auseinandersetzungen, die durch unterschiedliche Schuldvorstellungen und Gerechtigkeitsempfindungen des Paars geprägt sind, wird der Begriff „offene Rechnungen" verwendet, der sich zu dramatischen – wie Stierlin es nennt – „Verrechnungsnotständen" entwickeln kann. Am Beginn einer Beziehung, die sehr stark durch die wechselseitigen

Gefühle des Paars geprägt ist, würden es die meisten ablehnen, ihre Beziehung als „emotionelles Tauschgeschäft" zu sehen, das nur dann stabil funktionieren kann, wenn es durch die richtige Balance von Geben und Nehmen für beide Partner als gerecht empfunden wird.

Offene Rechnungen entstehen immer dann, wenn ein Partner das Gefühl bekommt, dass sich seine Verhaltensinvestitionen nicht gelohnt haben. Er versucht dann über Vorwürfe, diese einzuklagen. Zwei Arten des Vorwurfs werden dabei unterschieden:

Der Unterlassungsvorwurf „Du hast mich enttäuscht, da ich wieder für die Familie allein verantwortlich bin" und *der Zufügungsvorwurf* „Du hast mich angelogen und wieder betrogen."

Bedingt durch diese Vorwurfshaltungen entstehen Täter-Opfer-Positionen, wobei sich Personen in der Opferposition moralisch überlegen fühlen und den anderen dazu bringen wollen, eine ausgleichende Handlung zu setzen. Manchmal gelingt es Paaren, über Jahre eine Alltagsdynamik zu schaffen, in der Vorwürfe und Gegenvorwürfe Bestandteil der „Paarkultur" sind. Kurzfristig wird diese Situation entschärft, indem der „Angeklagte" sich entschuldigt oder um Verzeihung für seine Handlungen bittet. Dieses symbolische Ritual kann für einen kurzen Zeitraum die Paardynamik wieder stabilisieren, bis es zur nächsten Eskalation kommt.

Frust statt Lust im Ehebett

Gelingt es nicht, einen Weg zu finden, Konflikte befriedigend für beide Seiten auszutragen, ist die gemeinsame Lebensfreude und Sexualität in dieser Partnerschaft stark beeinträchtigt. Ein erfülltes Sexualleben ist aber für das seelische und körperliche Gleichgewicht eines Menschen von enormer Bedeutung. Psychologische Studien zeigen, dass viele Österreicher und Österreicherinnen von einem erfüllten Sex nur träumen können. Nach einer Studie der Österreichischen Gesellschaft für Allgemein- und Familienmedizin (ÖGAM) sind nur 53,9% mit ihrem Sexualleben zufrieden. 54,5% der Männer und 45,3% der Frauen gaben an, sich in ihrer Beziehung sexuell befriedigt zu fühlen.

Der bekannte Psychotherapeut Jürg Willi schreibt in seinem Buch „Was hält Paare zusammen“: „Der Anspruch, die Sexualität in der Ehe solle etwas Aufregendes und Abwechslungsreiches sein, macht manche Paare unglücklich. Sexualität ist im ehelichen Alltag in der Regel zwar nicht überraschend, sie braucht deswegen jedoch nicht öde und langweilig zu sein. Während in einer Liebschaft die Sexualität ein zentrales Thema ist, das meist umso höher gewertet wird, je seltener die Partner beisammen sind, wird die Sexualität in der Ehe meist nur zum Thema, wenn sie gestört ist.“ Bei Paaren, die den Mut dazu haben, bei sexuellen Schwierigkeiten therapeutische Unterstützung zu suchen, zeigt sich immer wieder, wie groß ihre Verletzbarkeit in diesem Bereich ist und wie sehr Erotik für viele Menschen im Zentrum ihrer Beziehungsqualität steht. Wird die Sexualität über Jahre als unbefriedigend erlebt, kommt es häufig zur Trennung oder zu einer Außenbeziehung, die sexuelle Defizite ausgleichen soll.

Jeder Mensch hat sein eigenes sexuelles Profil, das sich durch Vorlieben, Praktiken, sexuelle Erfahrungen und Genussfähigkeit vom Profil des Partners unterscheidet. Gerade in der Anfangsphase einer Beziehung machen viele Paare den Fehler, Unterschiede in den sexuellen Wünschen, die sie erkennen, nicht zu kommunizieren, weil sie

Angst haben, dass der Partner irritiert werden könnte. Gemeinsamkeiten in den sexuellen Wünschen werden ins Zentrum der lustvollen Begegnung gestellt und ängstigende Unterschiede im Sexualleben ausgeklammert. Diese Rücksichtnahme auf den Partner kann aber in der Langzeitbeziehung auch zu erotischer Lähmung führen, indem routinierter Alltagssex im Mittelpunkt steht und sexuelle Fantasien, die das Lustempfinden des Paares steigern könnten, aus Sicherheitsgründen ignoriert werden. In einer Langzeitbeziehung wird Sex oft zum Ritual, in dem es nicht nur um Lustempfinden, sondern um Beziehungsfragen wie die gegenseitige Bestätigung „Liebst du mich noch?“, „War es schön für dich?“ etc. geht.

Warum sexuelle Konflikte entstehen

Es gibt mehrere Gründe für das Entstehen sexueller Konflikte.

Unterschiedlich starke sexuelle Bedürfnisse: In Woody Allens Film „Der Stadtneurotiker“ gibt es eine Szene, in der er in der Praxis eines Psychiaters sitzt, während seine Freundin ebenfalls bei einem anderen Psychiater ist. Beide werden gefragt, wie häufig sie Verkehr hätten. „So gut wie nie“, antwortet Woody Allen, „vielleicht dreimal die Woche“. „Andauernd“, so seine Geliebte „mindestens dreimal die Woche“.

Diese kurze Filmsequenz zeigt, wie unterschiedlich die Wünsche nach Sex in einer Paarbeziehung sein können. In diesem Zusammenhang wird auch von der sexuellen Selbstverwirklichung einer Person gesprochen, wobei damit der Wunsch eines Menschen, sich sexuell auszuleben, formuliert wird – unabhängig von der Rücksichtnahme auf den Partner. Konflikte entstehen bei einem Paar dann, wenn beide unterschiedliche sexuelle Selbstverwirklichungswünsche in sich tragen. Übt ein Partner Druck aus, führt das oft zur Verweigerung des anderen und zum nächsten Konflikt.

In meinen Partnerschaftsseminaren wird gerne die Frage gestellt, ob es Durchschnittszahlen für den sexuellen Verkehr von Paaren gibt, an die man sich halten sollte. Diese Frage ist natürlich absurd, denn der Stellenwert, den Paare ihrer Sexualität geben, sollte sich niemals nach Vergleichszahlen richten, sondern ihren persönlichen emotionellen und triebhaften Bedürfnissen entsprechen. Sind diese für das Paar nicht kongruent, ist es absolut wichtig, Lösungen zu suchen, ohne sich wechselseitig Schuld zu geben, zu viel oder zu wenig Sex zu haben.

Überlastung: Fühlt sich ein Partner permanent überlastet und unter Stress, wird auch seine Lust nach Sex reduziert sein (siehe auch Stress als Partnerschaftskiller).

Unzufriedenheit mit den sexuellen Praktiken des Partners: Spannungen entstehen, wenn der Partner bestimmte Handlungen setzt, die der andere nicht wünscht bzw. Handlungen unterlässt, die der Partner gerne ausleben würde. Viele Paare reservieren oft bewusst Zeiten für Sex in ihrer Wochenplanung und versuchen, auf Knopfdruck lustvoll zu agieren.

Ich erinnere mich an die Schilderung eines 45-jährigen Mannes, der mir folgende Episode erzählte: „Jeden Samstagvormittag holt meine Schwiegermutter unsere beiden Kinder ab, um mit ihnen in den Zoo oder schwimmen zu gehen. Kaum haben die drei die Wohnung verlassen, startet meine Frau immer dasselbe Ritual. Sie zieht rasch Reizwäsche an, stellt Kerzen in der ganzen Wohnung auf, und möchte schnell befriedigt werden, da die Kinder doch früher als geplant zurückkommen könnten. Am Anfang fand ich die Situation noch erotisch, doch nachdem unser Sex nur mehr auf den Samstag Vormittag beschränkt wurde, entwickelte ich zunehmend einen Widerwillen, jede Woche zwischen neun und elf Uhr vormittags zur Verfügung stehen zu müssen." Eine junge Frau schilderte mir, dass sie sich in der Sexualität mit ihrem Mann immer gelähmter fühlte, weil sie sein Programm schon in- und auswendig kannte. „Mein Mann macht sich nicht einmal mehr die Mühe, unseren Sex etwas abwechslungsreicher zu gestalten. Seine Art, mich zu berühren findet immer nach demselben Muster und mit den gleichen Handgriffen statt, die mich zunehmend langweilen. Alle meine Versuche, dieses einprogrammierte Muster zu verändern, führen bei ihm sofort zu Erektionsproblemen und er macht mir Vorwürfe, ihn aus seiner Lust zu reißen. Langsam halte ich dieses ‚Schema F' nicht mehr aus."

Sexuelle Ängste durch die persönliche Lebensgeschichte: Erfahrungen und Erlebnisse, die Menschen in ihrer Kindheit und Jugend machen, führen in vielen Fällen zu Erwartungsängsten, die sich bei Erwachsenen in sexuellen Störungen ausdrücken können. Meist kommen die betroffenen Personen ohne Partner in ein Therapiegespräch, weil sie instinktiv spüren, dass ihre Vergangenheit mit dazu beiträgt, dass sie sich in ihrer Beziehung sexuell nicht fallen lassen können. Frauen haben häufig ein Problem mit ihrer Selbstannahme und ihrem körperlichen Selbstbewusstsein. Bei Männern lässt sich hingegen oft das Muster finden, das sie auch in der Sexualität perfekt funktionieren wollen und durch diesen Druck Erektionsprobleme entwickeln.

Die Erwartungsängste beider Geschlechter blockieren ihre Fähigkeit, Lust oder auch Spaß zu spüren. Gelingt in der Therapie die Stärkung der persönlichen Charakterstruktur durch Selbstliebe und Achtung, bewirkt die individuelle Entwicklung des einen Partners in den meisten

Fällen eine dynamische Weiterentwicklung für das Paar in ihrer Sexualität.

Albtraum Treue – Vom Leben mit der sexuellen Versuchung

Paare, die kirchlich heiraten und sich lebenslange Treue schwören, merken oft rasch, wie schwierig dieser Vorsatz ist. Beginnen die ersten sexuellen Probleme zwischen dem Paar, steigt die Traurigkeit und Sehnsucht nach einer glücklichen Erotik. Einige Zitate von Männern und Frauen, die ich befragt habe, sollen zeigen, welche Konflikte oder Machtspiele im sexuellen Bereich ablaufen können: „Ich will nicht immer wollen müssen", „Wie soll ich mich zwingen, mit meiner Frau Liebe zu machen, wenn ich keine Liebe mehr empfinde?", „Wenn ich keinen Sex will, redet mein Mann tagelang nicht mehr mit mir", „Meine Frau betrachtet Sex als Belohnung für mich, wenn ich ihr im Haushalt helfe", „Sie hat sich körperlich so verändert, dass sie mich nicht mehr erregt", „Wie kann ich Lust empfinden, während die Waschmaschine läuft und die Kinder im Nebenzimmer streiten?" Werden diese Spannungsfelder zwischen den Partnern durch Gespräche nicht verbessert oder gelöst, sehen viele den Ausweg zu einem befriedigenden Sexualleben nur mehr im Fremdgehen.

Prinzipiell gibt es zum Thema Untreue drei Meinungsgruppen. Zur ersten Gruppe gehören Paare, die lebenslang an ihrer Beziehung und Sexualität arbeiten und sie immer noch als aufregend und intensiv bezeichnen. Der Psychologe Zilbergeld spricht bei Langzeitpaaren in diesem Zusammenhang vom Begriff der „romantischen Lust", die sich nach der ersten Sturm-und-Drang-Periode in längeren Beziehungen einstellen kann.

Zur zweiten Gruppe zählen Paare, die monogam leben, aber sich und dem Partner nicht eingestehen wollen, dass ihr Liebesleben eintönig und langweilig geworden ist. Um Konflikte zu vermeiden, wird ihr Sex über die Jahre systematisch reduziert oder überhaupt eingestellt. Die Sexualtherapeuten Masters and Johnson sprechen vom „sexuellen Ausgebranntsein“. Es kommt zu einer Übersättigung, weil das Paar jahrelang keine Abwechslung in seine Sexualaktivitäten gebracht hat. Das führt irgendwann zum Zustand der Langeweile, der emotionalen Leere und einem Gefühl des „Burnout im Sex“.

Die dritte Gruppe besteht aus Paaren, die die Monogamie in der Ehe als monoton bezeichnen und nicht verstehen, warum sie ihre sexuellen Empfindungen auf eine Person beschränken sollen. Diese Partner experimentieren häufig, indem sie gemeinsame sexuelle Kontakte mit anderen Menschen erleben oder sich auf eine offene Beziehungsform einigen.

Menschen, die vom Seitensprung ihres Partners erfahren, bezeichnen diesen Moment als eine der schlimmsten Erfahrungen ihres Lebens. Sie sind schockiert, zornig, verletzt, gekränkt, ängstlich, verzweifelt und eifersüchtig. Wann spricht man eigentlich von Untreue in der Ehe? Prinzipiell stellt jedes Paar bestimmte Regeln auf, was als „betrügen“ zu werten ist oder nicht. Die Bandbreite dieser Regeln kann im Extremfall von „Nicht mit einer anderen Person flirten“ bis zu „Sexualkontakt mit oder ohne emotioneller Bindung“ reichen.

Untreue ist nicht gleich Untreue

„Zufällige Untreue" – Es ist halt passiert: Zufällig Untreue haben nicht den Wunsch, ihre Beziehung zum Ehepartner aufzugeben. Ihr Seitensprung war nicht geplant und liegt außerhalb ihres normalen Verhaltensmusters. Welche Antriebskraft treibt zufällig Untreue in die Arme eines anderen Menschen? In Langzeitbeziehungen kann es oft die Neugier sein, mit einem anderen Partner zumindest einmal etwas anderes Aufregendes zu erleben. Oft entsteht bei zufällig Untreuen ein Seitensprung innerhalb ihrer vertrauten sozialen Beziehungen im Freundeskreis oder am Arbeitsplatz. In vielen Fällen arbeiten Mann und Frau jahrelang als gute Arbeitskollegen miteinander. Bei einem Betriebsausflug finden sie sich plötzlich in einer ungewohnten, intimen Gesprächssituation wieder. Sie verwechseln dann häufig die im Gespräch aufgetretene menschliche Nähe mit sexueller Intimität und lassen sich auf ein Abenteuer ein, das sie spätestens am nächsten Morgen bereuen. Menschen mit dem Verhaltensmuster „zufällige Untreue" geraten nach einer sexuellen Begegnung oft in Panik, weil sie Angst vor einer Entdeckung durch den Partner haben, nicht verliebt in den Sexpartner sind und ihre Beziehung auf keinen Fall gefährden wollen.

Notorische Untreue – Fremdgehen als Prinzip: Notorisch Untreue sind Menschen, die den Wechsel von Sexualpartnern für normal halten. Monogamie bezeichnen sie als Albtraum und versuchen, als permanente Flirter in ihrem Lebensumfeld ständig neue sexuelle Partner zu finden. Notorische Fremdgeher setzen alle Mittel ein, um zu verhindern, dass ihre Untreue bekannt wird. Viele entwickeln auch eine Sexsucht und schaffen es häufig nicht ohne therapeutische Hilfe, ihr Zwangsverhalten unter Kontrolle zu bringen. Peter L.: „Ich kann mich an keine Lebensphase erinnern, in der ich wirklich monogam gelebt habe. Das Leben ist viel zu kurz und abenteuerlich, um nur einen sexuellen Partner zu haben. Selbst wenn ich zu Hause einen Ferrari besitze, will ich vielleicht irgendwann auch in einem Porsche oder Lamborghini meine Runden drehen. Das Leben ist doch wie ein herrlicher sexueller Supermarkt. Ich möchte einfach alles ausprobieren und habe auch keine Schuldgefühle, wenn ich in einer fixen Beziehung lebe. Mit sexueller Treue kann ich nichts anfangen."

Romantische Affären – Verliebtsein als Entschuldigungsgrund: Romantische Affären belasten eine Beziehung extrem, weil die Partner oft merken, dass der andere sich in ihren Augen äußerlich und charakterlich verändert und sie immer mehr an Einfluss verlieren. Für den betrogenen Partner ist es die schlimmste Kränkung, wenn er spürt, dass der andere verliebt ist und plötzliche Vitalität und Lebensfreude entwickelt. Die 55-jährige Christine G. schilderte mir auf einem Seminar ihre romantische Affäre: „Ich hätte nicht mehr geglaubt, dass ich mich in meinem Alter noch einmal so verlieben könnte. Ich wurde von meiner Firma zur Weiterbildung in einen Kurs geschickt und traf dort auf einen Kollegen, bei dessen Anblick mich sofort ‚der berühmte Blitzschlag' traf. Ihm ging es genauso. Vom ersten Moment an hatte ich Herzklopfen und war magisch von seiner Ausstrahlung angezogen. Bis zu diesem Augenblick hatte ich aus meiner Sicht eine normale 23-jährige Ehe hinter mir. Unser Sohn war 19 und ich schien mein Leben fest im Griff zu haben. Nach dieser Begegnung änderte sich alles gravierend. Am Ende des Kurses war für uns beide klar, dass wir uns weiter sehen mussten, weil wir nicht anders konnten. Mein Freund war auch verheiratet, aber das störte uns beide nicht. Wir kennen einander seit einem Jahr und jedes unserer Treffen ist noch immer so romantisch wie am Beginn. Ich schwebe richtig auf Wolken, wenn ich ihn sehen kann. Natürlich habe ich mich verändert. Ich spüre wieder diese Lebenslust, die ich schon lange nicht mehr hatte. Ich mache Sport, habe mir eine neue Frisur zugelegt und genieße jeden Moment meines Lebens mit einer neu erwachten Sinnlichkeit. Mein Mann hat wahrscheinlich diese Veränderung gespürt, aber statt, dass er sich mehr um mich bemühen würde, ist er nur mehr gereizt und lieblos. Ob ich meine Ehe wirklich aufrechterhalten will, weiß ich nicht mehr. Ich fühle nur, dass ich diese romantische Affäre auf keinen Fall beenden möchte."

Eheliche Arrangements – Sexuelle Vereinbarungen zwischen den Partnern: Immer mehr Paare haben Probleme damit, in einer Langzeitbeziehung sexuell treu zu bleiben. Weil sie aber nicht heimlich fremdgehen wollen, suchen sie gemeinsame Sexpartner für erotische Spiele oder definieren Regeln, innerhalb derer eine offene Form von sexuellen Begegnungen erlaubt ist. Werden in dieser Beziehungskonstellation aber keine emotionellen und sexuellen Grenzen gesetzt, scheitern diese Paare häufig an ihrer sexuellen Offenheit. Für die meisten ist das Ausleben ihrer sexuellen Lust nicht mit emotionellen Empfindungen gekoppelt, um die eigene Partnerschaft nicht zu gefährden.

Es gibt aber auch eheliche Arrangements, die in verdeckter Form praktiziert werden. Einer der Partner hat eine Affäre, von der der andere weiß, es aber nicht zum Thema macht, um durch die Aufrechterhaltung der Ehe andere Vorteile zu genießen. Zum Beispiel kann eine Frau die Affäre ihres Mannes dulden, weil sie mit den Kindern nicht als Single leben will, ihren Lebensstandard in gewohnter Form aufrechterhalten möchte oder ihren gesellschaftlichen Status nicht verlieren will. Diese ehelichen Arrangements enden meistens, wenn die gemeinsamen

Kinder ausziehen, weil die emotionelle Entfremdung zwischen dem Paar die Beziehungsqualität endgültig zerstört hat.

Entdeckungsreise in die Welt der lustbetonten Paare

„Und wenn sie nicht gestorben sind, dann lieben sie noch heute ..." – ein Satz, der wie aus einem Märchen klingt. Der Wunsch nach lebenslanger Liebe ist bei vielen Menschen vorhanden, doch die meisten scheitern, weil die Anforderungen des Alltags ihr Liebesglück zerstören. Seit vielen Jahren beschäftigt mich die Frage, welche Persönlichkeitseigenschaften Paaren helfen, ihre Beziehung mit Freude zu leben. Alle meine Interviewpartner, die ihre Beziehung als lustvoll bezeichneten, hatten vier Gemeinsamkeiten, die ich in eine Lustformel integriert habe.

Die Lustformel:
L = lebendig
U = unternehmungslustig
S = sinnlich
T = triebhaft

Lebendig: Viele Psychologen zeigten in Langzeitstudien immer wieder auf, wie wichtig die Positivitätstendenz in der Partnerschaft ist, das heißt die Fähigkeit von Menschen, auch in schwierigen Situationen einen motivierenden Zugang in der Lösung ihrer Probleme zu finden. Diese Fähigkeit macht lebendig, denn sie umschließt als Grundmuster einen offenen Zugang zu sich selbst und zur Beziehung. Lebendige Menschen beziehen ihre Lebensfreude aber nicht nur aus der Beziehung selbst, sondern aus ihrer starken Selbstmotivation und Freude. So steht das L auch symbolisch für „lebenslanges Lernen", denn lustvoll leben bedeutet auch, bereit zu sein, neue persönliche Entwicklungsschritte zu erfahren, die die eigene Persönlichkeit lebendig erhalten. Beziehung wird nicht als abgeschlossener Prozess betrachtet, der ewig halten muss, sondern das gegenseitige Lernen aneinander wird zum Mittelpunkt in einer erfüllenden Paarbeziehung. Lebendige Paare lassen auch den Humor in ihrer Beziehung nicht zu kurz kommen. Sie besitzen die Fähigkeit, nicht nur über eigene Schwächen oder die ihres Partners zu lachen, sondern sie suchen sich auch Menschen, die mit Freude durchs Leben gehen.

Unternehmungslustig: Paare mit hoher Lebensfreude beziehen ihre Dynamik aus lustvollen Interessen und Aktivitäten. Die Außeneindrücke, die sie erleben, festigen ihre innere Welt und bereichern ihren persönlichen Alltag. Unternehmungslustige Menschen haben Spaß am Leben und seiner Vielfalt. Ob Sport, kulturelle Interessen, Reisen oder gesellige Veranstaltungen. Ihre Beziehungsqualität bleibt erhalten, weil sie geistige Langeweile und körperliche Trägheit vermeiden.

Sinnlich: Lustvolle Paare nehmen die Welt in sinnlicher Form wahr, die sich stark in einer erotischen Aufgeschlossenheit und Verspieltheit ausdrücken kann. Ihre Sinne sind auf Freude eingestellt, denn sie leben nicht nur in den Tag hinein, sie genießen jeden Moment als kostbares Geschenk: den gemeinsam erlebten Sonnenuntergang, den Duft der Natur, Musik, jede Form der Berührung, die Glücksgefühle auslöst etc.

Triebhaft: Triebhaft bedeutet nicht, dass Paare während ihrer sexuellen Begegnung nur den Wunsch besitzen, rasch befriedigt zu werden. Genauso wenig steht triebhaft für einen Menschen, der pausenlos sexuelles Verlangen verspürt. Freud sprach von der Libido als einer triebhaften, psychischen Energie, die als sexuelle Lust und Begehren weit über den biologischen Trieb hinausgeht. Lustvolle Paare haben dieses sexuelle Begehren als wichtigsten Teil in ihrer Kommunikation kultiviert. Mit feinen Sensoren versuchen sie, die Chemie zueinander zu stärken und leidenschaftliche Begegnungen zu fördern. Triebhaft bedeutet in diesem Zusammenhang halten, zupacken, spontan umarmen, also jede Form erotischer Annäherung.

Wie Sie Ihre Beziehungsqualität stärken und festigen

Gespräche als heißer Draht in der Paarkultur: Der bekannte Wiener Psychiater Erwin Ringel sprach davon, dass Österreichs Paare in der Familienphase nur mehr sieben Minuten miteinander kommunizieren. Der Inhalt dieser Gespräche dreht sich aber selten um die persönlichen Bedürfnisse und Wünsche der Partner, sondern dient mehr dem Austausch von praktischen und organisatorischen Informationen. Die Kommunikation erfolgt oft in oberflächlicher Form mit Inhalten wie „Wer kauft heute Abend ein?“, „Was gibt's im Fernsehen?“, „Wer betreut morgen unsere Kinder?“ etc.

Ich erinnere mich an einen Manager, der in einem meiner Seminare saß, als ich darüber sprach, dass Paare in der Familienphase ca. sieben Minuten täglich miteinander sprechen. Als ich diese Zahl erwähnte, zeigte er sofort auf und meinte, das könne nicht stimmen. In diesem Moment dachte ich erfreut, dass dieser Mann offensichtlich ein sehr intensives kommunikatives Leben mit seiner Frau hatte und ihn daher diese Zahl verwundere. Er aber meinte nur trocken: „Das erscheint mir eigentlich viel zu lang.

Ich wüsste wirklich nicht, was ich sieben Minuten täglich mit meiner Frau reden sollte."

Wie kommunizieren Paare, die Freude an ihrer Beziehung haben?

Soziale Verstärker sind wichtig: Zufriedene Paare versuchen mehrheitlich, durch ihre Worte Harmonie aufzubauen. Gesprächsanalysen zeigen, dass sie viele positive Botschaften senden und Inhalte, die Lob und Anerkennung ausdrücken, verstärkt übermitteln.

Ihre Körpersprache ist offen und ausdrucksstark: Sie kommunizieren mit allen Sinnen, sind empathisch und berühren einander häufiger als Paare, die „verstimmt oder verstummt" sind.

Die Versöhnungsbereitschaft ist größer: Zufriedene Paare, die streiten, versuchen auch bei Auseinandersetzungen, andere Sichtweisen zu tolerieren und sich nicht im Umgangston zu vergreifen. Sie haben Mechanismen entwickelt, sich rasch wieder zu versöhnen.

Hohe Kooperation und Unterstützung bei Problemen: Hat einer der Partner ein Problem, ist bei diesen Paaren das Engagement, dem Partner zu helfen und rasch in Gesprächen und Handlungen Lösungen zu finden, sehr groß.

Mehr Lebensfreude durch Konfliktmanagement: Für die meisten Paare ist alleine das Wort „Konflikt" schon belastend, weil sie damit Streit, Zerwürfnis, Machtspiele, Kampf und Stress verbinden. Lustbetonte Paare quälen sich aber nicht mit unausgesprochenen Konflikten in ihrer Beziehung ab, sondern suchen meist sofort nach Lösungen, um ihre Lebensqualität nicht zu beeinträchtigen.

Klare Abmachungen in der Partnerschaft: Je besser die gemeinsamen Aufgaben, die erledigt werden müssen, verteilt sind, umso weniger können Konflikte entstehen. Die Frage, wer wofür verantwortlich ist, sollte auf die aktuelle Belastbarkeit der beiden Partner abgestimmt sein. Ändern sich äußere Lebensumstände, werden die Inhalte der Regeln auf ihre Aktualität überprüft und bei Bedarf verändert. Besonders wichtig ist es für Konfliktprofis, nicht nur die Aufgaben aufzuteilen, sondern auch die Verantwortung zu übertragen. Ständige Kritik oder gut gemeinte Ratschläge können die Beziehungsqualität schnell strapazieren. Übernimmt einer der Partner eine bestimmte Aufgabe, ist er für diesen Bereich auch selbst verantwortlich. Eine klare Offenlegung der Finanzen ist zudem absolut notwendig. Finanzielle Geheimnisse voreinander schaffen keine vertrauensvolle Basis.

Zeit nehmen zur Konfliktlösung: Paare, denen die Beziehungsqualität am Herzen liegt, lösen ihre Konflikte niemals zwischen Tür und Angel in womöglich stressgeladenen Situationen. Sie achten auf ihre Körpersprache und vermeiden lautstarke oder aggressive Signale, weil sie anerkennen, dass es in der Partnerschaft zwei subjektive Wahrheiten und Realitäten geben kann. Kommt es dennoch zu einer Konflikteskalation, hat das Paar Stopp-Techniken verabredet, um entweder eine eingefahrene Situation kurzfristig zu unterbrechen oder einen neuen Zeitpunkt für die Fortsetzung des Gesprächs zu vereinbaren. Nach ihren Konfliktgesprächen sind die meisten Paare erleichtert. Das Suchen von gemeinsamen Konfliktlösungen festigt die Beziehungsebene und gibt dem Paar Kraft für die weitere Bewältigung neuer Herausforderungen.

Romantik als Lebenselixier in der Ehe: Als ich bei einem Urlaub Susanne und Georg kennenlernte, fiel mir von Anfang an auf, wie zärtlich und liebevoll die beiden miteinander umgingen. Sie waren Mitte 40 und seit 18 Jahren verheiratet. Die Art, wie sie einander anschauten, war nicht mehr typisch für Langzeitpaare. Ihre Blicke waren innig, fast so, als wären sie noch immer im Zustand des Verliebtseins. Sie hatten eine liebevolle Kommunikationsform entwickelt und empfanden wechselseitige Komplimente als die natürlichste Sache der Welt. In einigen Gesprächen erzählten sie mir, dass sie zwei Kinder haben und in all den Jahren versuchten, sich genug Freiraum für ihre Paarbeziehung zu reservieren. „Wir haben immer Babysitter organisiert, um zumindest zwei Abende in der Woche nicht nur Eltern zu sein, sondern uns beide in der Rolle als Frau und Mann wahrzunehmen. Einmal in der Woche waren unsere Kinder bei meiner Mutter und diesen Abend zelebrierten wir wie in unserem Anfangsstadium. Wir kochten gemeinsam und verbrachten immer einen romantischen Abend bei Kerzenlicht und speziell ausgewählter Musik."

Paare wie Georg und Susanne gibt es leider selten. Studien zeigen aber, dass Partnerschaften, in denen die Romantik zum natürlichen Verhaltensrepertoire eines Paars gehört, wesentlich länger halten als bei Paaren, die diesen Bereich nur in der Anfangsphase ausleben. Romantik hat viele Facetten: Ein schönes Abendessen zu Hause oder in einem Restaurant, ein Waldspaziergang, um den Sonnenuntergang zu genießen, ein gutes Glas Wein bei schöner Musik oder ein gemeinsames Entspannungsbad bei Sekt und Kerzenlicht.

In meinem Buch „Lust am Flirten" habe ich mich auch mit dem Thema „Flirten in der Ehe" beschäftigt. Viele Paare haben mich auf dieses Kapitel angesprochen, weil sie meinten, dass man eher mit unbekannten Personen als dem eigenen Partner flirten sollte. Dieser Meinung bin ich absolut nicht, denn Paare, die eine lebendige und romantische Beziehung führen, senden viele positive Flirtsignale an ihren Partner. Über diese Signale wird eine Kommunikationsform aufgebaut, die durch Wertschätzung geprägt ist. Sie enthält Botschaften wie „Ich schätze dich, du bist wertvoll, du bist begehrenswert" etc. Flirten ist wie ein heißer Draht zwischen zwei Menschen und zeigt, dass die Chemie zwischen den Partnern immer noch stimmt. Sie ist die schönste Liebeserklärung, auch in einer Langzeitbeziehung

Täglich ein positives Feedback verleiht Flügel: In der Hektik des Alltags fallen den meisten Menschen besonders die Schwachstellen und Kritikpunkte am Partner auf. Lustbetonte Paare schaffen aber einen Ausgleich, indem sie auch die positiven Seiten ihres Partners wahrnehmen. Ein Lob pro Tag kann wahre Wunder wirken. Es ist wie ein Wachstumshormon für die Seele, die Sehnsucht nach Anerkennung steckt bekanntlich in uns allen. Frustrierte Paare leiden häufig, weil der Partner als selbstverständlich betrachtet, was mit viel Einsatz verbunden ist. Viele Hausfrauen, die sich mühselig abhetzen, um nach ihrer Arbeit ein aufwendiges Essen auf den Tisch zu stellen, ärgern sich, wenn der Partner nicht einmal ein „Danke“ über die Lippen bringt. Es sind die Kleinigkeiten in der Alltagskultur eines Paars, die motivieren und beleben. „Ich bin froh, dass es dich gibt“ ist von der Bedeutung her viel wertvoller als ein kostbares Geschenk.

Entwickeln Sie Ihre romantische Paarkultur! Ein Paar erzählte mir, dass sie drei Abende im Monat für ihre romantischen Stunden reservierten. „Gemeinsam überlassen wir nichts dem Zufall. Essen, Musik und Kleidung werden abgestimmt, damit dieser Abend zu einem unvergesslichen Fest für uns beide wird. Wir kochen meistens gemeinsam, ziehen uns schön oder aufregend an und genießen den Moment mit allen Sinnen.“ Natürlich kann auch ein Überraschungseffekt die Beziehung beleben, wenn nur ein Partner eine romantische Atmosphäre vorbereitet. Leider kann diese Initiative aber auch gegenteilige Wirkung haben. Eine meiner Klientinnen war mit einem Techniker verheiratet, den sie als eher sachlich und nicht romantisch beschrieb. Eines Abends beschloss sie, ihn mit seinem Lieblingsessen zu überraschen und da er immer auf die Minute pünktlich nach Hause kam, verwandelte sie kurz vor diesem Zeitpunkt ihre gesamte Wohnung in ein Lichtermeer aus Kerzen. Mit seiner ersten Bemerkung zerstörte ihr Gatte aber beim Betreten der Wohnung die gesamte Stimmung. Er fragte nämlich: „Ist der Strom ausgefallen?“, um beim Betätigen des Lichtschalters erleichtert festzustellen: „Die Elektrizität funktioniert wieder, wir können die Kerzen jetzt ausblasen.“

Erinnern Sie sich an die Zeit, als Sie einander kennen lernten: Wie haben Sie miteinander geflirtet? Welche Berührungen mochten Sie besonders? Welche Streicheleinheiten liebte ihr Partner? Aktivieren Sie gemeinsam ihre positive Vergangenheit und versuchen Sie, dieses Gefühl in die aktuelle Situation zu übertragen. Wenn ich mit Paaren über ihre ersten Berührungskontakte spreche, ist dieser Moment für die meisten positiv und sinnlich besetzt. Sie erinnern sich spontan an Anfangsrituale, die ihre Herzen öffneten. Gelingt es dem Paar, seine verschütteten Sehnsüchte nach Zuneigung und Wertschätzung in einem Gespräch zu offenbaren, steigen die Chancen auf einen sinnlichen „Neubeginn“, der die Beziehungsqualität wieder verändern kann.

Positive Zukunftsvisionen lassen Paare wachsen: Visionen schaffen auch in der Momentsituation enorme Lebensfreude, das Entwickeln gemeinsamer Ziele und Pläne ist für die Qualität einer Beziehung enorm wichtig. Planen und träumen Sie zusammen! Ich erinnere mich an ein Paar, das große Freude hatte, seine Urlaubspläne bis ins kleinste Detail auszudenken. Die beiden erzählten mir, dass sie die meisten ihrer Traumreisen aus finanziellen Gründen nie verwirklichen konnten. Bei ihren Fantasiereisen spürten sie aber eine Vorfreude und Lebendigkeit, die sie in angenehme Stimmung versetzte und ihnen gut tat.

Anregungen zur Steigerung Ihres erotischen Potenzials

Langzeitpaare erleben oft nur routinierten Sex, ohne miteinander erotische Wünsche und Begehrlichkeiten zu entwickeln und auszuleben. In Wahrheit ist die erotische Selbstentwicklung beider Partner die Chance, Neues zuzulassen und seine eigenen Grenzen im sexuellen Sehnen und Wünschen zu erspüren. Die „Lust auf sich selber schafft Lust auf den anderen".

Die Sehnsucht nach Erotik steckt in den meisten Menschen. Begehrt zu werden und zu begehren, Lust zu spüren und Lust zu geben, Leidenschaft zu entwickeln und sinnliche Momente zu fördern – das kann beinahe als Grundbedürfnis bezeichnet werden.

Die erotische Kultur eines Paars entwickelt sich nicht von alleine, sie ist zum Teil Schwerarbeit, weil ihr Prozesse der Selbstliebe, der Selbsterkenntnis und des Ausprobierens erotischer Spiele und Wünsche vorangehen. Die erotische Kultur eines Ehepaars muss kein Ablaufdatum haben, das mit dem fünften Hochzeitstag oder ab dem 40. Lebensalter automatisch erlischt. Im Gegenteil: Im Laufe meines Lebens hatte ich das große Vergnügen, einige Paare kennen zu lernen, die über 70 Jahre alt waren und die in Gesellschaft eine sinnliche Ausstrahlung zueinander verband, die ansteckend wirkte.

Als ich eines der Paare nach ihrem erotischen Ehe-Rezept fragte, antworteten beide, dass sie ein gesundes sexuelles Selbstbewusstsein besäßen, stolz auf ihre Ausstrahlung und ihren Körper wären und Vergnügen empfinden würden, sich für den anderen begehrlich zu machen. Die beiden berührten einander auch während des Alltags häufig. „Ich kenne meine Frau trotz 45 Ehejahren noch immer nicht – und das ist auch gut so. Bei jeder Berührung ihrer Hand und Haut wechselt meine Empfindung durch den Zustand, indem sie sich befindet. Manchmal spüre ich ihre Erschöpfung, Energie, vertraute Wärme und manchmal auch prickelnde Fremde. Wir sind immer auf Entdeckungsreisen zueinander, die uns weit weg von der Körperoberfläche in eine Welt der erotischen Wahrnehmung und Fantasie führen."

Viele Menschen schaffen diesen erotischen Reifungsprozess aber nie, weil er ihnen ab einem gewissen Alter zu mühselig erscheint und sie sich lieber kulinarisch verwöhnt einem gemütlichen Fernsehabend hingeben. So erfahren sie aber nie, welche erotische Programmvielfalt in ihnen selber schlummert, die sie nie oder nur annähernd ausgelebt haben. Ich erinnere mich an den Ausspruch eines Mannes, der mir erzählte, dass er fast zehn Ehejahre brauchte, um zu erkennen, wie erotisch seine Frau wirklich war. Nachdem die beiden einen erneuten Streit hatten und zum ersten Mal das Thema Trennung im Raum stand, waren beide tagelang deprimiert. Eines Abends lud ihn seine Frau zu einem Essen ein und wählte ein Lokal, das eine besondere Atmosphäre hatte. Sie überraschte ihn mit einer modischen Frisur und trug ein neues Kleid, das sie ihm fröhlich präsentierte. Ihre Bewegungen waren anders als sonst und sie hatte dieses Lächeln im Gesicht, das er so lange nicht mehr wahrgenommen hatte. Bereits beim Hauptgang spürte er ein starkes Verlangen und sexuelles Begehren nach ihr. Seine Frau erschien ihm so lebendig und interessant wie schon lange nicht mehr. Plötzlich wurde ihm klar, dass er den Draht zu ihr durch seine Nervosität und ständige Überlastung zerstörte. Er hatte sexuelles Interesse von ihr gefordert, aber es selber nicht gezeigt. Sein Verlangen, ihren Körper zu spüren und sie zu berühren, war beim Dessert so groß, dass er sich in Gedanken vorstellte, wie er die Schokocreme mit Himbeeren nicht vom gemeinsamen Teller, sondern von ihrem Körper essen würde. Der Abend endete in einem Stundenhotel, in das er seine Frau entführte. Die Idee war ihm spontan gekommen, denn plötzlich wollte er mit ihr etwas Ungewöhnliches erleben, das jenseits ihres üblichen Verhaltensrepertoires lag. Er hatte Angst, dass die prickelnde Atmosphäre zwischen ihnen zerstört werden könnte, wenn sie sich zu Hause in der Routine des ehelichen Schlafzimmers vergnügen würden. Der Abend wurde für die beiden zu einem leidenschaftlichen Fest und einem sinnlichem Neubeginn nach fast zehn Jahren Ehe. Zur Erinnerung an ihr „erotisches Revival" feierten sie auch ihre nächsten Hochzeitsabende an diesem Ort, nach dem Motto: „Same time, same station".

Die Erotik eines Paars entsteht aus ihren bevorzugten Stilen und Praktiken, die sie miteinander entwickeln. „Im sexuellen Begehren äußert sich der Drang, über das Medium der Sexualität komplexe Signale und Botschaften auszutauschen. Im sexuellen Begehren artikuliert sich aber auch unsere Fähigkeit zur Intimität. Beim Werben umeinander und beim Sex haben wir Freude am Spiel mit Ich-Du-Erfahrungen", schreibt der amerikanische Sexualtherapeut David Schnarch in seinem Buch „Die Psychologie sexueller Leidenschaft".

Männer und Frauen, die sich neu kennen lernen, beschreiben diese erotischen Schwingungen, die sie in der Anfangssituation ihrer Begegnung verspürten, als magische Momente. Ein intensiver Blickkontakt, der elektrisiert, eine zufällige Berührung, die Gänsehaut verursacht, eine Stimmung, die fühlbar wird. Viele Paare leiden, wenn ihnen der Verlust dieser erotischen Schwingungen in ihrer Beziehung bewusst wird. Ihr Sex wird zu einer routinierten Alltagshandlung, emotionslos befriedigen sie einander, ohne die erotische Chemie wieder aufleben zu lassen. Doch die Sehnsucht nach der verloren gegangenen Schwingung und dem sinnlichen Gleichklang bleibt.

Der Unterschied zwischen einer lustlosen und einer lustvollen Beziehung besteht in der Art, den Körperkontakt wahrzunehmen. Lustlose Paare begreifen einander ohne Gefühl, lustvolle Paare mit Seele und Herz. Lustlose Paare bringen einander ohne emotionelle Verbundenheit zum Orgasmus. Lustvolle Paare spüren die Intimität ihrer Begegnung mit allen Sinnen. Lustlose Paare vermeiden das Küssen und beschränken sich auf die zentralen Sexorgane. Lustvolle Paare bringen sich durch gefühlvolle Küsse und Berührungen in Schwingungen. Lustlose Paare haben ein eingeschränktes sexuelles Verhaltensrepertoire, das sie als „Schema F" praktizieren. Lustvolle Paare entwickeln eine große Bandbreite von erotischen Ausdrucksformen, die sie situationsbedingt variieren. Lustlose Paare schließen oft die Augen, um im Zustand ihres Orgasmus auf sich alleine konzentriert zu sein. Lustvolle Paare stellen über den Blickkontakt eine erotische Brücke her. Bis in die Tiefe ihrer Seele kommunizieren sie mit dem anderen im Moment der höchsten Ekstase. Sie spüren eine Energie, die sie durchfließt und zu einer spirituellen Verbundenheit bringt, die weit über die Intimität des Paars hinausgeht. Sie sind eins, nicht mit sich selbst, sondern der Macht des Universums.

Die Kraft der sexuellen Fantasien

„Die wahren Abenteuer sind im Kopf. Und sind sie nicht im Kopf, dann sind sie nirgendwo", sang Andre Heller einst in den 1970er-Jahren. Ich erinnere mich an ein Gespräch mit einem Mann, der mir erzählte, dass er seine Beziehung nur deshalb nicht beendet hatte, weil ihn die eigenen sexuellen Fantasien so beflügelten, dass er den lustlosen Sexualakt mit seiner Frau ertragen konnte. Leider ist dieser Zugang aber genau der falsche, denn auf diese Weise erlebte er sein erotisches Programm alleine und tat nichts, um die Intimität mit seiner Partnerin zu verbessern.

Dennoch können Fantasien einen wertvollen Stellenwert in der erotischen Welt eines Paars einnehmen. Psychologische Studien zeigen, dass erotische Gedanken an andere Personen oder Situationen bei vielen Menschen üblich sind. Sie dienen als Stimulation und werden von Männern auch als „geistiges Viagra“ bezeichnet. Ähnlich der Potenzpille sind Fantasien oft eine Erektionshilfe, indem durch gedankliche Stimulanz die körperliche Spannung länger erhalten bleibt. Auch Frauen berichten immer wieder, dass die Vorstellung, mit George Clooney (der Name ist natürlich austauschbar) im Bett zu sein und nicht mit dem eigenen Langzeitpartner, ihre Erregungsfähigkeit stark steigert. Dramatisch wird die Situation nur, wenn sich einer der sexuell Beteiligten nicht mehr an der intimen Situation mit dem Partner erregen kann und die meiste Zeit in seine eigene erotische Gedankenwelt flüchtet.

Der Austausch sexueller Fantasien kann für ein Paar als Lust steigernd erlebt werden, wenn es diese in offener Form kommuniziert oder in Rollenspielen gleichsam dramaturgisch auslebt. Menschen, die Probleme mit ihrem Selbstwertgefühl haben, leiden aber enorm, wenn sie spüren, dass der Partner nicht monogam denkt und von anderen Männern oder Frauen fantasiert. Auch im „Rollenspiel“ sind nicht selbstbewusste Menschen stark verunsichert, weil sie den Wünschen des Partners entsprechen wollen und nicht der eigene Lustgewinn der Inszenierung im Vordergrund steht, sondern das ängstliche Gefühl, alles richtig machen zu wollen.

Paartherapeut Schnarch unterscheidet beim Sex drei unterschiedliche Kategorien:

Sexuelle Trance, Partnerbezogenheit und Rollenspiel. Diese Bereiche sind mit verschiedenen körperlichen und erotischen Vorlieben verbunden. In der sexuellen Trance ist der eigene Körper im Mittelpunkt der erotischen Empfindungen. Menschen dieses Typs kommunizieren verbal wenig, weil sie nicht abgelenkt werden wollen und sich stark auf ihre Gefühle, die sie zum Orgasmus bringen, einstellen. Nicht die Außenwelt ist in ihrem Bewusstsein präsent, sondern ihr starkes körperliches Verlangen. Lustvoller Sex bedeutet für sie, vom Partner verwöhnt zu werden, sich dem Gefühl hinzugeben, ohne den Erwartungsdruck, dass auch der andere gleichzeitig sexuelle Aktivitäten einfordert. Renate und Günter hatten als Paar Vorlieben für den Zustand der sexuellen Trance entwickelt. Sie empfanden es als lustvoll, wenn sie sich nacheinander mit Hingabe befriedigten. Nicht der Partner stand in ihrem Liebesspiel im Vordergrund, sie konzentrierten sich mit allen Sinnen auf die durch den anderen hervorgerufenen körperlichen Erregungen. In diesem Zustand nahmen sie keine Außenreize und Ablenkungen mehr wahr, nur die Hingabe an den Moment. Dieser Trancezustand kann bei einem Paar zu Nähe und Intimität führen, wenn beide ihn genießen und die richtige Balance zwischen Geben und Nehmen im sexuellen Bereich gegeben ist.

Im Zustand der Partnerbezogenheit wird der Liebesakt nicht als „isoliertes Befriedigungsprogramm“ erlebt, im Mittelpunkt steht hier die Zuneigung für den anderen, die durch liebevolle Zärtlichkeiten ausgedrückt wird. In höchster Vollendung spüren die beiden eine spirituelle

Nähe, die weit über die körperliche Ekstase hinausgeht. Menschen, die das Glück haben, diesen Zustand zu kennen, haben oft Schwierigkeiten, ihn zu verbalisieren. In Erinnerung sind mir die Worte einer Frau: „Es gibt einen Moment in unserem Liebesspiel, der nahezu unbeschreiblich ist. Ich spüre eine Nähe zu meinem Freund, die weit über den körperlichen Gleichklang unserer Bewegungen hinausgeht. In diesem Zustand wünsche ich mir, dass wir keine Körper hätten, weil diese die einzige Barriere zwischen uns beiden sind. Die Liebe wird zu einem Akt des Friedens, der mich so erfüllt, dass mir manchmal die Tränen kommen. In diesen Momenten bin ich unendlich glücklich. Ich fühle mich geborgen in ihm und dem Universum um uns." Nur wenige Paare erleben diese intensive Partnerbezogenheit in der oben beschriebenen Form. Viele erfahren oft nur oberflächliche Begegnungen, die unter diesen Begriff fallen. Der klassische One-Night-Stand entspricht auch einer Form der Partnerbezogenheit. Im Mittelpunkt steht aber die einmalige, sexuell dominierte Kontaktaufnahme, wobei mit der Zielerreichung in Form eines Orgasmus das Interesse an dem Abendabschnittspartner schlagartig beendet ist. Auch Menschen, die Swingerklubs besuchen, erleben eine Form der Partnerbezogenheit, die oft nur wenige Minuten andauern kann. Der „Partner" dient in diesem Fall der eigenen sexuellen Stimulation und wird über seine erotischen Signale und optischen Körperreize wahrgenommen. Die Bezogenheit bleibt mehrheitlich auf den körperlichen Aspekt beschränkt. Therapeut David Schnarch spricht in diesen Fällen der oberflächlichen Partnerbezogenheit davon, dass die Sexpartner nicht als „Person wahrgenommen werden, sondern als eine Erweiterung der eigenen Bedürfnisse. Sie sind Geschlechtsorgane auf zwei Beinen."

Bei der seelischen Partnerbezogenheit sind die Befriedigung und das Glück des anderen mindestens genauso wichtig wie das eigene sexuelle Wohlbefinden. Die Persönlichkeiten der beiden sind im Mittelpunkt der erotischen Begegnung. Emotionelle Nähe, Chemie und Ausstrahlung führen zu einem Wechselspiel von sexuellen Handlungen, die fließend und scheinbar gedankenlos passieren. Die körperliche Vereinigung wird zum Ausdruck einer tiefen seelischen Verbundenheit, in der alles möglich wird.

Wenn Erotikfilme Wirklichkeit werden

Paare, die sich auf gemeinsame Rollenspiele zu zweit oder mit anderen Akteuren einlassen, besitzen eine stark ausgeprägte Fantasie und ein breites Verhaltensrepertoire, das sie ausleben wollen. Sie sind wie Regisseure ihres eigenen Drehbuchs und überlassen nichts dem Zufall. Nur die Magie des Augenblicks zählt, denn ihr sexueller Genuss entsteht oft schon im Vorfeld. Die Planung der Rollenumsetzung wird als besonders lustvoll erlebt. Fantasien werden gemeinsam als Paar oder im Internet ausgetauscht. Die der Dramaturgie entsprechende Kleidung und Utensilien zur Umsetzung der Inszenierung werden besorgt und die Atmosphäre für die Aufführung des erotischen Stückes geschaffen.

Die einzige Schwachstelle liegt in den handelnden Personen selbst. Hat ein Paar das Glück, zum selben Zeitpunkt die richtige Stimmung zu spüren, um spielerisch in Rollen zu schlüpfen, die der momentanen Neigung und dem vorgedachten Manuskript entsprechen, kann der Abend zu einem erotischen Vergnügen der Extraklasse werden. Ist aber einer der Beteiligten nicht in Stimmung oder kann sich mit der zugedachten Rolle nicht identifizieren, wird die Aufführung so wirken, als würden Laienschauspieler Talent vorgeben, das sie nicht haben. Im schlechtesten Fall endet ein Rollenspiel im Streit oder einer enormen Verstimmung, weil das innere Gefühl nicht mit der äußeren Rollenerwartung korreliert. Menschen, die sich auf Rollenspiele mit dem eigenen Partner einlassen, sollten eine solide emotionelle Verbundenheit zueinander spüren sowie Vertrauen, Respekt, Zuneigung und Einfühlungsvermögen als Basis haben.

Ich kenne einige Langzeitpaare, die lebendige Beziehungen ohne sexuelle Langeweile führen, weil sie „erotische Spiele“ in ihr Liebesleben integriert haben. Ihrer Kreativität und Genussfähigkeit sind dabei keine Grenzen gesetzt, denn in ihrem Kopf kann lebenslang ein neues Drehbuch entstehen.

Paare, denen es gelingt, alle drei Spielarten – sexuelle Trance, Partnerbezogenheit und Rollenspiele – abwechselnd zu praktizieren, haben eine Vielzahl von erotischen Möglichkeiten, lustvoll zu genießen. Es macht sie innerlich frei und schafft doch eine emotionelle Nähe und Stimmung, in der der Partner in seiner erotischen Lebendigkeit einzigartig bleibt.

LUSTVOLL ARBEITEN

„Wenn mein ganzes Leben aus Arbeit besteht, dann wäre ich ein Narr, sie nicht lustvoll zu gestalten."
(Brigitte Bösenkopf)

Würden wir die Stunden zählen, in denen wir arbeiten, und die Momente, in denen wir Pausen machen, wären wir wahrlich entsetzt. Menschliches Leben besteht mehrheitlich aus einer Fülle von Arbeitsprozessen, die unsere Lebensqualität bestimmen. Tägliche Arbeitsbelastungen spielen eine große Rolle, weil sie unsere psychische und körperliche Gesundheit stark beeinflussen. Managementtrainer Peter F. Kinauer behauptet, dass nur 10% der Mitarbeiter in österreichischen Unternehmen motiviert seien, weil die Menschen keinen Spaß mehr bei der Arbeit hätten. Zahlen aus der Stressforschung zeigen, dass bereits jeder fünfte österreichische Arbeitnehmer Burn-out-ähnliche Phasen kennt, in denen seine Lebensfreude auf der Strecke bleibt. Wie können Menschen am Arbeitsplatz ihre Motivation steigern und welche Rahmenbedingungen fördern lustvolles Arbeiten?

Studien über Freude am Arbeitsplatz zeigen, dass sie durch zwei Faktoren stark beeinträchtigt wird: Zeitdruck, der zu Stress führt, und ein geringer Grad an Kontrolle des Handelnden über seinen Arbeitsablauf. Nicht nur Fließbandarbeit wäre hier ein Beispiel für eine Risikogruppe, sondern auch Berufe, bei denen es keinen sozialen Rückhalt am Arbeitsplatz gibt.

Ein weiterer Aspekt der Arbeitsbelastung ist das Missverhältnis zwischen Arbeitseinsatz und Belohnung, wobei die Belohnung nicht nur finanziell, im Sinne eines Gehalts, definiert wird, sondern auch durch Anerkennung und Aufstiegsmöglichkeiten ausgedrückt werden kann. Zwei amerikanische Forscher, Christina Maslach und Michael Leiter, beschäftigten sich vor wenigen Jahren mit den Ursachen des Burnout-Syndroms am Arbeitsplatz. Sie analysierten sechs Bedingungen der Arbeitswelt als Ursache für das berufliche Ausgebranntsein: unzureichende Belohnung, Arbeitsüberlastung, fehlende Gemeinschaft, Mangel an Fairness, Diskrepanzen zwischen persönlichen und Firmenwerten und fehlende Handlungsfreiheit.

Wie wird Handlungsfreiheit definiert? Handlungsfreiheit ist das subjektive Gefühl eines Individuums, sich frei entscheiden zu können. Menschen sind bereit, auf Handlungsfreiheit zu verzichten, wenn sie das Gefühl haben, ihren Führungskräften voll vertrauen zu können. Der Glücksforscher Herbert Laszlo meinte dazu: „Es ist so gut wie unmöglich, sich glücklich einer Führung anzuvertrauen, wenn man dem Führenden nicht vertraut." Dieses Vertrauen besteht aus zwei Teilen, dem Vertrauen in die Absicht und dem Vertrauen in die Fähigkeit. Vertrauen zu können, ist die größte Gnade, vertrauenswürdig zu sein, hingegen die größte Tugend.

Marketingexpertin Eleonora Janotta erzählte mir zum Thema Vertrauen ein persönliches Beispiel: „Mein Vorgesetzter in einem österreichischen Großunternehmen gab mir immer wieder Trainees aus dem firmeneigenen Traineeprogramm zur Ausbildung, da sie, wie er sagte, bei mir am besten aufgehoben sind und am meisten profitieren. Sein Vertrauen hat mich enorm motiviert und mir sehr gut getan."

Ist das Vertrauen zu einer Führungskraft aber gestört, führt jede Einschränkung der Handlungs- und Wahlfreiheit zur Reaktanz. „Reaktanz" ist laut Herkner ein Erregungs- und Motivationszustand, der darauf abzielt, die bedrohte, eingeengte oder blockierte Freiheit wiederherzustellen. Reaktanz ist immer ein unangenehmes Gefühl, das starke Reaktionen wie Wut oder Aggressionen auslösen kann. In diesem Zustand kann eine Person nicht lustvoll und mit Freude arbeiten.

Durch meine zahlreichen Gespräche mit Personen aus der Wirtschaft habe ich festgestellt, dass es zum Thema Arbeitsfreude sehr unterschiedliche Einstellungen gibt. Eine Gruppe behauptet, es sei unrealistisch, zu glauben, dass Arbeit Spaß machen solle. Im Prinzip geht es nicht um die lustvolle Arbeit an sich, sondern das Arbeitsergebnis, das mit Zufriedenheit und Freude verbunden werden kann. Der lustvolle Weg zum Ergebnis selbst lenke nur von der Arbeit ab und sollte nicht im Mittelpunkt des Geschehens sein. Glücksforscher Csikszentmihalyi hat allerdings in verschiedenen Experimenten nachgewiesen, dass Menschen am Arbeitsplatz signifikant häufiger über Glücksmomente berichten als in ihrer Freizeit. Das heißt, der Wunsch, Freude und Vergnügen in der Arbeit zu erleben, ist ein menschliches Bedürfnis, das viele Personen, selbst unter schwierigen Arbeitsbedingungen, zu erreichen versuchen. Seine Erkenntnis wird durch eine Umfrage der österreichischen Uniqua-Versicherung bestätigt. Von tausend Mitarbeitern der Uniqua, die befragt wurden, gaben 90% an, Spaß am Arbeitsplatz zu erleben, mehr als 60% sogar viel Heiterkeit.

Lustvolles Arbeiten ist nicht möglich, wenn Menschen ein Gefühl der Überforderung (Burnout) oder auch der Unterforderung (Bore-out bzw. Langeweile) erleben. Dass Überforderung Menschen in die innere Kündigung führt, wurde durch viele Studien belegt. Über Langeweile am Arbeitsplatz gibt es wenige Untersuchungen, da Arbeitskräfte, die unterfordert sind, diesen Zustand vertuschen und oft vorgeben, ausgelastet zu sein. Lustvolles Arbeiten, das zu Glücksmomenten führt, ist nur dann möglich, wenn Menschen „optimal beansprucht" werden. Unter Beanspruchung wird dabei das Verhältnis zwischen Belastbarkeit und Belastung eines Menschen verstanden. Laszlo schrieb dazu: „Belastbarkeit bezeichnet die Summe der im Moment verfügbaren Fähigkeiten des Individuums, dazu können geistige und körperliche Fähigkeiten einander ergänzen, ja bis zu einem gewissen Grad sogar ersetzen: Es gibt optimale Beanspruchung sowohl im körperlichen als auch im geistigen Bereich, aber auch in einer Kombination von beiden. Glück entsteht durch eine Beanspruchung, die der Belastbarkeit des Individuums entspricht."

Keine Führungskraft will ihre Mitarbeiter durch ständige Überlastung verlieren, genauso wenig sollen sich diese langweilen, weil sie nicht ihren Stärken entsprechend eingesetzt sind. Manager, die Mitarbeiter in ihren intellektuellen Fähigkeiten gut einschätzen, aber auch empathisch genug sind, Signale richtig zu entschlüsseln, die Auskunft über die momentane Belastung des Mitarbeiters geben, können rechtzeitig durch begleitende Maßnahmen Zustände der extremen Überforderung durch Unterstützung verbessern. Fühlt sich ein Mitarbeiter unterfordert, kann auch geistige Langeweile ins Burnout führen. Werden diese Menschen durch neue Aufgaben motiviert bzw. wird ihnen mehr Verantwortung übertragen, erleben sie wieder Arbeitsfreude und lustvolle Momente.

Als Wirtschaftstrainerin habe ich in den letzten 20 Jahren viele unterschiedliche Unternehmen und Menschen in Klein- und Mittelbetrieben, aber auch großen Konzernen kennen gelernt. Die Frage der Arbeitsmotivation beschäftigt mich seit langer Zeit. Welche Persönlichkeitstypen schaffen es leichter, sich täglich am Arbeitsplatz zu motivieren? Ist lustvolles Arbeiten immer von der Qualität unserer Arbeit, unseren beruflichen Rahmenbedingungen und unserer aktuellen Lebenssituation abhängig oder sind es bestimmte Persönlichkeitseigenschaften von Menschen, die lustvolles Arbeiten erst ermöglichen? Menschen, die eine hohe Arbeitsfreude besitzen, haben bestimmte Fähigkeiten und Stärken entwickelt, die sich wie ein roter Faden durch alle ihre Lebensbereiche ziehen. Personen, die in ihrem Job frustriert oder unzufrieden sind, geben häufig dem Unternehmen die Schuld. Der Druck ist zu groß, die Arbeitsbedingungen schlecht und das Betriebsklima angespannt.

Lebensfrohe Persönlichkeiten haben gelernt, durch ihre innere, positive Einstellung aus jeder Arbeitssituation das Beste zu machen, indem sie ihre Tätigkeiten als sinnvoll annehmen, sich täglich motivieren, gute Sozialbeziehungen pflegen und kreative Lernprozesse in ihren Arbeitsalltag einbauen.

In den zahlreichen Interviews, die ich mit Menschen in unterschiedlichen Positionen und Firmen geführt habe, konnte ich vier Faktoren herausfiltern, die Menschen mit hoher Arbeitsfreude besitzen, unabhängig von ihren äußeren beruflichen Rahmenbedingungen. Lassen Sie sich in diesem Kapitel durch Impulse inspirieren, auf welche Weise Sie bestimmte Persönlichkeitseigenschaften stärken können.

Die hohe Kunst der Selbstmotivation

„Wer selbst nicht brennt, kann andere nicht entzünden.“ (Augustinus)

Lustvolles Arbeiten und die Fähigkeit zur Selbstmotivation sind untrennbar miteinander verbunden. Besonders in Krisenzeiten suchen Menschen nach Strategien, um mit Schicksalsschlägen oder Misserfolgen besser umgehen zu können. Immer wieder treffe ich Personen, die glauben, dass Selbstmotivation eine Charaktereigenschaft ist, die man hat oder nicht. Selbstmotivation ist aber erlernbar, wenn wir täglich Techniken anwenden, die auch in Krisenzeiten und unter Stress automatisiert abgerufen werden können.

Sie finden im Anhang einen Fragebogen zur Selbstmotivation, den Sie zuerst ausfüllen können, um ehrlich zu überlegen, zu welchen Fragen Ihnen etwas einfällt. Wenn Sie wenige Fragen beantworten können, haben Sie sich bisher zu wenig mit ihrer Selbstmotivation auseinandergesetzt. Sie können aber auch zuerst meine Anregungen lesen und danach im Fragebogen jene Techniken eintragen, die Sie zukünftig anwenden wollen.

Menschen mit hoher Selbstmotivation starten den Tag in vielen Fällen mit einem Morgenritual. Das kann eine Entspannungstechnik sein, ein gutes Frühstück oder ein Motivationssatz. Viele aktivieren ihren Kreislauf über eine sportliche Aktivität am Morgen, um mit Energie zum Arbeitsplatz zu kommen. Auch bestimmte Musikstücke können als Ritual zur Selbstmotivation eingesetzt werden.

Workaholics motivieren sich gerne direkt am Arbeitsplatz, indem sie bewusst eine halbe Stunde vor den Kollegen ins Büro kommen, um sich morgendliche Erfolgserlebnisse zu verschaffen. Gestresste Menschen beginnen ihren Tag häufig mit einem negativen Ritual, das im Sinne einer self-fullfilling-prophecy (selbst erfüllenden Prophezeiung) umgesetzt wird: „Heute wird wieder einmal alles schief gehen, so wie ich mich fühle."

Auch während des Arbeitsalltags sind diese Personen mehrheitlich negativ gepolt, sehen vor lauter Problemen die Lösungen nicht, nörgeln gerne und übersehen angenehme Augenblicke, die sie stärken könnten.

Positiv denkende Menschen erleben aber in ihrer Arbeit die vielen lustvollen Momente ihrer Tätigkeiten bewusst. Das nette Gespräch mit Kunden, die Kaffeepause mit Kollegen, die gemeinsamen Erfolge, das Glück, einen Beruf zu haben und vieles mehr.

In einer Bank fiel mir jahrelang eine Mitarbeiterin auf, die der Sonnenschein der Filiale war. Mit ihrer fröhlichen Art löste sie alle Probleme mit Herz und schaffte es auch in schwierigen Situationen, immer gut gelaunt zu sein. Ihre positive Ausstrahlung war der beste Motivator für ihren Chef, für die Mitarbeiter und Kunden. Mit Freude erzählte sie mir: „Meine Kunden sagen immer, die Frau Lorenz ist im Haus. Wir haben sie schon lachen gehört." Die Lebensfreude, die Menschen ausstrahlen, ist enorm ansteckend. Besonders in Stresssituationen haben diese Personen Startvorteile, weil sie sich nicht aus der Ruhe bringen lassen.

Wie Sie sich täglich positiv aufladen können

Stellen Sie sich folgende Szene vor: Ein Berater sitzt an seinem Schreibtisch und telefoniert, während zwei Kunden bereits wartend vor ihm stehen und ein Kollege ihm im Vorbeigehen einen Stoß Unterlagen zur Bearbeitung auf den Schreibtisch legt.

Die meisten Menschen werden in dieser Situation gereizt, nervös und wissen nicht, was sie zuerst erledigen sollen. In diesem Moment funktioniert ihre Selbstmotivation sehr schlecht. In einer Akutsituation muss ich mich zuerst beruhigen und die Anspannung aus meinem Kopf und Körper bekommen, damit ich wieder motiviert denken kann.

Eine gute Technik, um so eine Situation zu bewältigen, sind Kurzzeitmethoden, die der Gesprächspartner gar nicht bemerken muss. Dazu zählen die folgenden kleinen „Tricks“:

Die richtige Atmung: Drei bis vier bewusste Atemzüge können Sie soweit entstressen, dass Sie gelassener mit der Situation umgehen.

Sitzposition verändern: Denken Sie an ein kleines Kind, das mit seinen Eltern an einem Tisch sitzt und in diesem Moment nicht aufstehen darf. Viele Kinder reagieren auf den Befehl „Bleib ruhig sitzen“, indem sie sich auf ihren Sesseln hin und her bewegen. Sie spüren instinktiv, wie sie in der Bewegung ruhiger werden. Stressmessungen mit Biofeedback haben gezeigt, dass Menschen, die bewusst in ihrem Gehirn den Befehl „Sitzposition verändern“ einblenden und sich umsetzen, ihren Stresswert reduzieren, weil das Gehirn mit dem Befehl beschäftigt ist, tausende Schaltzentren zu koordinieren.

Bewegung einbauen: Jede Form der Bewegung ist ein ideales Mittel zur Stressbewältigung. Öffnen Sie kurz das Fenster, holen sie sich einen Kaffee oder verlassen Sie den Raum unter einem Vorwand. Bauen Sie mit jedem Schritt bewusst einen Teil ihrer Anspannung ab. Menschen, die zum Beispiel vor einer Gerichtsverhandlung warten, bewegen sich häufig am Gang auf und ab, um innerlich ruhiger zu werden. Die wenigsten Schauspieler sitzen vor ihrem Auftritt ruhig an einem Platz, sie versuchen viel eher, mit Bewegung ihr Lampenfieber zu bewältigen.

Anker setzen: Sie trainieren zu Hause, indem Sie eine entspannte Situation, an die Sie denken, mit einer Handbewegung koppeln. Führen Sie diese Handbewegung in einer Stresssituation aus, wird automatisch die damit gekoppelte Entspannung aktiviert. Sie können z. B. Daumen und Mittelfinger immer dann leicht berühren, wenn Sie in ihrer Fantasie entspannt in der Badewanne liegen. In einer Stresssituation führen Sie diese Berührung durch und aktivieren dabei ihre entspannten Gedanken und Gefühle.

Kopf frei und klar: Viele Menschen entwickeln Stress im Kopf, weil sie unbedingt fünf Dinge gleichzeitig tun wollen. Bei dieser Methode stellen Sie sich vor, dass das Innere Ihres Kopfs der blaue Himmel ist und alle Ihre Gedanken wie Wolken emotionslos durch den Kopf durchziehen. Zusätzlich sagen Sie langsam den Satz „Kopf frei und klar".

Gelingt es Menschen, diese Methode regelmäßig zu trainieren, tritt innerhalb von Sekunden das Gefühl einer geistigen Leere auf. Nützen Sie diesen Zustand, um sich aktiv zu motivieren, indem Sie neue Prioritäten setzen, z.B.: Welche Aufgabe ist jetzt die wichtigste und dringendste?

Immer wieder treffe ich durch meinen Beruf Personen, die behaupten, dass sie an ihrem Arbeitsplatz nie motiviert sind. Selbstmotivation braucht aber regelmäßige Impulse, damit Aktivität, Energie und Freude entstehen können. Umso wichtiger wird es für diesen Personenkreis, sich Kraftquellen in ihrem Privatbereich zu suchen. Zum Beispiel ein Hobby, das Spaß macht, Gespräche mit Freunden oder Spaziergänge in der Natur. Menschen, denen es gelingt, sich in ihrem Freizeitbereich positiv aufzuladen, können ihre Energien auch in den beruflichen Alltag transportieren. Dasselbe funktioniert natürlich auch umgekehrt: Menschen, die gerne arbeiten und viele motivierende Erlebnisse haben, können diese Kraft auch in eine schwierige Privatbeziehung oder belastende Lebensumstände einbringen.

Menschliches Leben besteht mehrheitlich aus einer Hochschaubahn mit ständigen Auf- und Abwärtsbewegungen. Es ist unrealistisch zu glauben, dass unser Leben nur motivierend und lustvoll verlaufen kann. Kein Mensch kann ständig auf Tätigkeiten zurückblicken, die er zu 100% als motivierend erlebt. Natürlich gibt es immer wieder Routinetätigkeiten, die wir langweilig finden und die uns belasten.

Wenn ich Menschen nach ihrer Lieblingsbeschäftigung am Arbeitsplatz frage, fällt den meisten aber zumindest eine motivierende Tätigkeit ein. Nette Kundengespräche, die angenehme Betreuung der Gäste, die abwechslungsreiche Außendiensttätigkeit, der positive Monatsabschluss und vieles mehr. In Momenten, in denen Menschen nicht motiviert sind, hilft die Vorstellung einer Situation, in der sie engagiert waren und dieses positive Gefühl in die aktuelle Situation zu transportieren. Das ist besonders wichtig, wenn Sie unangenehme Arbeiten rasch erledigen wollen.

Unterschiedliche Persönlichkeitstypen haben meist verschiedene Methoden entwickelt, um Routinetätigkeiten wegzuarbeiten oder zu verdrängen. Es gibt Menschen, die nach dem Motto „Manche Arbeiten muss man dutzende Male verschieben, bevor man sie endgültig vergisst" leben. Chaoten genießen es, unangenehme Tätigkeiten möglichst weit wegzudenken. Diese Aufgaben entwickeln aber in unserem Gehirn eine Eigendynamik und beginnen uns auffällig zu belasten und einen wesentlich größeren Stellenwert im Gehirn einzunehmen, der in keiner Relation zur Größe der unerledigten Aufgabe steht. Menschen mit hoher Selbstmotivation versuchen, diese unangenehmen Aufgaben möglichst rasch hinter sich zu bringen, um frei für Neues zu sein. Es gibt Personen, die bereits am Morgen ihre unangenehmen Tätigkeiten rasch erledigen und danach eine positiv besetzte Aufgabe auswählen, um sich zu belohnen.

Diese Strategie ist aber für „Morgenmuffel" nicht geeignet, weil sie eine längere Anlaufzeit brauchen. Sie wählen meist den Tagesabschnitt, an dem sie sich besonders gut fühlen, um unangenehme Aufgaben zu bewältigen. Wenn Sie tägliche To-Do-Listen bevorzugen, ist es sinnvoll die unangenehmen Aufgaben an den Beginn und nicht ans Ende ihrer Liste zu setzen. Sind diese erledigt, ist Ihr Kopf frei für neue Herausforderungen.

Menschen, die eine niedrige Selbstmotivation besitzen, fühlen sich wohler, wenn sie Arbeitsanleitungen oder Anweisungen bekommen, in welcher Form und Qualität sie ihre Aufgaben durchführen sollen. Diese Personen sind insgesamt sehr abhängig von Fremdmotivation, und brauchen, um Freude an der Arbeit zu entwickeln, regelmäßiges Feedback, Lob und Anerkennung ihrer Umgebung. Fehlt die Fremdmotivation geraten diese Persönlichkeiten leicht in Stress oder werden frustriert. Wie können diese Menschen lernen, ihr Ego und ihre Selbstmotivation aufzubauen? Die „Worauf war ich heute stolz"-Methode dient der eigenen Selbstreflexion, aber auch der Stärkung des Egos. Fragen Sie sich nach jedem Arbeitstag, worauf Sie stolz waren, was Ihnen gut gelungen ist und wo Sie sich verbessern wollen.

Eine Frau erzählte mir, dass sie all ihre Erfolge in ein Heft eintrug und diese seit Jahren sammelte. Wenn sie einmal nicht motiviert war, blätterte sie in ihren „Erfolgsheften" und verspürte sofort Freude beim Lesen ihrer Tätigkeiten, die sie stolz machten.

In einem Motivationsseminar erzählte mir ein Bankmitarbeiter folgende nette Geschichte: „Ich bin ein Typ, der viel Feedback braucht. Leider war es in unserer Filiale nicht üblich, Lob von anderen zu erhalten. Da entwickelte ich folgende Methode, um Aufmerksamkeit zu bekommen: Immer wenn mir ein Kundenabschluss gelungen war, stellte ich mich in die Mitte unserer Filiale und klopfte mir mit der linken Hand anerkennend auf meine rechte Schulter. Da meine Kollegen bereits wussten, was das bedeutete, lachten sie schon und fragten sofort, welche Erfolge ich heute gehabt hatte. Auf diese Weise bekam ich die Aufmerksamkeit der anderen und fühlte mich selber gut, weil ich mir Zeit nahm meinen ‚Erfolg' zu feiern."

Es gibt glücklicherweise viele Unternehmen, die sich sehr intensiv mit den Faktoren Motivation und Freude der Mitarbeiter auseinandersetzen. Die Personalchefin Martina Mader von der RSC Raiffeisen Daten Service Center GmbH erzählte mir zu diesem Thema: „Unsere letzte Mitarbeiterumfrage hat gezeigt, dass 97,3% der MitarbeiterInnen gerne arbeiten gehen, 95,2% die Arbeit Spaß macht und 97,6% stolz darauf sind, in der RSC zu arbeiten. Bereits bei Neuaufnahme eines Mitarbeiters/einer Mitarbeiterin wird besonders großer Wert auf rasche Integration in das Unternehmen gelegt. Eine wichtige Rolle spielen dabei unsere Mentoren, die in eigenen Schulungen für diese Tätigkeit ausgebildet werden. Neuen MitarbeiterInnen wird durch die fachliche und persönliche Begleitung durch den Mentor der Einstieg in das Unternehmen erleichtert. Wichtiges Ziel unserer Führungskräfte ist es weiters, das Unternehmensklima und somit auch die Freude am Arbeitsplatz zu fördern. Neben unterschiedlichen, langfristig ausgerichteten Aktivitäten sind es jedoch auch kleine Initiativen mit wenig finanziellem Aufwand, die zur täglichen Freude am Arbeiten beitragen können. An einem besonders heißen Sommertag letzten Jahres spendierte zum Beispiel unsere Geschäftsführung allen MitarbeiterInnen ein gratis Eis, verbunden mit einem positiven Mail. Diese kleine Maßnahme sorgte für großes Echo, auch mit dem Hintergrund, dass die Geschäftsführung an die MitarbeiterInnen denkt und dies als Zeichen der Anerkennung gewertet wurde."

Ähnlich ist es auch mit dem Lob, denn Feedback ist das wichtigste Zeichen der Aufmerksamkeit, das wir unserer Umwelt schenken können. Jedes Unternehmen kann Maßnahmen setzen, um durch Rahmenbedingungen die Arbeitsfreude der Mitarbeiter zu fördern. In vielen Fällen erzielen auch kleine Veränderungen eine große Wirkung. Wenn ich meinen Klienten in Einzelgesprächen die Frage stelle: „Was brauchen Sie, um wieder motiviert zu werden?", sind ihre Wünsche oft auffällig klein. Eine Frau erzählte mir, dass sie unter Konzentrationsschwierigkeiten litt, seit ihr Chef hinter ihrem Schreibtisch einen Kopierer aufgestellt hatte. Die ständige Anwesenheit von Kollegen hinter ihrem Rücken, der Lärm des Kopierers und die permanente Ablenkung machten sie reizbar und nervös. Nach unserer Sitzung führte sie auf mein Anraten ein offenes Gespräch mit ihrem Vorgesetzten, der sofort reagierte und einen neuen Platz für den Kopierer suchte. Als ich die Klientin nach drei Wochen noch einmal traf, wirkte sie wesentlich entspannter: „Endlich kann ich mich wieder voll auf meine Tätigkeit konzentrieren, mache weniger Fehler und habe Spaß an der Arbeit."

Eine andere Klientin, die als Sekretärin in einer Anwaltskanzlei arbeitete, erzählte mir, warum sie ihre Motivation verloren hatte: „Normalerweise war ich immer hoch motiviert. Durch einen Berufswechsel kam ich in ein Team, das aus drei Kollegen bestand, die frustriert, nörgelnd und demotiviert waren. Da ich humorvoll bin, versuchte ich am Beginn, die Situation zu entspannen und die Teamkollegen mitzureißen. Leider gelang es mir überhaupt nicht. Gerade zu dieser Zeit wurde mein Lebensgefährte arbeitslos und entwickelte in den darauf folgenden Monaten eine Depression. Meine beste Freundin erfuhr, dass ihr Mann eine Affäre hatte und ich hörte mir wochenlang ihre aggressiven oder depressiven Verstimmungen an. Irgendwann spürte ich frustriert, dass ich mich immer mehr meiner Umgebung anpasste. Ich wurde selber gereizt, unlustig und aggressiv." Selbst Menschen mit hoher Eigenmotivation schaffen es nicht, diese über Jahre zu halten, wenn sie sich in einem negativen Umfeld befinden. Machen Sie sich eine Liste Ihrer Bezugspersonen (beruflich und privat) und überlegen Sie kritisch, wer Ihre Selbstmotivation stärkt und wer sie abbaut. Wenn Sie nach dem Schreiben der Liste erkennen, dass Sie wesentlich mehr Namen auf der Negativseite stehen haben, empfehle ich Ihnen, zu überlegen, von welchen Kontaktpersonen Sie sich distanzieren sollten. Motivation ist wie ein grippaler Infekt, sie kann ansteckend sein, Demotivation aber leider auch!

Unsere Selbstmotivation wird nicht nur durch Menschen gefördert, die uns in der aktuellen Situation begleiten. Auch die Lebensgeschichte prägt unsere Motivationsfähigkeit als Erwachsene sehr stark. Immer wieder habe ich festgestellt, dass Personen, die einen bestimmten Satz oder auch mehrere Sätze als motivierende Lebensphilosophie verwenden, sich besonders in schwierigen Zeiten gut motivieren können. Oft sind es Sätze von wichtigen Bezugspersonen aus der Kindheit, die uns Kraft und Halt geben können.

Bei einer Veranstaltung erzählte mir ein Mann sein Lebensmotto: „Wenn es mir schlecht geht, denke ich immer an den Satz meiner Mutter, den sie sagte, wenn ich wieder einmal einen Fünfer auf eine Schularbeit bekommen hatte ‚Nach Regen kommt wieder Sonnenschein'. So simpel dieser Satz auch klingt, er ist für mich zu meiner Lebens- und Arbeitsphilosophie geworden. Ich habe gelernt, auch Misserfolge nicht mehr so tragisch zu sehen, sondern sie als Vorstufe für den nächsten Erfolg zu akzeptieren." Sprichwörter und Kraftsätze haben enorme Bedeutung, weil sie untrennbar mit einem Teil unserer Lebensgeschichte verbunden sind. Sie geben Halt, Sicherheit, Hoffnung und Lebensfreude.

Für die meisten Menschen endet ihre Motivation, wenn sie den Arbeitsplatz verlassen und nach Hause gehen. Die wenigsten nützen ihren Heimweg, um durch ein persönliches Ritual zu entspannen oder sich kurzfristig mit Energie aufzutanken.

Manche tun dies aber doch und wählen je nach Persönlichkeitstyp unterschiedliche Rituale, die sie beruhigen oder aktivieren sollen. Workaholics und Perfektionisten räumen gerne ihren Schreibtisch in Ruhe auf, bevor sie entspannt ihren Heimweg antreten. Wenn Sie mit dem Auto nach Hause fahren, ist das Hören eines bestimmten Musikstücks als Entspannungslied eine geeignete Methode. Sie sollten dieses Lied aber nicht wechseln, damit ihr Gehirn bei dieser Musik auf Entspannung programmiert wird.

Nützen Sie den täglichen Heimweg, wenn Sie zu Fuß gehen, um mit jedem Schritt einen Teil ihrer Tagesprobleme gedanklich loszuwerden. Bewegung in jeder Form entspannt und macht sie innerlich frei.

Ein Seminarteilnehmer erzählte mir dazu eine nette Geschichte: Da er nur einen kurzen Heimweg hatte, war er manchmal, wenn er vor der Wohnungstür ankam, noch nicht frei von seinen Gedanken an die Firma. Kaum öffnete er aber die Wohnungstür, wusste er, was ihn erwartete. Seine beiden kleinen Kinder und die Gattin nahmen ihn sofort in Beschlag. So blieb er manchmal noch fünf Minuten vor der geschlossenen Tür stehen und putzte sich nicht nur seine Schuhe, sondern auch seine beruflichen Gedanken symbolisch an der Türmatte ab. Nachbarn, die ihn dabei beobachteten, lächelten bei seinem Verhalten, aber er fühlte sich nach diesem Ritual entspannter und gelassener.

Viele Menschen haben zu Hause oft unbewusst Abendrituale entwickelt, die sie nicht als solche erkennen. Das Wechseln von der Arbeitskleidung in die Freizeitkleidung ist ein Entspannungssignal für Körper und Seele. Viele Menschen haben sich angewöhnt, sofort zu duschen, wenn sie von der Arbeit nach Hause kommen. Dieser Duschvorgang kann auch mit einer Entspannungszeremonie verbunden werden, wenn mit dem warmen Wasser alle belastenden Stressoren des Tages symbolisch abgespült werden.

Idealerweise sollten Sie Techniken wählen, die zu Ihrer Lebenssituation passen und die Sie körperlich und psychisch entspannen. Manche bevorzugen körperliche Aktivitäten wie Laufen oder den täglichen Abendspaziergang mit dem Hund, um ihren Kopf von belastenden Gedanken frei zu bekommen. Es gibt aber auch Menschen, die aus gesundheitlichen Gründen keine Bewegung machen dürfen. Motivierte Personen haben viele Techniken, die sie anwenden, um mit Begeisterung den Alltag zu meistern. Es ist die Kraft ihrer Motivation, die sie mit Freude durchs Leben trägt.

Erinnern Sie sich mit mir an das dritte Kapitel, in dem ich Ihnen vier unterschiedliche Persönlichkeitstypen vorstellte. Der egoistische Workaholic motiviert sich stark über Geld, Aufstiegschancen, Karriere und Erfolge. Da er hohe Leistungsmotivation in die Arbeit investiert, ist für ihn eine sichtbare Form der Bestätigung absolut wichtig. Das kann in finanzieller Art eine Gehaltserhöhung oder eine Prämienzahlung sein oder der Aufstieg in der Firmenhierarchie.

Der emotionelle Beziehungsmensch, der sich sehr schlecht selbst motivieren kann, braucht für sein Wohlbefinden viel Fremdmotivation durch seine Umwelt. Er sucht ständige verbale Streicheleinheiten in seiner beruflichen und privaten Umgebung.

Der traditionelle Perfektionist benötigt für seine persönliche Motivation Sicherheit, stabile Rahmenbedingungen, aber auch eine gewisse Macht und Verantwortung. Nur so kann er zur Höchstform auflaufen.

Der chaotische Lebenskünstler sucht ständig neue Herausforderung im Job, liebt die Abwechslung und motiviert sich über außergewöhnliche Arbeitsanforderungen.

Mischtypen haben den Vorteil, dass sie ein breites Verhaltenspektrum an Motivationsfaktoren in sich tragen. Situationsbedingt können sie aus ihrem vollen inneren Potenzial schöpfen und sich tagtäglich durch viele verschiedene Methoden positiv aufladen.

Lustvolles Arbeiten braucht Sozialkompetenz

„Behandle die Menschen so, wie auch du behandelt werden möchtest.“
(nach Matthäus 7,12)

Viele Menschen, die eine große Lebens- und Arbeitsfreude besitzen, zeigen gleichzeitig eine durchschnittlich hohe Fähigkeit im Bereich der sozialen Kompetenz, das heißt sie integrieren ihre Stärken im Bereich der zwischenmenschlichen Kommunikation in ihr lustvolles Arbeitskonzept.

Menschen mit geringen Anteilen sozialer Kompetenz können sich soweit abgrenzen, dass die Arbeit für sie an sich als lustvoll erlebt wird. Über einen längeren Zeitraum wirken jedoch die negativen Einflüsse des Arbeitssystems auf die Einzelkämpfer und beginnen, sie zu demotivieren. Ihre Unfähigkeit, gute Sozialbeziehungen aufzubauen, beeinträchtigt ab einem gewissen Zeitpunkt ihre Eigenmotivation.

Warum ist soziale Kompetenz am Arbeitsplatz so wichtig? Studien in diesem Bereich haben Folgendes gezeigt: In einem sozial kompetenten System werden das Betriebsklima und die Unternehmenskultur positiv erlebt. Die Motivation der Mitarbeiter steigt, weil gemeinsame Arbeitsprozesse effizienter ablaufen. Stimmt das Betriebsklima, so werden Konflikte rasch angesprochen und konstruktiv gelöst. Die Anzahl der Krankenstände der Mitarbeiter wird in einem „psychisch gesunden System" reduziert.

Wie können Menschen ihre Fähigkeiten im Bereich der sozialen Kompetenz stärken, um lustvolle Beziehungen aufzubauen?

Techniken zur Stärkung Ihrer Persönlichkeit im Umgang mit Menschen

Um sich selbst als sozial kompetente Persönlichkeit besser einschätzen zu können, überlegen Sie bitte nach Schulnotensystem, wie gut Sie sich in den verschiedenen Punkten beurteilen möchten. Setzen Sie dazu gedanklich oder auch schriftlich Ihre Schulnote unter die einzelnen Punkte.

Nervenstärke, Stressresistenz: Im Zentrum der sozialen Kompetenz eines Menschen steht seine Stressresistenz. Menschen unter Stress handeln selten sozial kompetent.

Im Gegenteil: Sie setzen Handlungen, die andere belasten, indem sie nervös, gereizt, aufbrausend, lautstark oder auch eingeschnappt und zurückgezogen reagieren. Eine Klientin, die eine Filiale einer Supermarktkette übernommen hatte, kam zu mir, weil sie hinsichtlich dieses Punkts starke Defizite spürte. Normalerweise konnte sie sehr gut mit ihren Mitarbeitern umgehen und hatte auch das Gefühl, dass das Betriebsklima in der Filiale passte. Wenn jedoch akute Probleme auftraten, verlor sie häufig die Nerven und schrie lautstark mit ihren Mitarbeitern, sobald Fehler passierten. Minuten später ärgerte sie sich bereits über ihr aufbrausendes Verhalten, denn natürlich sank danach bei allen die Motivation. Sie registrierte auch, dass von ihr angeschriene Mitarbeiter oft über Stunden in einem angespannten Zustand waren und lustlos weiterarbeiteten. Dieses kleine Beispiel zeigt deutlich, dass Menschen, die ihre soziale Kompetenz erhöhen wollen, zuerst Stresstechniken für Akutfälle lernen müssen, um in schwierigen Situationen Nervenstärke zu zeigen.

Kommunikation mit allen Sinnen: Menschen mit hoher sozialer Kompetenz besitzen gute Fähigkeiten im Bereich ihrer verbalen und nonverbalen Kommunikation. Personen, die lustvoll arbeiten, zeigen ihre Freude oft körpersprachlich, indem sie viele positive Signale senden. Sie kommunizieren zum Teil sinnlich, das heißt sie nehmen Gespräche immer mit allen Sinnen wahr und haben gelernt, viele positive Schwingungen auszusenden, aber auch zu empfangen.

Lustbetonte Menschen verwenden in ihrer Rhetorik wesentlich mehr positive Redewendungen und Verstärker als Personen, die lustlos arbeiten.

Lassen Sie mich an einem Beispiel erklären, wie eine destruktive Kommunikationsform viele Menschen in ihrer Arbeitsfreude demotivieren kann: Ich wurde von einem

Teamleiter gebeten, als Psychologin Gespräche mit zwei Mitarbeitern zu führen, die ständig lautstarke Konflikte austrugen. Weil die Stimmung der beiden im Großraumbüro bereits auf alle zehn Mitarbeiter abgefärbt hatte, herrschte akuter Handlungsbedarf.

Als ich zum ersten Mal in das Büro trat, fiel mir bereits in den ersten fünf Minuten in meiner Beobachterrolle auf, welche negativen Machtspiele zwischen den beiden Konfliktparteien abliefen. Es handelte sich um einen Mann und eine Frau, die einander in einer Entfernung von 2,5 Metern gegenübersaßen. Während die Frau mit einem Kunden telefonierte, hörte der Mann offensichtlich genau zu und dokumentierte mit seiner negativen Körpersprache, indem er den Kopf schüttelte, die Augenbrauen verwundert hochzog und mit den Augen rollte, dass er die Kollegin für unfähig hielt. Er vernichtete sie nonverbal, ohne ein Wort zu sagen. Diese negative Anspannung zwischen den beiden übertrug sich natürlich auch auf die anderen acht Teamkollegen, wodurch sich drei Lager gebildet hatten. Ein Teil solidarisierte sich mit der Frau, ein Teil mit dem Kollegen und drei Personen wollten nur in Ruhe arbeiten und sich nicht einmischen. Von Arbeitsmotivation waren alle Beteiligten, inklusive des Teamleiters, weit entfernt.

Konstellationen dieser Art habe ich auch als Mediatorin häufig erlebt. Sitzen Menschen auf engem Raum zusammen und passt die Kommunikation zwischen den Beteiligten nicht, reagieren viele mit Schlafstörungen, Depressionen und körperlichen Symptomen.

Gelingt es nicht, die soziale Kompetenz durch Konfliktlösungen zu verbessern, ist es wichtig, die Streitparteien zumindest räumlich voneinander zu trennen, wenn beide prinzipiell eine gute Arbeitsqualität ins Team einbringen.

Bei oben genanntem Beispiel war der erste Schritt,

die Schreibtische in dem Großraumbüro so umzustellen, dass sich die beiden nicht mehr direkt ansehen konnten und damit keine weitere Gelegenheit gegeben war, über die Körpersprache negative Signale zu senden. Zusätzlich wurde natürlich mit allen Beteiligten ein Konfliktmanagementseminar durchgeführt. Die Wirkung unserer Kommunikation auf andere Menschen ist also von entscheidender Bedeutung für die Lebensqualität aller Beteiligten – sie fördert lustvolles Arbeiten oder hemmt es.

Teamfähigkeit schafft Arbeitsfreude

„There are four people named everybody, somebody, anybody and last but not least nobody. There was an important Organization-Development-Job to be done and everybody was asked to do it. Everybody was sure somebody would do it. Anybody could have done it, but nobody did it. Somebody got angry about it, because it was everybody's job. Everybody thought that anyone could do it but nobody realised that everybody wouldn't do it. It ended up that everybody blamed somebody when nobody did what anybody could have done."
(Verfasser unbekannt)

Wie muss die Qualität eines Teams beschaffen sein, damit Arbeitsfreude entstehen kann?

Vertrauen: In jeder Teamkultur ist das Vertrauen im

Sinne einer ehrlichen Kommunikation die Grundvoraussetzung, damit soziale Kompetenz entstehen kann.

Fairness: Viele Konflikte entstehen, weil Menschen das Gefühl haben, unterschiedlich behandelt und bewertet zu werden. Die häufigsten Konfliktthemen in diesem Zusammenhang sind: Lagerbildung, Prämiensysteme, Urlaubsplanung oder von einer Führungskraft bevorzugte Teammitglieder.

Partnerschaftlichkeit: Die Partnerschaftlichkeit eines Teams zeigt sich an einer offenen Gesprächskultur, die durch Respekt und Wertschätzung der einzelnen Teammitglieder getragen wird.

Klar festgelegte Spielregeln: Je klarer die Spielregeln eines Teams, desto besser funktioniert die Kooperation. Folgende Fragen sind hier hilfreich: Für welche Teamqualitäten wollen wir stehen? Was darf in unserem Team nicht passieren?

Gemeinsam abgestimmte Ziele: Durch klare Zielvorstellungen, sowohl individuelle als auch gemeinsame, entsteht ein starkes Zusammengehörigkeitsgefühl. Sind die Zielerreichungen nicht genau formuliert, hat dies Auswirkungen auf den Informationsfluss im Team und führt in der Folge zu Spannungen und Konflikten.

Überlegen Sie im Sinne einer Selbstreflexion, welche Stärken Sie persönlich in diesen fünf Bereichen besitzen. Wie teamfähig sind Sie wirklich? Ihre soziale Kompetenz kann Herzen öffnen, aber auch für immer verschließen. Es liegt in Ihrer Hand!

Richtiges Konfliktmanagement: Eine sozial kompetente Persönlichkeit fürchtet Konflikte nicht, sondern sieht sie als Chance dafür, neue Lösungen zu finden und Situationen zu verbessern. Menschen, die ein hohes Harmoniebedürfnis besitzen, wollen Spannungen nicht wahrhaben und verdrängen mögliche Konflikte. Sie erkennen oft zu spät, dass nach einiger Zeit ihre Lebensfreude gerade deshalb verloren geht, weil der Konflikt unterschwellig anwächst und keine Lösung gefunden wurde.

Überprüfen Sie für sich, welche spontanen Assoziationen Ihnen zu dem Wort Konflikt einfallen. Für die meisten ist dieser Begriff nur negativ besetzt und dient als Synonym für Kampf, Streit, Zerwürfnis, Aggression, angespannte Situation etc. Gelingt es Menschen aber, auch die positive Seite eines Konflikts zu erkennen, ist der erste Schritt für effiziente Konfliktlösung möglich. Soziale Kompetenz bedeutet daher nicht, wie viele fälschlicherweise glauben, keine Konflikte zu haben, sondern im Gegenteil, diese wahrzunehmen und zu bewältigen.

Konflikte sind Teil unserer Lebenskultur, menschliches Zusammenleben und Arbeiten ist daher ohne Spannungen nicht möglich. Je besser die Konfliktkultur in einem Unternehmen funktioniert, desto größer ist die Chance, lustvolle Kommunikationsprozesse aufzubauen.

Einfühlungsvermögen (Empathie) macht Stimmung: Gesprächsanalysen haben gezeigt, dass Gespräche als lustvoll interpretiert werden, wenn der Eindruck entsteht, dass die Kommunikationspartner hohe Fähigkeiten im Bereich der Empathie besitzen. Empathie umfasst das ganzheitliche Erfassen einer anderen Person, indem sich ein Gesprächspartner in die Gedanken, Gefühle und das Weltbild eines anderen hineinversetzt. Empathie geht über den Satz „Ich verstehe Sie" weit hinaus. Es ist ein Fühlen und Erspüren von intuitiven Signalen eines anderen. Die Lebensgeschichte eines Menschen prägt seine Fähigkeit, mit Einfühlungsvermögen durch die Welt zu gehen. Empathie kann nur durch individuelle Lernprozesse im Coaching oder in der Therapie gefördert werden. Sie ist der Türöffner für berufliche und private Freundschaften.

Flexibilität: Sozial kompetente Menschen haben die

Fähigkeit, sich rasch an unterschiedliche Personen, wechselnde Rahmenbedingungen oder Umstände und verschiedene Situationen anzupassen. Flexible Persönlichkeiten besitzen eine hohe Bereitschaft, Neues zu erlernen, und eine rasche Reaktionsfähigkeit. Sie sind in ihren Verhaltensweisen nie langweilig, weil sie immer wieder neue kreative Lösungen suchen und dadurch ihre eigene Lebenslust, aber auch die ihrer Umgebung steigern und fördern.

Besitzen Menschen im Bereich der Flexibilität keine große Kompetenz, so weisen sie oft starre Persönlichkeitsmuster auf. Sie wirken in ihrem Verhalten autoritär und stur, klammern sich an Routinetätigkeiten und behindern häufig die Fremdmotivation anderer Menschen in ihrer Umgebung mit Sätzen wie „Das geht bei uns nicht, wir machen das immer so!"

Durchsetzungskraft: Sozial kompetente Menschen scheuen sich nicht, auch kurzfristig unangenehme Entscheidungen durchzusetzen, wenn sie einem positiven Langzeitziel dienen. Ohne Durchsetzungskraft enttäuschen viele Führungskräfte oft Kollegen und Mitarbeiter, weil sie vieles versprechen und dann aber nicht umsetzen. Umsetzen bedeutet, nicht nur zu planen, sondern es auch zu tun. Ich habe viele hochintelligente Menschen kennen gelernt, die brillante Ideen hatten, aber regelmäßig an der Umsetzung ihrer Gedanken scheiterten. Lustvolles Arbeiten bedeutet aber auch, Handlungen zu setzen, die zu Ergebnissen führen.

Karl J.: „Ich arbeite in der Baubranche und fühle mich dann besonders motiviert, wenn ich körperlich arbeiten kann. Sobald ich von meinem Chef alle Informationen erhalten habe, spüre ich richtig, wie ich mich auf die Umsetzung freue. Dann heißt es körperlich zupacken, denn jeder Handgriff ist wichtig und muss mit meinen Kollegen koordiniert werden. Unser Endziel ist das fertige Haus, das wir bauen, und alle Handlungen, die wir setzen, sind bereits ein Teilerfolg auf dem Weg zum Endziel."

Lebensfrohe Menschen bündeln all ihre Kräfte und konzentrieren sich mit Energie auf die Handlungen, die zum Ziel führen. Sie sind Meister in der Umsetzung. Kimmel meint dazu: „Genau genommen ist der Mensch eine Kraftmaschine, ein Generator, der – ohne seine vielfältigen Kräfte – ein regungsloser Organismus wäre, ein Computer, der nicht installiert und daher nicht funktionsfähig ist. Nur unsere Kräfte machen uns lebendig: die Gedanken-, die Entscheidungs-, die Überzeugungs-, die Vorstellungs-, die Ausdauerkraft usw. Diese Kräfte bewirken, dass wir etwas tun, dass sich etwas in unserem Leben tut, dass wir nicht stagnieren, sondern uns entwickeln und entfalten."

Ich erinnere mich an eine Führungskraft, die von ihren Mitarbeitern als sympathisch, kommunikativ und einfühlsam bezeichnet wurde. Sie hatte alle Fähigkeiten, bis auf Durchsetzungskraft. Dennoch kippte das angenehme Betriebsklima, weil diese Person den Mitarbeitern Versprechungen machte, diese aber aus Unsicherheit vor Fehlentscheidungen nicht umsetzte. Die Folgen waren katastrophal. Seine Mitarbeiter reagierten frustriert und demotiviert, weil sie keinen Chef akzeptieren wollten, der schwach in seinen Entscheidungen und Handlungen erschien.

Mehr Lebensfreude durch schöpferische Prozesse

„Jeder Mensch ist in seiner Einzigartigkeit ein kreatives Kunstwerk."
(Brigitte Bösenkopf)

In den letzten Jahrzehnten habe ich als Trainerin in den unterschiedlichsten Betrieben und Unternehmen Menschen immer wieder ein und dieselbe Frage gestellt: „Was bedeutet für Sie lustvolles Arbeiten?" Zwei Drittel hatten sofort eine Antwort im Kopf, die aber jeweils unterschiedlich formuliert wurde. Lustvoll arbeiten heißt, mit Begeisterung kreativ zu handeln und schöpferisch zu denken.

Je starrer in einem Unternehmen die Strukturen und Handlungsabläufe sind, desto mehr ziehen sich Menschen auf Regeln und Routinetätigkeiten zurück und vernachlässigen die innere Kraftquelle, die schöpferische Prozesse entstehen lässt: ihre Kreativität.

Ich erinnere mich an einen ca. 30-jährigen Mann, der sich zu einem Gespräch anmeldete, weil er in seinem neuen Unternehmen sehr unzufrieden war und psychologische Unterstützung suchte. Er hatte zuvor in Graz gearbeitet und bewarb sich in Wien um einen neuen Job. Als er bei mir saß, wirkte er verzweifelt: „Ich bin ein Mensch, der sich viele Gedanken macht. Mein früherer Chef in Graz schätzte diese Fähigkeit sehr, weil ich immer hinterfragte und meine kritischen Einwände dazu führten, bestimmte starre Organisationsprozesse effizienter zu gestalten. Ich habe auch immer die besten Ergebnisse erzielt, wenn mir mein Chef viel Handlungsspielraum ließ und ich mein kreatives Potenzial voll einbringen konnte. Wenn ich über neue Lösungen nachdenke, bin ich mit enormer Intensität in diese Tätigkeit versunken. Sie beflügelt und motiviert mich! Fast könnte ich sagen, dass ich mich in diesem Moment in einem glücklichen Zustand befinde. ... In meinem jetzigen Unternehmen läuft alles anders: Das Vorschlagswesen der Mitarbeiter wird nicht geschätzt, es gibt auch keine Weiterbildung und meine Arbeit besteht aus einem Netzwerk von Vorschriften, Regeln und bürokratischen Hürden. Ich brauche aber die Möglichkeit, neue Lernprozesse in meinen Arbeitsalltag einzubauen, um für mich aber auch für mein Unternehmen Erfolgserlebnisse schaffen zu können."

Als mir mein junger Klient seine Arbeit in dem Grazer Unternehmen schilderte, beschrieb er einen Zustand, den der bekannte Psychologieprofessor Mihaly Csikszentmihalyi in seinen Büchern als „Flow-Effekt" bezeichnete. Er beschreibt damit Momente des Glückgefühls, in die Menschen geraten können, wenn sie in einer Beschäftigung mit allen Sinnen aufgehen. Dieser Zustand tritt selten im Urlaub, aber häufig bei einer schwierigen Aufgabe bzw. einer kreativen Lösungsfindung auf. Flow-Aktivitäten werden gesteigert, wenn Menschen etwas Neues lernen oder Erfahrungen machen, die sie fordern. Personen, die sich immer auf ein und demselben Arbeitsniveau befinden, weil sie keine neuen Lernerfahrungen machen dürfen, kommen rasch in einen Zustand der Langeweile mit dem Resultat, dass sie diesen Flow-Effekt niemals spüren können.

Da Menschen den Großteil ihres Lebens am Arbeitsplatz verbringen, geht es in diesem Bereich nicht nur um fachliches Lernen, sondern um menschliche Entfaltung. Immer mehr Unternehmen fördern durch groß angelegte Schulungsprogramme das Wissen ihrer Mitarbeiter. „Learning by doing" sind Lernprozesse, die aus Handlungen bestehen, die auch den Prozess des Lernens aus

Fehlern mit einschließen. Das treffende Zitat eines Mitarbeiters: „Für mich ist die Weiterbildung die größte persönliche Motivation. Langeweile kenne ich in meinem Berufsleben nicht. Ich lerne täglich etwas Neues, selbst aus meinen Fehlern.“

Unser Gehirn ist wie eine Festplatte, auf der unser Wissen gespeichert ist. Weiterentwicklung bedeutet, dass wir neue Informationen lernen, speichern und unseren Verhaltensradius erweitern. Geistiger Stillstand bedeutet immer auch geistigen Rückschritt. Ich habe als Psychologin viele Menschen kennen gelernt, die eine enorme Angst vor Fehlern entwickelten und Situationen vermieden, in denen sie Neues ausprobiert hätten. Die größten Erfolge entstehen aber oft durch Misserfolge und Fehler, die Menschen zu neuen Reaktionen und Handlungen zwingen. Lernprozesse motivieren, weil sie die Voraussetzung für einen lebendigen Arbeitsalltag sind.

Persönliche und betriebliche Weiterbildung ist die Voraussetzung, um Kurskorrekturen vorzunehmen, wenn Menschen mit ihrer Arbeitssituation unzufrieden sind. Was muss ich lernen, um meine Position zu verändern? Welche Stärken will ich ausbauen? Wo habe ich Defizite, die ich verbessern möchte?

Die Personalberatung Egon Zehnder hat 1.000 Spitzenmanager aus 13 Ländern befragt, um herauszufinden, was an ihrer Arbeit besonders wichtig sei. Die Ergebnisse zeigten, dass das Geld erst an vierter Stelle lag. Drei Viertel der Interviewten nannten an erster Stelle „die Arbeit an sich“. Sie solle einen Wert haben, wobei auch die Identifikation mit dem Unternehmen als ein wichtiger Faktor genannt wurde. An zweiter Stelle lagen die persönlichen Entwicklungsmöglichkeiten der Befragten und an dritter Stelle die Handlungsfreiheit, um Entscheidungen zu treffen und Gestaltungsspielräume zu haben. Der Wunsch, durch eigene Ideen mitzugestalten, ist aber nicht nur für Spitzenmanager wichtig, sondern motiviert Menschen in unterschiedlichen Positionen und Berufsgruppen. Nur wenn wir durch Weiterentwicklung unsere geistigen Möglichkeiten ganz ausschöpfen können, entsteht ein Gefühl des beruflichen Erfülltseins.

Es gibt auch Momente der Arbeitsfreude, die als extrem anstrengend empfunden werden, wobei die Vollendung oder Erfüllung einer Aufgabe oder eines Ziels trotz körperlicher Erschöpfung in diesem Moment als lustvoll erlebt wird. Um in diesen Zustand zu kommen, brauchen Menschen keine äußeren Belohnungen. Die Handlungen werden um ihrer selbst Willen getan. Wir nennen sie auch „autotelisch“, das heißt, das Ziel ist in der Handlung inbegriffen. Diesen extremen Zustand kennen nicht nur Bergsteiger oder Musiker, die bis zur körperlichen Erschöpfung klettern oder spielen, sondern Menschen in vielen anderen Berufen.

Ärzte schildern mir beispielsweise immer wieder, dass sie diesen Zustand bei Operationen kennen. Jeder Handgriff erfolgt automatisch und doch in einer Wachheit mit allen Sinnen. Manche Mediziner wissen oft gar nicht mehr, wie lange sie operiert haben. Sie sind ganz in ihre Arbeit versunken, blenden alle Störfaktoren aus und verlieren ein Gefühl für Raum und Zeit.

Wie hängen Visionen, Kreativität und Flow-Effekt zusammen? Grenzgänger Reinhold Messner schreibt in seinem Buch „Berge versetzen“: „Alles beginnt mit einem Tagtraum. Daraus wächst eine Idee. Indem ich mich auf sie konzentriere und an ihr arbeite – wochenlang, monatelang, jahrelang –, entsteht ein Ziel. Ein stiller Entschluss in mir zündet die Tat. Jeder Aufstieg beginnt im Kopf. Der Berg draußen ist nur die Entsprechung. Sich ganz und nur mit einem einzigen Ziel zu identifizieren heißt das Ziel sein.“ Visionen sind Gedanken, die Menschen beflügeln und deren Umsetzung im Kopf als lustvoller Prozess erlebt wird.

Jeder Mensch hat Träume, Wünsche oder Visionen. Das müssen nicht nur großartige Vorstellungen sein, wie sie Extremsportler, Forscher oder Wissenschaftler in sich tragen. Jeder kann in seinem Lebensbereich eine Vision spüren, die er verwirklichen will. Menschen, die in sich eine Vision tragen, fühlen sich von ihr magisch angezogen und lenken ihre inneren Kräfte gebündelt auf dieses Ziel. Ich erinnere mich an eine Bäuerin, die mir eine beeindruckende Geschichte erzählte: „Mein Leben bestand viele Jahre nur aus Arbeit. Als ich voll Stolz bei der Sponsion meiner Tochter stand, die Wirtschaft studiert hatte, wurde mir bewusst, wie viel ich in meinem Leben versäumt hatte. Plötzlich sah ich auch mich wie in einem Traum vorne stehen und meine Urkunde in Empfang nehmen. In diesem Moment beschloss ich, mein Leben zu verändern, und Sie werden es nicht glauben: 6 Jahre später wurde meine Vision Wirklichkeit. Ich schaffte den Abschluss eines Fernstudiums und war unendlich stolz auf mich.“

Leider haben immer mehr Menschen verlernt, ihre Kreativität als Erwachsene beruflich oder privat auszuleben, um bestimmte Ziele zu erreichen. Oft hat ihre Lebensgeschichte dazu geführt, dass sie gelernt haben, diesen spielerischen und schöpferischen Prozess nicht zuzulassen, weil er mit negativen Konsequenzen verbunden war. Bis zum dritten Lebensjahr entwickeln Kinder die höchste Form der Kreativität, weil sie ständig Grenzen überschreiten und Neues ausprobieren wollen. Bedingt durch Erziehungsstile und Schulsysteme verkümmert dieses kreative Potenzial aber sehr häufig. Immer mehr Personen besuchen daher als Erwachsene Kreativitätsseminare und entwickeln eine enorme Lust an schöpferischen Spielen und Prozessen.

Viele Manager führen, indem sie in charismatischer Form ihre Visionen mit Begeisterung vorleben. In der Kreativität können wir das Spiel der Intuition ausleben, um Visionen abseits der Realität zuzulassen. In der Umsetzung eines Unternehmens müssen aber Vision und Realität als zwei Teile eines Ganzen verstanden werden. Nur so können aus Visionen erfolgreiche Unternehmungen entstehen.

Meine Kreativität wiederentdecken

Persönliche Kreativität: Welche schöpferischen Reserven habe ich? Wie nutze ich diese zur Bewältigung persönlicher und beruflicher Anforderungen?

Soziale Kreativität: Mit welcher Vorbildwirkung fördere ich das Engagement und die Motivation meiner Mitarbeiter (oder Kollegen)?

Wahrnehmung: Wie sensibilisiere ich meine Wahrnehmung, um neue Problemlösungen zu erkennen?

Intuition: Wie mobilisiere ich mein Unbewusstes? In welchen Bereichen lasse ich Bauchentscheidungen zu?

Kommunikation: Welche kreativen Kommunikationsimpulse lasse ich in meinen beruflichen Beziehungen zu?

Flexibilität: Was bedeutet es für mich, Grenzen zu überschreiten? Wie kann ich beweglicher im Sozialverhalten werden (Mitarbeiter, Kunden, Freunde) und im funktionalen Verhalten, meine Entscheidungen und Kompetenzen betreffend?

Sinnfindung und Arbeitsglück gehören zusammen

„Ein Weg zur Lebensfreude ist
die Rückbesinnung auf das Geschenk
der eigenen Existenz."
(Nicola Filippelli)

Psychologen haben festgestellt, dass nicht die Tätigkeit selbst, sondern unsere Einstellung die Sinnfrage wesentlich verändern kann. Lassen Sie mich dazu eine kleine Geschichte erzählen: In eine Autowerkstatt kommt ein Inspektor und fragt den ersten Arbeiter, den er trifft, was er da mache. „Ich tue nichts anderes, als acht Stunden täglich Reifen wuchten", antwortete er. Danach ging der Inspektor zu einem anderen Arbeiter, der dieselbe Tätigkeit ausführte. „Und was machen Sie da?", fragte er wieder. „Meine Arbeit trägt dazu bei, dass ein wunderschöner Mercedes entsteht", meinte der Zweite.

Dieses Beispiel soll Ihnen zeigen, wie wichtig die innere Einstellung zur Arbeit in all unseren Gedanken und Handlungen ist.

Ich kaufe täglich in einem Supermarkt nahe meiner Wohnung die wichtigsten Lebensmittel ein. Dort gibt es eine Kassiererin, die mir auffiel, weil sie immer mit den Kunden scherzte und gut gelaunt war. Eines Tages fragte ich sie spontan, ob sie Spaß an ihrer Arbeit hätte. Zuerst sah sie mich fast erstaunt an, antwortete dann aber fröhlich: „Das Eintippen der Preise in die Kassa erlebe ich nicht als Spaß. Aber all die kurzen Momente der zwischenmenschlichen Kontakte machen mir viel Freude. Die meisten meiner Kunden kenne ich mittlerweile persönlich.

Sie glauben gar nicht, wie sich Menschen freuen können, wenn man sie anlächelt und fragt, wie es ihnen geht. Diese kurzen Gespräche machen mir richtig Spaß und geben meiner Arbeit Sinn."

Der Wiener Psychiater und Psychotherapeut Viktor Frankl, der Begründer der Logotherapie und Existenzanalyse, hat sich sein ganzes Leben hindurch mit der Frage nach dem Sinn des Daseins beschäftigt. Normalerweise würde man annehmen, dass das Leben, solange es angenehm und lustvoll ist, als sinnvoll bezeichnet wird. Viele Menschen geben aber der Spiritualität wenig Raum, solange sich ihr Alltagsleben ohne Krisen und Leiden abspielt. Erst in Zeiten des Um- und Aufbruchs werden neue spirituelle Kräfte frei, die Erwachsenen dabei helfen, eine Krankheit oder den Verlust einer geliebten Person ertragen zu lernen. Spirituell wachsen viele Menschen mehr am Leiden als an ihren lustvollen Erfahrungen.

Menschen, die nur in oberflächlicher Form lustbetonte Aktivitäten wie genussvolles Essen, Sex, spannende Hobbys oder neue Aufgaben im Job als sinnvoll erachten, stürzen oft komplett ab, wenn sie mit Krisen und Schicksalsschlägen konfrontiert werden. Spirituelle Menschen sehen auch in der Krise eine Chance, Lebensfreude zu entdecken, und sie aktivieren bei Leid und Krankheit ihre inneren Kraftquellen, um das Leben auch in schwierigen Momenten zu bejahen und zu meistern.

Sinnerfüllung kann laut Frankl durch drei Wege erfolgen: 1. Durch schöpferische Arbeit, indem jemand ein Werk schafft (schöpferische Werte), 2. durch Erlebniswerte, indem Menschen emotionelle Erfahrungen machen und Liebe oder Genuss erleben, und 3. durch Leiden und Schicksalsschläge, indem Menschen über Einstellungswerte Leidensfähigkeit entwickeln. Auch schwierige und scheinbar ausweglose Situationen, so betont Frankl, können von Menschen als Chance zu ihrer inneren Reifung erlebt werden.

Ich werde immer wieder gefragt, wie es möglich sein soll, Schicksalsschläge, Frustrationserlebnisse oder Krisensituationen als sinnvoll zu erleben. Menschen, die Freude am Leben und an der Arbeit haben, finden aber immer wieder Momente, die sie mit Daseinsfreude erfüllen. In den letzten Jahren meiner psychologischen Tätigkeit habe ich viele faszinierende Menschen getroffen, die mir Einblick in ihre Lebens- und Leidensgeschichte gegeben haben. Als ich mich dazu entschlossen hatte, ein Buch über die Lebensfreude zu schreiben, habe ich viele meiner Klientenaufzeichnungen noch einmal durchgelesen und eine spannende Erkenntnis gewonnen!

Viele Menschen, die sich als lebensfroh bezeichneten, hatten schwierige Stationen in ihrem Leben durchgemacht. Nach der Bewältigung dieser Krisen spürten sie aber eine tiefe Dankbarkeit und eine daraus resultierende, neu erwachte Lebensfreude.

Vor einem Jahr lernte ich im Urlaub einen Mann kennen, der mich sehr beeindruckte. In der Hotelanlage suchte er das Gespräch mit mir und erzählte in lebendiger Form von den vielen Reisen, die er mit seiner Frau in den letzten Jahrzehnten erlebt hatte. In allen seinen Schilderungen spürte ich, wie dankbar und privilegiert er sich fühlte, diese gemeinsamen Reisen erlebt zu haben. Erst Tage später, als ich ihn wieder traf, erfuhr ich von ihm, dass seine Frau bereits vor 30 Jahren an Multipler Sklerose erkrankt war und er sie seit 15 Jahren mit dem Rollstuhl durch die Welt führte. „Wir beide sind ein eingeschweißtes Team. Trotz ihrer Krankheit ist meine Frau nie unzufrieden mit ihrer Lebenssituation. Wir haben schon viele Reisen mit dem Flugzeug, per Schiff und im Campingbus erlebt. Natürlich ist es nicht immer leicht, weil oft einfache Handgriffe wie das Anziehen oder Essen lange dauern und wir uns die Zeit gut einteilen müssen. Ich bin dankbar, dass wir in unserer Jugend einen erfolgreichen Kleinbetrieb aufgebaut haben, den jetzt unser Sohn übernommen hat. Wir fühlen uns zufrieden und glücklich, weil wir genug Geld haben und das Leben genießen können. Die meisten unserer Freunde sind bereits geschieden, wir aber haben eine stabile Ehe und eine Trennung käme für uns beide nie infrage. Durch die Krankheit meiner Frau haben wir gelernt, bewusster zu leben und jeden Tag mit Dankbarkeit anzunehmen."

Viele Erzählungen meiner Klienten haben mich sehr berührt, weil sie trotz ihrer Schicksalsschläge einen tiefen Lebenssinn in sich spürten. Ihre Einstellung stützte sich auf einen starken spirituellen Glauben, dass alle Momente im Leben und Leiden Bedeutung und Sinn haben.

Wege zu spirituellen Erkenntnissen

Selbsterkenntnis – Selbstbewusstsein stärken: Jeder spirituelle Zugang braucht Zeit, Ruhe und innere Meditation. Sich selbst erkennen, mit allen inneren Stärken und Schwachstellen, eröffnet die Chance auf persönliches Wachstum und die Stärkung der Persönlichkeit. Es ist kein Zufall, dass in den letzten Jahren das Interesse an Meditationskursen stark gewachsen ist. Der Wunsch, Gelassenheit und Achtsamkeit durch unterschiedliche Meditationstechniken zu erlernen, steigt bei vielen Menschen, weil sie spüren, dass sie mit Stress, Hektik oder Leidensdruck alleine nicht mehr fertig werden.

Der Weg zu mehr Lebensfreude führt über Stille und innere Erkenntnis. Viele Teilnehmer unserer Meditationskurse in der Arbeitsgemeinschaft für Präventivpsychologie haben immer wieder rückgemeldet, dass sie durch innere Ruhe und Gelassenheit schwierige Lebensumstände besser bewältigen konnten und Trost und Kraft in der Meditation erfahren haben.

Jetzt und heute leben: „Irgendwann werde ich mir schon Zeit nehmen, um all das zu verwirklichen, was ich möchte." Kennen Sie diesen Satz? Viele Menschen haben verlernt, im Jetzt und Heute zu leben, weil sie ständig mit Vergangenheitsbewältigung oder Zukunftsfragen beschäftigt sind. Lustvoll leben heißt aber, die Gegenwart mit allen Sinnen zu genießen.

In welchem Moment habe ich heute Kraft erlebt? Welche Person hat meinem Tag Sinn gegeben? Fragen dieser Art führen zu einer veränderten Form der Wahrnehmung und Achtsamkeit. Alleine die Hingabe an eine Tätigkeit kann ihr Sinn verleihen. So kann eine Hausfrau, die mit Freude ein Essen für ihre Familie zubereitet, genauso viel Sinn aus dieser Tätigkeit ziehen wie ein Manager, der ein ganzes Unternehmen leitet. Der Sinn bestimmt die Kostbarkeit jeder Lebensminute.

Innere Reinigung durch gedankliche Leere: Fast jeder Mensch, der sein Leben als hektisch und stressig bezeichnet, sucht nach Auswegen, um wieder ruhig und entspannt zu werden. Manche Männer und Frauen wählen sportliche Aktivitäten, um mit jedem Schritt einen Teil ihrer inneren Unruhe loszuwerden. Natürlich ist Sport in jeder Form eine ideale Möglichkeit, durch die körperliche Anstrengung und Ablenkung seinen Geist freizubekommen.

„Ich laufe meinen Gedanken davon", bezeichnete eine junge Frau diesen persönlichen Prozess, die mir erzählte, dass sie jeden zweiten Tag nach Dienstschluss eine Stunde laufen ging. „Wenn ich nach fast neun Stunden Arbeitstag nach Hause komme, habe ich in meinem Kopf so viele Gedanken, dass ich manchmal glaube, er würde zerspringen. Obwohl ich mich jedes Mal neu überwinden muss, meine Laufschuhe anzuziehen, beginnt dann ein faszinierender Prozess in meinem Inneren. Spätestens nach zwanzig Minuten nehme ich die Umgebung, in der ich laufe, neu wahr. Ich habe das Glück, eine Laufstrecke wählen zu können, die mich durch viele Felder und Waldwege führt. Nach einiger Zeit zählt nichts mehr, was mich vorher belastet hat. Ich fühle mich losgelöst und gleichsam neu verbunden mit meiner aktuellen Wahrnehmung. Dies gibt mir enorme Kraft, sodass ich die Müdigkeit in meinem Körper nicht mehr spüre. Ich fliege gleichsam über die Wege und fühle mich als Teil einer naturverbundenen spirituellen Dimension."

Menschen, die aus gesundheitlichen Gründen keinen Sport ausüben können oder wollen, berichten über ähnliche Erfahrungen, die sie zu Hause im Sessel sitzend oder liegend durch meditative Übungen mit oder ohne Musik erfahren haben. Eine Kursteilnehmerin erzählte mir ihr tägliches Entspannungsritual nach der Arbeit: „Wenn ich nach Hause komme, starte ich mit einem Ritual, das für mich zum Abendprogramm gehört. Ich lege täglich eine ganz bestimmte Entspannungsmusik auf, die dreißig Minuten dauert. In dieser Zeit verdunkle ich den Raum und lege mich in bequemer Haltung in meinen Entspannungssessel. In den ersten fünf Minuten lasse ich alle Tagesereignisse emotionslos wie ein Beobachter in Gedanken an mir vorbeiziehen. Danach nehme ich mit allen meinen Sinnen die vertraute Musik auf und konzentriere mich abwechselnd auf meine ruhige Atmung und die entspannende Meditationsmusik. Nach zwanzig Minuten fühle ich mich wie neu geboren. Mein Kopf ist herrlich leer und ich spüre eine Energie und Freude, den Abend mit Genuss zu erleben. Dieses Ritual ist meine tägliche Energietankstelle."

Im Laufe meines Berufslebens wurde ich immer wieder mit unterschiedlichen Einstellungen von Führungskräften zum Thema „Sinnfindung am Arbeitsplatz“ konfrontiert. Zwei konträre Meinungen sollen Ihnen die Bandbreite aufzeigen:

„Für Sinnfragen habe ich keine Zeit. Die Leute sollen arbeiten, und das möglichst fehlerlos und rasch.“ Und: „Ich bin als Führungskraft dafür verantwortlich, Rahmenbedingungen zu schaffen, damit meine Mitarbeiter auch Freude und Sinn in der Arbeit entwickeln können.“

Studien beweisen, dass die Vorbildwirkung und Einstellung von Führungskräften enormen Einfluss auf die Motivation ihrer Mitarbeiter hat. Vorstandsdirektor Josef Simon von der NÖM AG: „Einmal im Jahr gehe ich für mindestens ein bis zwei Wochen zurück an die Basis und arbeite mit meinen Mitarbeitern in der schwierigsten Zeit im Sommer in der Produktionshalle zusammen, da für mich das Zugänglichsein für alle Ebenen des Unternehmens ein wichtiger Faktor für den gemeinsamen Erfolg ist. Diese Tätigkeit erlebe ich als besonders sinnvoll.“

Zitat eines Managers: „Ich kann keinen Mitarbeiter zwingen, sein Bestes zu geben und das mit Freude, aber ich kann Bedingungen am Arbeitsplatz schaffen, damit die Mitarbeiter das Beste geben wollen und sich darüber freuen.“

Um Erkenntnisse für dieses Buch zu sammeln, habe ich einen Fragebogen an 80 Personen geschickt (Führungskräfte und Mitarbeiter unterschiedlichster Unternehmen) und ihre Meinung zum Thema „Lustvoll arbeiten“ erfragt. Die am häufigsten genannten Antworten sollen auch Sie dazu inspirieren, sich mit Ihrer persönlichen Arbeit auseinanderzusetzen. Unsere Lebensqualität ist untrennbar mit unserer Einstellung zur Arbeit verbunden. Deshalb ist unsere Lebenszeit zu kostbar, um sie mit negativen Gedanken und ohne Freude zu vergeuden.

„Wie schön ist doch das Leben.
Und wie schön erst,
wenn man kein Narr ist und
es zu leben weiß!“
(Stefan Zweig)

Der Fragebogen

Frage 1

Was verstehen Sie unter Lebensfreude?
- Freude an der Gesundheit
- Freude, mit einer positiven Einstellung durchs Leben zu gehen
- Freude an einem geordneten Leben in Familie und Freundeskreis
- Lebensfreude als inneres Glücksgefühl – Freude am Leben als solches
- Freude durch persönliche Energiequellen wie Sport, Musik, Natur etc.

Die Auswertung der Ergebnisse zeigte, dass Lebensfreude mit Gesundheit, einer positiven Einstellung, einem harmonischen Familienleben und einem inneren Glücksgefühl assoziiert wird. Ähnliche Ergebnisse erzielte eine Studie des Markt- und Meinungsforschungsinstituts Market. Auf die Frage, was sie wirklich glücklich mache, gaben 86% der Österreicher und Österreicherinnen ihre Gesundheit, 66% eine gute Beziehung sowie eine Tätigkeit, die ausfüllt, an.

Lebensfreude und das daraus resultierende Glücksgefühl setzten sich aus oben genannten Faktoren in unterschiedlicher Ausprägung zusammen. Lebensfreude kann nicht an die Firma delegiert werden. Der einzelne Mensch als Mitarbeiter ist in hohem Maß für sein Leben alleine verantwortlich. Er selbst entscheidet, ob er gesundheitsbewusst leben will und wie wichtig ihm geordnete Familienverhältnisse sind. Seine persönliche positive Einstellung gibt ihm die Kraft, diese Lebensfreude auch in Stress- und Krisenzeiten einzusetzen.

Frage 2

Welche Bedingungen brauchen Sie, um motiviert arbeiten zu können?

- klare Zielvorstellungen
- Work-Life-Balance
- Gestaltungsfreiraum
- wertschätzende und offene Kommunikation
- Freude und Lust an dem, was ich tue

Führungskräfte und Mitarbeiter brauchen klare Zielvorstellungen, Vertrauen und eine gute Kommunikationsbasis, um motiviert arbeiten zu können. Startvorteile haben Personen, die die richtige Work-Life-Balance als Kraftquelle für ihre Selbstmotivation entwickelt haben.

Frage 3

Wie schaffen Sie es, sich zu motivieren, um Routinetätigkeiten oder unangenehme Arbeiten rasch zu erledigen?

- mit der Freude auf kommende schöne Aufgaben, beruflich oder privat
- durch kleine Belohnungen nach Fertigstellung
- am Arbeitsbeginn werden Routinetätigkeiten und Unangenehmes erledigt

Diese Frage hat vielen Personen Schwierigkeiten bereitet, weil sie Unangenehmes gerne zur Seite schieben und nur im letzten Moment erledigen wollen. Der Belohnungseffekt ist für alle Interviewten sehr wichtig: sich positiv motivieren nach der Erledigung einer unangenehmen Aufgabe!

Frage 4

Welche Rahmenbedingungen im Unternehmen fördern aus Ihrer Sicht ein „lustvolles" Arbeiten?

- persönliche Wertschätzung von Kunden, Kollegen und Vorgesetzten
- Gestaltungsfreiraum zur Erreichung der persönlichen Ziele
- gutes Ausbildungsniveau und Mitarbeiterförderung
- Transparenz und Nachvollziehbarkeit von Aufgaben
- positive Gestaltung des Arbeitsplatzes

Die persönliche Wertschätzung, der Gestaltungsfreiraum und das gute Ausbildungsniveau werden als die wichtigsten Rahmenbedingungen genannt.

Frage 5

Welche Führungsqualitäten sind wichtig, um Mitarbeiter zu motivieren, ihre Arbeit mit Freude zu erledigen?

- eine positive innere Einstellung und Ausstrahlung (Charisma)
- Unterstützung durch kooperative Lösungen
- Arbeitseinteilung und Aufgaben nach Stärken der Mitarbeiter
- Entscheidungsstärke
- ehrliche und direkte Kommunikation

– Fähigkeit, Sinn und Spaß zu vermitteln
– Sicherheit geben durch Fortbildungsmöglichkeiten

Aus Sicht der Führungskräfte werden als Qualitäten die Vorbildwirkung, die positive innere Einstellung und Ausstrahlung sowie die Fähigkeit, die Arbeitseinteilung nach den Stärken der Mitarbeiter vorzunehmen, besonders hoch bewertet. Mitarbeiter erwarten von ihren Führungskräften eine ehrliche und direkte Kommunikation, Unterstützung, Entscheidungsstärke, Sicherheit und die Fähigkeit, Sinn, aber auch Spaß vermitteln zu können. Der „Spaßfaktor“ im Unternehmen wird aber von den meisten als kaum vorhanden wahrgenommen. Das ist deshalb schade, weil Studien zeigen, dass der Lerneffekt und auch die Leistung steigen, wenn Botschaften humorvoll und fröhlich vermittelt werden.

Frage 6

Welche Bedingungen fördern Unlustgefühle der Mitarbeiter und führen zu einem Arbeitsprozess „ohne Freude“?
– Überforderung und Unterforderung
– Nichterkennen des Sinns
– Vorgesetzte, die nicht greifbar sind
– utopische Zielvorgaben
– ständige Kontrollen
– nicht nachvollziehbare, „sinnlose“ Aufgaben
– stressige, negative Beziehungen
– Orientierungslosigkeit
– wenig Information

Führungskräfte sehen Überforderung und Unterforderung und das Nichterkennen des Sinns einer Aufgabe als schlechteste Bedingungen. Mitarbeiter leiden besonders unter Orientierungslosigkeit, utopischen Zielvorgaben, Vorgesetzten, die nicht greifbar sind, und nicht nachvollziehbaren, sinnlosen Aufgaben.

Frage 7

Welche Stressoren am Arbeitsplatz verhindern Motivation und Arbeitsfreude?

- permanente Überlastung durch enormen Leistungsdruck
- komplizierte EDV
- zu enges Sitzen im Großraumbüro
- Mobbing und Konflikte unter den Kollegen
- Lärm
- tägliche Reportings und Auswertungen
- laufende Änderungen in der Prozessgestaltung

Für Führungskräfte und Mitarbeiter sind die permanente Überlastung durch enormen Leistungsdruck und Konflikte untereinander die intensivsten Stressoren. Zusätzlich leiden Führungskräfte unter ständigen Änderungen in ihrer Prozessgestaltung und den täglichen Meetings und Reportings. Mitarbeiter werden durch Großraumbüros, eine komplizierte EDV sowie besonders Lärm belastet.

Frage 8

Welche Techniken helfen Ihnen, Frustgefühle wie Ärger, Anspannung etc. rasch loszuwerden und nicht durch den Arbeitstag mitzunehmen?

- Konzentration auf eine positive und sachliche Sichtweise
- Relativierung der negativen Ereignisse im Vergleich mit bisher Erlebtem

- Ortswechsel oder Gespräch
- direkte, offene Kommunikation mit Konfliktpartnern
- ein Erfolgserlebnis durch Arbeit oder Wertschätzung

Die Techniken, Frustgefühle loszuwerden, waren so vielseitig, weil die Befragten individuelle Methoden herausgefiltert hatten, mit denen sie bereits gute Erfahrungen gemacht haben. Die fünf häufigsten sind oben genannt.

Frage 9

Fallen Ihnen spontan Charakterzüge ein, die Sie mit Menschen verbinden, die eine positive Ausstrahlung und ein hohes Maß an Lebensfreude zeigen?
- Selbstmotivation
- soziale Kompetenz
- Lernbereitschaft
- grundsätzlich optimistische Lebenshaltung
- Fähigkeit, sich an kleinen Dingen zu erfreuen
- Lächeln, auch in schwierigen Situationen
- Toleranz
- Stressresistenz

Führungskräfte und Mitarbeiter verbinden mit positiver Ausstrahlung und Lebensfreude Menschen, die eine hohe Selbstmotivation besitzen, die offen, tolerant und stressresistent agieren. Sie wollen neue Erfahrungen machen, sind an Weiterbildung interessiert und finden in jeder Tätigkeit einen Sinn.

Frage 10

Welche Schulungsprogramme für Mitarbeiter fördern aus Ihrer Sicht die Lebensfreude in Unternehmen?

- persönlichkeitsbildende Seminare, die Mitarbeiter in ihrer Aufgabenbewältigung unterstützen
- Gesundheitstrainings
- Teambildung
- fachliche Fort- und Ausbildung je nach Interessensfrage
- Workshops über Ziele des Unternehmens
- Kommunikationsschulungen

Hier wurden vor allem Trainings genannt, die Mitarbeitern neben der fachlichen Schulung Handwerkszeug zu ihrer persönlichen Entwicklung vermitteln.

Frage 11

Was bedeutet für Sie prinzipiell lustvoll leben?

- *Der positive Start in den Tag:* In der Früh gerne aufstehen und sich auf den Tag freuen.
- *Den Moment genussvoll wahrnehmen:* Jede Minute bewusst genießen, ob zu Hause oder in der Arbeit. Gutes Essen und der Genuss eines Weins sind genauso wichtig wie sich über kleine Dinge, wie ein Lächeln oder entspannte Gespräche zu freuen.
- *Spaß und Freude zulassen:* Zumindest einen Abend in der Woche etwas tun, das Spaß und Freude bereitet. Fröhlich durchs Leben gehen und Hobbys ausüben, die Kraft geben.
- *Freude am lebenslangen Lernen:* In jeder Situation durch Erfahrungen lernen. Lustvolle Lernprozesse fördern körperliches und seelisches Wohlbefinden.

Für die meisten Befragten ist der positive Morgeneinstieg enorm wichtig. Besonders häufig wurden die Begriffe Spaß und Freude genannt. Der Bereich des lebenslangen

Lernens und der Weiterbildung ist für viele Menschen Teil ihres lustvollen Erlebens.

Frage 12

Welche privaten Rahmenbedingungen brauchen Sie, um Ihre positive Motivation aus dem Privatbereich auch in den Firmenalltag mitnehmen zu können?

- stressfreie Abende und Wochenenden mit positiven Begegnungen
- eine ausgewogene Work-Life-Balance
- gefestigte familiäre Situation
- gute Beziehung zu Angehörigen und Freunden
- eine aufregende Partnerschaft oder ein erfülltes Singleleben
- keinen Freizeitstress
- Zeit für Hobbys

Ein erfülltes und befriedigendes Privatleben wird als wichtigste Bedingung genannt, um auch mit Stress am Arbeitsplatz gut umgehen zu können. Aber auch Zeit zu haben für Hobbys und positive Begegnungen, steigert die Lebensqualität und schenkt Menschen Lebensfreude.

Frage 13

Welche Mentaltechniken kennen Sie, um gut entspannen zu können?

- Yoga
- Autogenes Training
- Atemübungen
- Musik hören
- kurzer Wellnessurlaub
- sportliche Betätigung zur geistigen Entspannung

Methoden kennen, heißt noch nicht, sie auch wirklich regelmäßig anzuwenden. Nahezu alle Befragten unterstützten die Wichtigkeit von Mentaltechniken zur persönlichen Regeneration, obwohl sie diese nur gelegentlich bis gar nicht anwendeten.

Frage 14

Wie schaffen Sie es prinzipiell, Ihre Lebensfreude auch in Krisensituationen und bei Misserfolgen nicht zu verlieren?

- alternative Möglichkeiten entwickeln, jede Krise kann bewältigt werden
- Vorbild im Unternehmen für meine Mitarbeiter oder Kollegen sein – Lebensfreude steckt an
- neu durchstarten
- Vergleiche mit schwerkranken Menschen ziehen, dann sind Probleme verschwindend klein
- das Gute in der Situation sehen (z.B. bei Jobverlust die Möglichkeit zur Weiterentwicklung)
- Misserfolg und Krisen sind eine Herausforderung, die neue Entwicklungen zulassen

Die meisten Interviewten versuchen, in schwierigen Situationen positiv oder in Alternativen zu denken: Wie kann ich mich verändern oder weiterentwickeln?

Frage 15

Wie ist es in einem Unternehmen möglich, in Zeiten der Wirtschaftskrise dennoch Optimismus und Arbeitsfreude zu vermitteln?

- klare Maßnahmen setzen, wie das Management mit der Krise umgeht

- den Mitarbeitern Ausblicke in die positivere Zukunft gewähren
- Wirtschaftskrise bewältigen, ist eine wichtige Aufgabe der internen Kommunikation durch die Geschäftsführung

Führungskräfte und Mitarbeiter erwarten in der Wirtschaftskrise klare Maßnahmen der obersten Geschäftsführung, die Ausblicke in zukünftige Strategien vermittelt.

Frage 16

Meine motivierende Lebensphilosophie lautet:
- Die Freude ist umso größer, wenn ich den „Berg" selber bestiegen habe.
- La vita é bella.
- Liebe deinen Nächsten! Er ist dir gleich!
- Das Leben ist ein Geschenk Gottes! Mach was daraus! Aber du darfst es auch genießen!
- Sei ehrlich, gerade ohne Winkelzüge und habe eine positive Einstellung!
- Denke und agiere positiv – es macht sich auf jeden Fall bezahlt.

Viele meiner Befragten begleitete zumindest ein Satz, der eine motivierende Lebensphilosophie ausdrückte. Begriffe wie Freude, Dankbarkeit oder eine positive Einstellung zum Leben kamen auffällig oft vor.

Lebensphilosophie zum Nachdenken

Bei einer Veranstaltung lernte ich eines Abends einen Mann kennen, der mich durch die Lebensfreude, die er ausstrahlte, faszinierte. Er hatte dieses Strahlen in seinen Augen und ein Lächeln, das die Herzen in seiner Umgebung erwärmte. Als wir beim Abendessen nebeneinander saßen, wollte ich von ihm wissen, wie er sich und seine Umwelt in positiver Form motiviere. Auf meine Frage lachte er herzlich. „Die Antwort ist ganz einfach", meinte er fröhlich. „Ich tue gar nichts. Ich lebe!"

Fragebogen zur Selbstmotivation

Mit welchem Morgenritual beginnen Sie den Tag?

Wie schaffen Sie es, sich täglich am Arbeitsplatz positiv aufzuladen?

Welche persönlichen Sätze motivieren Sie in Richtung Erfolg?

Mit welchen Techniken entspannen Sie sich während einer akuten Stress-Situation?

Welche persönlichen Interessen und Freizeitaktivitäten begeistern und motivieren Sie?

Bei welcher beruflichen Tätigkeit zeigen Sie das größte Engagement?

Wie motivieren Sie sich, um Routinetätigkeiten und/oder unangenehme Arbeiten rasch zu erledigen?

Wenn Sie kein anderer lobt und aufbaut, wie stärken Sie Ihr Ego?

Welche Menschen – beruflich und privat – fördern Ihre Selbstmotivation?

Welche beruflichen Rahmenbedingungen bringen Sie zu Topleistungen?

Ihre motivierende Lebensphilosophie lautet:

Mein Abendritual für den Heimweg vom Arbeitsplatz oder für zu Hause:

Danke für die lustvolle Unterstützung!

Mein Dank gilt zuerst all jenen Menschen, die mich durch ihre Lebensgeschichten dazu inspiriert haben, dieses Buch über Lebensfreude zu schreiben. Ich bedanke mich auch herzlich bei allen Personen, die mir den Fragebogen zum Thema „Lustvoll arbeiten" zurückschickten, denn ihre Anregungen haben das letzte Kapitel in wertvoller Form bereichert.

Durch meine Arbeit im Gesundheitszentrum Döbling in Wien habe ich mit meinen beiden Kollegen Dr. Reinald Brezovsky und Nikolaos Akranidis viele unserer Klienten gemeinsam betreut. Ganz herzlichen Dank, dass Ihr eure praktischen Erfahrungen auch jeweils in einem kurzen Beitrag in meinem Buch niedergeschrieben habt! Danke Reinald für die vielen Gespräche und Anregungen, die mich bestärkt haben, ein Buch über Lebensfreude zu schreiben!

In meiner Funktion als Generalsekretärin der Präventivpsychologie gilt mein ganz besonderer Dank meiner Assistentin Andrea Gutzelnig, die mir als Leiterin der Innenorganisation in vielen Situationen hilfreich zur Seite stand, um mich und dieses Buch zu unterstützen. Danke Andrea für deine liebevolle Hilfe!

Mein Dank gilt auch Julia Fankhauser, die mir im Vorfeld für dieses Buch bei den Recherchen sehr geholfen hat.

Ein herzliches Dankeschön an Verena Minoggio vom Goldegg Verlag für ihr Vertrauen in dieses Buch. Ihr Glaube an die „Lebensfreude" hat auch mich beim Schreiben sehr beflügelt. Besonders bedanke ich mich bei meiner Lektorin Valentina Bruns, deren professionelle Anregungen ich sehr geschätzt habe.

Mein Dank gilt auch meiner Familie, besonders meinem Sohn Florian, der mich während des Schreibens immer wieder ermuntert hat, trotz Mehrbelastung dieses

Buch zu schreiben. Seine Lebenslust hat auch mich bei der Arbeit sehr inspiriert.

Ganz besonders möchte ich mich bei meiner Tochter Kathrin bedanken, die mich während des gesamten Buchprojektes mit großer Freude begleitet hat. Sie hat das Manuskript niedergeschrieben, das ich ihr angesagt habe und ihre kritischen, aber auch unterstützenden Kommentare haben unserem Buchprojekt sehr gut getan. Danke Kathrin für die harmonische Zusammenarbeit und Zeit, die du mir geschenkt hast! Die vielen Momente unserer Lebensfreude beim Schreiben dieses Buches werden mir unvergesslich bleiben.

Über die Autorin

Dr. Brigitte Bösenkopf ist Psychologin, Mediatorin, Wirtschaftstrainerin und Lehrbeauftragte der Donauuniversität Krems. Sie ist Autorin und Vortragende im Bereich Wirtschaft und Familie.

Weiters leitet Dr. Bösenkopf seit einigen Jahren die Arbeitsgemeinschaft für Präventivpsychologie in Wien und beschäftigt sich intensiv mit der Vorsorge im psychologischen Bereich. Der Mensch mit seinen vielfältigen Beziehungen in Partnerschaft, Familie und Beruf steht so im Mittelpunkt ihrer täglichen Arbeit.

Weiters ist sie Mitgründerin des ersten Stresscenters Wien im Gesundheitszentrum Döbling. In diesem Bereich ist ihr Themenschwerpunkt die Burnout-Prävention und Betreuung gestresster Menschen.

Dr. Bösenkopf ist seit vielen Jahren als Trainerin in der Wirtschaft tätig. Sie hält zahlreiche Vorträge und Seminare im persönlichkeitsbildenden Bereich, ist Mediatorin bei Betriebsübergaben, begleitet Firmenfusionen und führt Stressmessungen in Unternehmen durch.

Dr. Brigitte Bösenkopf
Arbeitsgemeinschaft für Präventivpsychologie
www.appteam.at
brigitte.boesenkopf@appteam.at
+ 43 1 / 4055204

Stesscenter Wien im Gesundheitszentrum Döbling
www.stresscenter.at
+43 1 / 369 40 40

Stichwortverzeichnis

Nicole Aigner

Das Dolce Vita Prinzip

Die Leichtigkeit der italienischen Lebenskunst

Die Leichtigkeit der italienischen Lebenskunst Italien – für viele das Traum-Urlaubsland schlechthin – punktet in vielen Bereichen mit unvergleichlichem Flair:

- Lebensgenuss und Wohlgefühl auf hohem Niveau
- Temperament und Optimismus
- Tradition, Familie und mediterraner Lebensstil

Die Geheimnisse des italienischen Dolce Vita faszinieren die ganze Welt. Die Italiener begeistern mit ihrem Gespür für Mode, ihren gelebten Familienwerten und ihrem Zugang zu kulinarischen Genüssen. Dieses Buch zeigt, wie jeder das „Dolce Vita-Prinzip" in das eigene Leben integrieren kann.

GOLDEGG VERLAG

Geb., 240 Seiten
Format 13,5x21,5 cm
ISBN: 978-3-901880-26-1

Preis: 19,80 €

Bestellen Sie unter +43 (0) 1 505 43 76-30 oder per Fax: +43 (0) 1 505 43 76-20 oder unter verlag@goldegg-verlag.com

Nicole Aigner

Honigmilch für Mama

Mutter werden ist nicht schwer …

Honigmilch beruhigt die Nerven – Ein Seelentröster für gestresste Mütter!

Es gibt tausende Ansprüche, die Mütter erfüllen müssen. Aber was ist mit den Gefühlen und Bedürfnissen der Mütter selbst? Liebenswürdig und humorvoll schildert die Autorin den Alltag einer Mutter in Form eines Tagebuchs. In den inneren Dialogen und zauberhaften Geschichten finden sich zahlreiche Mütter wieder.

Kleine „Milch & Honig-Tipps" helfen dabei alles etwas lockerer zu nehmen. Schlaue Einkaufslisten zeigen Müttern, wie sie sich zwischendurch mit Kleinigkeiten auch selbst verwöhnen dürfen.

Von überraschenden Besuchen, Essen und Einkäufen mit quängelndem Kind, nörgelndem Mann, chaotischem Haushalt und verständnislosen Freunden – der normale Alltagswahnsinn.

Br., 216 färbige, illustrierte Seiten
Format 17 x 21 cm
ISBN: 978-3-901880-02-5

Preis: 19,80 €

GOLDEGG VERLAG

Bestellen Sie unter +43 (0) 1 505 43 76-30 oder per Fax: +43 (0) 1 505 43 76-20 oder unter verlag@goldegg-verlag.com